谋局与破局

诸葛亮大传

上册

南门太守 著

中国出版集团
现代出版社

图书在版编目（CIP）数据

谋局与破局：诸葛亮大传：全 2 册 / 南门太守著 .—北京：现代出版社，2019.4

ISBN 978-7-5143-7705-7

Ⅰ.①谋… Ⅱ.①南… Ⅲ.①诸葛亮（181-234）—传记 Ⅳ.① K827=362

中国版本图书馆 CIP 数据核字（2019）第 049977 号

谋局与破局：诸葛亮大传

作　　者：南门太守
责任编辑：张　霆　王志标
出版发行：现代出版社
地　　址：北京市安定门外安华里 504 号
邮政编码：100011
电　　话：010-64267325　64245264（传真）
网　　址：www.1980xd.com
电子信箱：xiandai@vip.sina.com
印　　刷：三河市宏盛印务有限公司

开　　本：710mm×1000mm　1/16
印　　张：32.5　　字　　数：490 千字
版　　次：2019 年 5 月第 1 版　　印　　次：2019 年 5 月第 1 次印刷
书　　号：ISBN 978-7-5143-7705-7
定　　价：79.80 元

目录 Contents

认识一个熟悉又陌生的诸葛亮

（自序）

中国是深具历史感的国家，不仅因为中国有丰富悠久且从未割断的历史，更因为中国人历来重视历史的书写，重视从历史中总结经验和教训，即使普通人平时也喜欢阅读与历史有关的故事。

在所有过往的历史中，三国历史无疑最受中国人关注，而在所有三国历史人物中，人们最喜爱的又是诸葛亮。诸葛亮，从一名乡村青年成长为蜀汉的丞相，他的人生堪称成功和完美，无论庙堂之上还是市井之间，关于他的史实和传说早已汗牛充栋、家喻户晓，在中国人千百年的集体记忆中，他具备超人的能力和品质，在忠君、智慧、勤政等诸多方面都达到了极致。

但正因为在许多人印象中诸葛亮的智慧无所不能，以至"近于妖"，所以又让人产生了怀疑。自诸葛亮去世至今的近1800年间，围绕着他就一直充满着争论，在对诸葛亮歌颂崇拜的同时，批评之声始终存在，有些批评还相当尖锐。

《三国志》一方面肯定了诸葛亮治政才能，对他的公正勤勉给予大力称赞，另一方面也说他"连年动众，未能成功"，原因是"应变将略，非其所长"；《华阳国志》评价诸葛亮"虽资英霸之能，而主非中兴之器"；晋代史学家孙盛批评诸葛亮刑法峻急；宋代"三苏"认为诸葛亮北伐决策失当、制定的治蜀政策存在明显不足。还有南北朝崔浩所作的《论诸葛武侯》，掀起了对诸葛亮的全面批判，不仅认为诸葛亮军事才干平平，而且认为他不合时宜，看不清当时的大局，同时又严威切法，在个人品德方面也乏善可陈。

近现代以来，诸葛亮仍是最受关注和热议的古代人物之一，随着讨论和研究的深化细化以及新观念、新研究方法的引入，又掀起了一股“重新认识”诸葛亮的潮流，有人甚至提出把诸葛亮拉下所谓的“神坛”；有人认为诸葛亮的人生目标存在误区，与国家统一的大方向相矛盾；有人认为诸葛亮的隆中对策存在天然缺陷，蜀汉最终失败即与此有关；有人说诸葛亮一再坚持北伐是不自量力，而背后有着他个人的盘算；有人提出诸葛亮在用人方面有失误，对有才能的人不加以任用，还利用权力排斥异己；有人说诸葛亮用计谋除掉了关羽，同时还要对蜀汉夷陵之败负责……

这些观点，有的或许有一些道理，但存在以偏概全的问题；有的貌似有理，但缺乏历史依据；有的则混淆了历史和现实、史实和传说。由于存在这些争议，因此有必要对诸葛亮重新认识，在三国这个宏大的历史背景下，按照尊重史实的科学方法，沿着诸葛亮的生命轨迹梳理他的一生，逐一厘清那些有争论的话题，还原一个权威、全面又真实的诸葛亮，这正是写作本书的目的。

三国的历史之所以魅力持久，在于这个时代不以出身论英雄，也不以成败论英雄。诸葛亮毕生追求复兴汉室的大业没有成功，却仍然不失为一代良才、良相，他不仅是帝王心中的理想人臣典范，也是大家争相效法的对象，有谁做出了特殊表现便常常被比作诸葛亮。

认识和评价历史人物重点不在成与败，而在是与非，只有全面地认识历史，才能避免将历史人物脸谱化。考查诸葛亮一生的史迹，可以看出他具备治国治军的突出才能，又有济世爱民、谦虚谨慎、廉洁奉公的品格，他的忠贞、济世、敬业、至公、廉洁、谦虚等都为帝王、将相以及普通百姓所称颂，人们从不同的角度称赞他，于是他成为帝王心目中理想的人臣、人臣治国理政的榜样和普通人平时学习的楷模。清代康熙皇帝曾站在帝王的角度评价诸葛亮，说许多人臣也声称要“鞠躬尽瘁，死而后已”，但真正做到这一点的只有诸葛亮。为什么这样说？是因为诸葛亮真正做到了为国家利益付出一切而不掺杂私心杂念，考查诸葛亮的一生，那种敢于作为、勤于作为的精神更令人敬佩，敢于担当、能够担当的精神更加令人肃然起敬。

要认识一个真实的诸葛亮，就要以俯瞰的视野认识那个大时代，在总体上进行定性与把握，而不是将关注的重点放在细枝末节，更不能以此草率做出结论。本书以诸葛亮的成长经历为叙述线索，详尽展示诸葛亮的生平，尤其在他 54 年人生中的若干次重大转折点上着力更多。在讲述的同时，也试图走进诸葛亮的内心，既看到他的智慧和成就，也试图揭示他曾经面临的矛盾、痛苦和遗憾。这样的诸葛亮，也许你既觉得熟悉又有些陌生，但这才是丰满与完整的诸葛亮。

越是人们熟知的历史人物越难写，作为知名度最高的历史人物之一，诸葛亮也是如此，因为每个人心目中都有自己的诸葛亮。写作本书，坚持了严肃、严谨的态度，坚持以正史为依据，不混淆进传说和印象，更不虚说、枉说，针对史料零乱且常互为矛盾的情况，抽丝剥茧地认真对比和分析，得出令人信服的结论。为便于阅读，本书做了一些有益的尝试，比如对史书中最枯燥也最难懂的地名、官名，在考证的基础上均用直观的方式进行了诠释，力求通俗、可读。

尽管如此，本书仍存在许多不足，比如在揭示诸葛亮内心成长轨迹方面，尽管做了许多尝试和努力，但仍感到不够，一方面是因为史料有限而写作时又不愿加入虚构内容，另一方面是本人学识和写作水平不足，这些在今后都将继续加以改进。

南门太守

于古城西安

第一章

乱世少年

一个郡丞的儿子

诸葛亮出生于汉灵帝光和四年（181），距东汉末年著名的黄巾大起义只有3年。3年后，东汉帝国将彻底改变模样。其时，天子名叫刘宏，即汉灵帝，东汉倒数第二任皇帝。汉灵帝的前任是汉桓帝刘志，后任是汉献帝刘协，他们3位都是倒霉皇帝，而前两位名声不是太好。

就在诸葛亮出生的这一年，汉灵帝刘宏下令在洛阳的后宫里修建了一条街市，让一部分宫女嫔妃扮成商人叫卖，另一部分扮成客人（作列肆于后宫，使诸采女贩卖），还有的扮成卖唱的、耍猴的，汉灵帝自己则穿上商人的衣服在这个人造集市上逛来逛去，有时饮酒作乐，有时与“店主”“顾客”吵嘴、厮斗，不亦乐乎。街市虽然是“山寨版”的，但肆中货物却不是道具，而是真的，很多都是从各地搜刮来的珍宝，这些值钱的东西常被宫女嫔妃偷走，她们经常为偷多偷少暗中争斗，汉灵帝浑然不知。

汉灵帝还在西园大量修建室舍，让人采来绿色的苔藓覆盖在台阶上，引来渠水绕着各个门槛到处环流。渠水中种植南国进献的荷花，花大如盖，有一丈多高，荷叶夜舒昼卷，一茎有四莲丛生，取名“夜舒荷”。每逢盛夏，“文艺青年”汉灵帝刘宏就到这里避暑，他挑选14~18岁的美女为之执篙摇橹，陪他彻夜宴饮。

汉灵帝的爱好还有不少，他每天乘着4头驴驾驶的车子在宫里游玩，还亲自当驾乘员（躬自操辔，驱驰周旋）。消息传到宫外，立即引起了轰动，洛阳的许多达官富人竞相模仿，成为时尚，致使民间驴价陡涨。当人们以乘驴车为时髦时，刘宏又有了新爱好，喜欢宠物狗。为讨汉灵帝欢心，宦官别出心裁，把狗打扮一番，给它们戴上进贤冠，穿上朝服，还佩上绶带，拉着这些狗上朝。汉灵帝看见大悦，拊掌大笑：“好一个狗官！”这句话绝对只是就事论事，但分列左右的百官听后莫不觉得是在骂自己。

多年以后，诸葛亮在一篇文章中回忆道，他每次与人聊起汉桓帝和汉灵帝时，都有点咬牙切齿的感觉（莫不痛恨），在诸葛亮看来，后汉之所以倾颓以致灭亡，主要缘于汉桓帝、汉灵帝两位当权者亲近小人、疏远贤臣。的确，这不是一个光明的时代，在这个时代宦官当权，奸臣阻道，正义得不到伸张，百姓生活在水深火热之中。这个时代，民族矛盾尖锐，土地兼并严重，民变频起，国家风雨飘摇。

总之，这是个黑暗的时代，一个恐怖的时代，延续数百年的两汉政权已日薄西山。

看来，诸葛亮真有些生不逢时。

不过，乱世出英雄，在这个乱世里诞生了许多家喻户晓的英雄，与诸葛亮相比，他们中的大多数人已经出生了，诸葛亮属于这个时代的“小字辈”。诸葛亮出生于公元181年，姑且算公元二世纪的一名“八〇后”吧。

诸葛亮出生的这一年，曹操已经26岁，此前当了好几年县级官员，目前在朝廷是品秩六百石的议郎，仍然是个“县处长”；刘备已经20岁，刚刚结识了比自己小一岁的关羽和小两岁的张飞，在家乡涿郡一带待机而动；周瑜6岁了，司马懿2岁，孙权还没有出生。与“四〇后”的袁绍、“五〇后”的曹操和“六〇后”的刘备、吕布等人相比，“八〇后”的诸葛亮出生得有些晚，但与同辈人司马懿、孙权相比，也不算太晚，总算赶上了这个风云际会的时代。

关于诸葛亮的出身，翻检所有古籍，第一手资料不过3条:《三国志》说：“诸葛亮字孔明，琅邪阳都人也。汉司隶校尉诸葛丰后也。父珪，字君贡，汉末为太山郡丞。亮早孤。”《吴书》说：“其先葛氏，本琅邪诸县人，后徙阳都。阳都先有姓葛者，时人谓之诸葛，因以为氏。”《吴书》还记载了诸葛亮哥哥诸葛瑾的事：“瑾少游京师，治毛诗、尚书、左氏春秋。遭母忧，居丧至孝，事继母恭谨，甚得人子之道。”

上述记载虽然简略，但认真读来，也能勾勒出诸葛亮少年时代生活的大致图景。

诸葛亮出生在琅邪阳都，琅邪是郡国的名称，阳都是个县城。东汉全国分为13个州，今苏北、鲁东南一带那时归徐州，琅邪本是徐州下面的一个郡，光武帝刘秀封其第十一子刘京为琅邪公，于是建立琅邪公国，后刘京晋爵为琅邪王，建立琅邪国，这个“国”，相当于郡，治所在开阳县，下辖琅邪、诸城、阳都等13个县。有两条大河从琅邪国穿境而过，一条叫沂水，一条叫汶水，两河交汇之处就是阳都县城，其故城遗址仍在，属今山东省沂南县。两汉时期，这一带绝非穷乡僻壤，受沂水、汶水的滋养，此地十分富足且文化昌盛，名儒经师辈出，它是黄老之学的发祥地和全国知名的易学中心，是当之无愧的文化重镇。

按照《吴书》的记载，诸葛亮的祖籍本是同郡的诸县，即今山东省诸城县，后来迁移至此。秦末陈胜吴广起义时，大将葛婴屡立战功，但是被陈胜听信谗言后杀害，汉文帝时封葛婴的孙子为诸县侯，其后代就以诸葛为姓，称诸葛氏。但这只是阳都县诸葛姓氏起源的一种说法，除此之外至少还有两种说法：一是说他们出于葛姓，在伯夷后裔葛伯的封国灭亡后，原来居住在琅邪郡诸县的葛氏一支迁往同郡的阳都县，因为阳都县已有葛姓，为了区别，就把后迁来的葛姓称为诸葛氏。二是说春秋时期齐国有熊氏之后有复姓詹葛的，总是被读为诸葛，以后干脆改称诸葛氏。

不管怎么说，阳都诸葛氏都是有来历的大姓，而《三国志》里提到的诸葛丰，就是这个家族的骄傲之一。诸葛丰字少季，西汉初年人，以刚直而著称于世，在汉元帝时担任过司隶校尉。两汉时期历任的司隶校尉当数诸葛丰名气最大，因为他执法公正，不畏权贵，深得百姓尊重。所以，诸葛丰仅仅凭着担任过司隶校尉的资历就在《汉书》里有了自己的传记。

就在诸葛亮出生前的几年，曹操已经在洛阳、顿丘等地担任基层官吏，他很想有所作为，在某些方面就深受诸葛丰的影响。曹操后来统一河北，邺县成为他的大本营，曹操为找不到合适的邺县县令而苦恼，曾经感叹：“到哪里能找到像诸葛丰这样的人才呢？”

诸葛氏虽然也算是名门，但还算不上旺族。汉末是一个门阀渐起的时代，像汝南郡袁氏、颍川郡荀氏、弘农郡杨氏、太原郡王氏那样威名显赫、几世几公的巨族纷纷涌现，在政治上呼风唤雨、左右时局，与他们相比，诸葛氏家族要逊色多了。

诸葛亮的父亲名叫诸葛珪，官至泰山郡丞，品秩为六百石，与县令相当，是品秩二千石的郡太守的下属。东汉的一个郡，介于现在省与市之间，大郡相当于一个省，小郡也相当于现在一个或若干个市。汉末之前，郡太守地位很高，当时朝廷里部长级的九卿品秩也是二千石，所以郡太守相当于“省部级”官员。郡太守一般有两个助手：郡丞和长史。郡丞是太守的副手，相当于“副太守”，长史相当于郡政府秘书长。

如此看来，诸葛亮的父亲虽然品秩不高，但地位也不算低，有人干脆称之为“副市长”。虽然，就郡丞的职守来说确实很重要，但其政治地位却差得多，因为严格说起来，郡丞并不算“官”，而只是“吏”。古代官僚政治中官和吏有严格的分野。官，是那些通过国家选拔由朝廷正式任命的官员；吏，是官府聘任的协助长官办事的人员。官由朝廷考核，决定升迁；吏由长官考核，决定去留。诸葛珪能做到郡丞，说明他很有才干，就像先祖诸葛丰那样是个实干型人才。而他只做到了郡丞，说明他虽然有才干，却没有背景，或者说缺少飞黄腾达的机遇。

泰山郡不属于琅邪国所在的徐州而属于相邻的兖州，不过泰山郡与琅邪国也相邻，由泰山郡的郡治奉高至诸葛亮的老家阳都县并不太远，按照现在的距离算只有 100 多公里，史书并没有记载诸葛亮幼年时是否随父亲到泰山郡生活，但两地路途不远，即使诸葛亮一直生活在故乡，父亲也可以经常回来探望。

诸葛珪有 3 个儿子，长子诸葛瑾，次子就是诸葛亮，还有一个小儿子诸葛均。诸葛瑾长诸葛亮 8 岁，诸葛亮比弟弟诸葛均大 3 岁，除此之外，诸葛亮还有两个姐姐。

诸葛瑾少年时代便到京师洛阳求学，学业进步很快，对《毛诗》《尚书》《左氏春秋》都有一定研究。作为诸葛氏家族的长子，诸葛瑾到京师洛阳唯一的目的只能是求学，目标很有可能是太学。太学是朝廷官办的最高学府，来这里求学不仅是拿张文凭和找寻一个晋身官场的阶梯，而且也是为了自己得到深造和提高，因为这里是各路精英荟萃之所，据史书记载，袁绍上过太学，曹操也是从这里毕业的。

诸葛珪把长子送到洛阳读书，说明他有眼光，也说明他有这样的经济实力。如果不是天下大乱，如果家里也没有出现后面的那些变故，诸葛亮长大后想必也会到太学求学，成为一名学者，或者由此走向仕途。可是，乱世改变命运，家庭的变故也需要重新规划人生。根据《三国志》的记载，诸葛亮很小的时候父亲就去世了，他的母亲也去世得很早。

父母双亡，何其不幸。关于诸葛亮的父母具体去世时间，正史并没有明确的记载，这是正史糟糕的地方，非大事不记明时间，记人之死不记人之生。明清以来编著的《诸葛忠武侯文集》《诸葛氏宗谱》以及《昭烈忠武陵庙志》等材料对这些进行了补充，我们现在所熟知的关于诸葛亮身世的大部分记载都来自这一类材料。

毕竟过去了1000多年，所以这些材料的可信度有所降低，而它们相互之间也多有出入。比如，关于诸葛亮准确的出生时间就有很多说法，最有影响的有3个：4月14日，7月23日，8月1日。浙江兰溪诸葛大公堂所存《诸葛氏宗谱》记诸葛亮出生于181年4月14日；清道光九年（1829）所修《昭烈忠武陵庙志》记诸葛亮出生于181年7月23日。至于8月1日，引用颇多，但似无出处，细究之下可能源于1981年农历八月一日某地举办的纪念诸葛亮诞辰1800周年纪念活动，有人误以为诸葛亮的生日便是农历八月一日。

这些材料还提到，诸葛亮的母亲姓章，是在诸葛亮5岁的时候去世的，为照顾诸葛亮姐弟们的生活，远在泰山郡任职的父亲续了弦，这位继母姓氏不详，但孩子们对她都很孝顺，尤其是诸葛瑾，因为孝顺继母而为人称道（事继母恭谨，甚得人子之道）。不幸的是，诸葛亮8岁时，他的父亲也离开了人世。原本幸福的一家接连遭到如此打击，这些都深深烙在了少年诸葛亮的心中，不可避免地影响他性格的形成。

汝颍多奇士，山东出大汉。古代山东为东夷之地，据考证，东夷可能是介于白种人与黄种人之间的一类人，他们普遍身材高大。说起诸葛亮的长相，人们首先想到的是“羽扇纶巾”，是一个翩翩文人形象，但这个形象并不是真实的诸葛亮。根据史书记载，诸葛亮是个大高个儿，史书记载他成年后“身长八尺，容貌甚伟”，汉代 1 尺合今 23.5 厘米，按照这个计算，诸葛亮身高约 1.88 米，在平均身高低于今人的汉末，诸葛亮往人群里一站，显得非常突出。“伟”的含义接近于魁梧又偏重于修长，说明诸葛亮属于伟干长躯的那种山东汉子。

唐代有一本叫《姓源韵谱》的书，里面有对诸葛亮容貌的进一步描写，说他身材很好，如松柏挺拔，皮肤有点粗糙，但很滋润（形细如松柏，皮肤枯槁，但文理润泽）。《姓源韵谱》绝不是随意之作，因为它的作者是张九龄，尽管距诸葛亮时代也有几百年了，但应该不至于瞎编，可能张九龄看到某些我们现在已无法看到的史料。东晋裴启所著《语林》一书，也记载着对诸葛亮相貌的描写，说诸葛亮与司马懿在渭水对峙，乘着一架小推车（素舆），头戴葛巾，手持白毛扇，指挥三军，号令严明。《语林》与《世说新语》《搜神记》类似，严格说来不是史学著作，关于这段描写仅作参考，但是这个头戴葛巾、手挥白毛扇的形象无疑已深入人心，成为诸葛亮的标准像。

除了文字描写，有关诸葛亮的画像也有迹可寻。诸葛亮死后蜀汉很快为他画了像也铸了像，《三国志》记载，诸葛亮去世后，后主刘禅“诏为亮立庙于沔阳”，这是最早为诸葛亮立的庙，即今陕西勉县的武侯祠，史书记载当时还“图形立庙”“均铸金以存其像”。勉县武侯祠里的诸葛亮像应该是最像诸葛亮的，虽然现在已经看不到了，但由于这里埋葬着诸葛亮，而诸葛亮又受历代的尊崇，所以诸葛亮墓至今仍保存完好，而诸葛亮的画像也应该保存过相当长的时间，为后人临摹、传播创造了条件。

据史料记载，唐朝阎立本、五代房从真、宋末赵孟頫、明代朱有燉等画家都画过诸葛亮像，他们看到的有关诸葛亮相貌的资料应该更多，所以所画的像即便不能完全复原诸葛亮的相貌，也不会凭空而画。其中阎立本所绘的诸葛亮像最值得关注，因为他算是一位“宫廷画家”，画过历代帝王画像 13 幅，应是奉旨而作，所以都应当有所依据。南宋画家王齐贤曾临摹过阎立本画的诸葛亮像，一直到清代这幅画像还在，著名学者赵翼就看过这幅画像，还作诗纪念。

明朝时，王圻和儿子王思义编撰了一部百科全书式的图录类书，名叫“三才图会”，由于取材严谨，编撰慎重，所以被誉为“明朝绘图类书的佼佼者”，在这部书里就有一幅诸葛亮画像，许多人认为这幅画像应取材于历代流传下来的真实的诸葛亮像。1630年，崇祯皇帝命画师依据武英殿中所藏书画为历代明君贤臣画像，画成后藏于文华、武英两殿。1749年乾隆皇帝命人将这批画像重新装裱，移藏于南薰殿，这就是著名的“南薰殿藏历代名臣画像”，其中就有诸葛亮的画像一幅。

“三才图会版”和“南薰殿藏版”的诸葛亮略有不同，比如脸形一个显瘦长一个较圆胖，胡须一个上翘一个下垂，但总体来说还是非常接近的，一看就是同一人。这说明，画这两幅像的人虽然临摹的对象不同，追溯上去却可能是同一个来源，也就是历代流传下来最接近诸葛亮相貌的画像。

综合来看，诸葛亮成年后个子挺高，身材修长，喜欢穿流行于汉末士人中的那种便装，有风度，有气场。山东汉子伟岸却不鲁莽，因为他们重礼仪。齐鲁又是文化昌盛之地，一山一水一圣人，“至今齐鲁遗风在，十万人家尽读书”。作为孔孟故里，儒家思想对人们影响至深，形成了厚道直爽、重仁信义的民风。齐鲁也出好汉，《水浒传》一出，无人争锋。中国有两个地方的人爱夸自己家乡好，一是山西人，爱唱“人说山西好风光”，再一个就是山东人，爱唱“谁不说俺家乡好”。如果有人说山东不好，山东人就会跟你急。

齐鲁崇儒学，也兴兵家，姜太公、管仲、司马穰苴、孙武、吴起、孙膑等著名兵家出自这里，宋代官修《武经七书》作为兵家的必读经典，其中《六韬》《孙子》《吴子》《司马法》等四部最重要的兵书作者都来自齐鲁地区。

诸葛亮就诞生在齐鲁大地，虽然早年事迹大都不可考，但山东汉子身上共有的自然基因和齐鲁文化留下的人文基因无疑对他产生了深深影响，为诸葛亮的成才和性格形成都打下了基础。

灰色的记忆

父母先后去世，诸葛亮面对的是整个家庭出现的重大转变，诸葛亮现在所能依靠的是兄长诸葛瑾。诸葛瑾此时已从洛阳回到故乡，挑起了家庭的重担。其实，即使父母仍健在诸葛瑾也要回来，因为天下已不太平，洛阳成为动乱的中心。

诸葛亮 3 岁时，也就是汉灵帝中平元年（184），全国爆发了张角领导的黄巾大起义，天下响应，万众影从，京师为之震动。汉灵帝召集群臣商议，决定解除党禁，发天下精兵镇压民变。时年 30 岁的曹操就在此时投笔从戎，担任骑都尉，参与平乱。24 岁的刘备也终于等来了大干一场的机会，领着关羽、张飞等人参加了朝廷临时招募的军队，因功被授予安喜县尉。还有孙权的父亲孙坚，也跟人去镇压黄巾军，因功被授予别部司马。黄巾起义改变了东汉王朝的命运，也改变了许多人的一生。后来，黄巾起义总算扑灭了，但朝廷元气大伤，社会更加贫困和动荡，政治更加黑暗，外戚和宦官的争斗更为剧烈，汉灵帝管不了，索性破罐子破摔，公开卖官鬻爵。

诸葛亮 9 岁时，汉灵帝驾崩，大将军何进拥立皇子刘辩继位，紧接着发生了董卓等外兵入京事件，何进被杀，董卓鸩杀刘辩，改立另一位皇子刘协为帝。为反抗董卓，袁绍、袁术、曹操等人联络 10 余位刺史、太守结盟起兵，组成关东联军，开始了讨伐董卓之战。

诸葛亮 11 岁时，董卓挟汉献帝刘协迁都到了长安，后又被王允、吕布等人发动政变杀死，天下完全进入群雄割据混战的时代。

琅邪国所在的徐州，最高长官是徐州牧陶谦，此人善于在政治上投机，别人讨伐董卓，他既不支持也不反对，对于辖区内参加关东联军的一律放行，但始终又坚持向董卓控制的朝廷进贡。

当时，除洛阳所在的司隶校尉部以外，天下各州之中，与徐州相邻的兖州、豫州、青州等地已是战火连连，陶谦注意保存实力，使徐州暂时避免了大的战事，中原地区一些人为避战乱逃到了徐州，靠近海边的琅邪国成为他们的首选。

由诸葛亮的家乡阳都县沿沂水而下，不远即是临沂，再往下，是琅邪国的治所开阳，大约在诸葛亮 10 岁时，大批由中原地区迁来的人住满了这里，其中最著名的当数朝廷前太尉曹嵩，他是曹操的父亲。曹操此时参加了关东联军，并逐渐向兖州方向发展。曹操的故乡在豫州的沛国，那里已成四战之地。曹操的夫人卞氏是琅邪国开阳县人，也许因为这一点，曹嵩率本家数十口人来到琅邪国避难。但是，琅邪国的和平只是暂时的，一场巨大的灾难随之而来。

诸葛亮 13 岁时，曹操占据了大部分兖州，被推举为兖州牧，他想把父亲接到自己控制下的兖州东郡。兖州所属的泰山郡离琅邪国最近，泰山郡太守应劭是曹操的手下，曹操把这个任务交给了应劭。应劭是著名学者，《风俗通义》的作者，原本是朝廷任命的官员，并非曹操的嫡系。有人认为，诸葛亮的父亲诸葛珪当年正是在应劭手下任职，其实这并不确切。《后汉书》记载了应劭担任泰山郡太守的准确时间，即汉献帝兴平六年（189），而诸葛珪已于上一年去世了。

也不知应劭是没把领导的事放心上，还是办这种事并不是他这个书生的强项，结果这件事办砸了，而且情况很严重。曹嵩一行虽然收拾好了开始上路，但半路上被人劫杀，包括曹嵩在内的曹家数十口人一个没剩，全被杀死。应劭吓傻了，不敢在泰山郡待下去，弃官逃到了袁绍那里。

曹操闻听大悲，继而狂怒，誓言报复。曹操派人去查，查来查去居然与徐州牧陶谦有关，劫杀曹嵩的是陶谦手下部将张闿，至于张闿是私自行动还是得到了陶谦的授意，至今这都是个无头案，史书说法不一。不过，以陶谦的个性和当时的局势，他绝干不出来这样的事，他缺少动机，也缺少绝对的实力。但曹操不管，在兖州站稳脚跟后他正要向外扩展，南面的徐州是曹操拓展势力的首选目标，现在有了这么好的借口，哪儿能错过？所以，即使弄清楚了陶谦与劫杀曹嵩毫无关系，曹操也不会承认。他立即集结重兵杀向徐州，连拔 10 多座城池，大军推进至彭城，即今江苏省徐州市。曹操攻破彭城，之后下令屠城。陶谦一败涂地，退保徐州的大本营东海郡郯城。危难之际，刘备率数千人马及时前来增援陶谦。当时刘备还没有单干，他所属的幽州的公孙瓒集团正与冀州的袁绍集团激战不休，而曹操属于袁绍集团，曹操攻打陶谦，公孙瓒认为自己应该出手相救，这就有了刘备奉公孙瓒之命南下救援徐州，在刘备的帮助下郯城总算未失，陶谦躲过一劫。

曹操发动了多次南征徐州之战，这是第一次，进攻的路线是西边的彭城方向，诸葛亮的家乡琅邪国在东边，还不是主战场，因而影响不大。但到了次年，曹操卷土重来，发动了第二次南征徐州之战，这一次曹军改变了进攻方向，不走西路，改走东线，主力进入琅邪国北部地区，连下 5 座城池，一直打到东海（复征陶谦，拔五城，遂略地至东海）。这个东海，指的是徐州辖下的东海郡，陶谦的大本营郯城即在其中，该郡的管辖范围西到如今的山东省枣庄市，东到江苏省连云港市。曹操此战攻下的琅邪国 5 座城池都是哪几座不得而知，但是少不了开阳、即丘、阳都这几座沂水沿岸靠近东海郡的城池。

这是诸葛亮的家乡阳都县第一次面临大规模战事，之前虽然黄巾起义骤起，但主要在青州、兖州境内，琅邪国还相对安全。综合各种史料记载，曹军早期的军纪比较差，这大概与曹军早期的构成有关。曹操起兵初期，收编了大量地方武装，还有相当多的黄巾军旧部，虽作战勇猛，但纪律较差，屡次留下屠城和残杀百姓的记录。战火一起，生灵涂炭，这次琅邪国境内 5 座城池陷落的情景虽然没有留下文字记载，但惨状可想而知，少年诸葛亮目睹了这一切，从而在心中留下了抹不去的阴影，让诸葛亮对曹操多少产生了本能的排斥，这种微妙的心理甚至影响了诸葛亮日后的政治选择。

虽然曹操此次南征徐州仍然未能全胜，遇到了重大挫折，张邈和陈宫秘密迎请吕布在曹操的后方兖州发起叛乱，曹操不得不仓促撤军。但是，所有人都明白曹操还会卷土重来，琅邪国已不安全。原本是避难之所的琅邪国，现在每天都有大量民众外逃。作为诸葛家长子的诸葛瑾，看着继母和两个弟弟、两个妹妹，不得不思考这样的问题。

叔父诸葛玄

好在诸葛亮和诸葛瑾还有一个叔父，关键时刻给他们提供了帮助。诸葛亮的叔父名叫诸葛玄，是个很有本事的人，早年在洛阳为官，具体担任什么职务不详，应该不是特别高级的官职，因为史书没有他在朝廷为官的记载。但地位也不会特别低，从他在洛阳的交游情况看，他有机会接触不少上层人士。

诸葛玄应该是一名中级官吏，当他在朝为官时，正值宦官争斗、董卓乱政，就连朝廷里三公九卿一级的高级官员说杀就杀，朝不保夕，更何况他们这些人。考虑到这些情况，加上诸葛珪病故，诸葛玄回到了家乡。

在洛阳期间诸葛玄交到了不少朋友，其中有两个好朋友，一个是刘表，一个是袁术。刘表是兖州山阳国人，汉室宗亲，大学者王畅的学生，年轻时便入朝为官，何进担任大将军时聘他为大将军掾，相当于大军府里的处长。袁术是豫州汝南郡人，出身于世家大族，年纪轻轻便担任了河南尹，相当于郡太守。

诸葛玄的这两个朋友，一个是汉室宗亲、名师高徒，一个是世家子弟、年轻有为，在当时都是众人争相结交的对象。尤其是袁术，身边总是聚集着不少世家公子，他们经常在一起吃喝游玩，毫不避讳众人的议论，十分惹人注目（少以侠气闻，数与诸公子飞鹰走狗）。诸葛玄跟他们非亲非故，也不是同乡，但关系处得很好。这说明，诸葛玄在朝中虽非高官，但地位也不会太低，同时也说明诸葛玄身上有着山东人所特有的崇信重义、好结交朋友的特点。就在诸葛玄回到家乡的前后，刘表和袁术的事业各自都有了很大发展，相继成为天下有很大影响力的人物。

董卓秉政后，任命刘表为荆州刺史，此时各州的刺史已逐渐重权在握，是一个显职。荆州一带拥兵自重的人很多，有苏代、贝羽、张虎、陈生、蒯越、庞季、蔡瑁、黄祖等人，朝廷实际上已失去了控制。董卓除了给刘表一纸任命外，并无更多支持。

刘表的创业过程很艰辛，有一本叫《战略》的书记载了刘表初到荆州时的情况。刘表单人独骑来到荆州，两眼一抹黑，好在他在这里有一个很好的朋友，他们一块在何进的大将军府里共过事，这个人就是荆州本地大族出身的蒯越。在蒯越的帮助下，荆州蔡氏、黄氏、庞氏等另外几家大族也对刘表给予支持，在他们的共同协助下，刘表先从荆州最重要的南郡下手，逐步统一荆州。当时南郡的郡治襄阳城里有张虎、陈生等人领兵据守，不听任何人的调遣。蒯越和庞季二人进城，劝说他们投降，刘表占有了襄阳。

荆州原先的治所在长江以南的汉寿，刘表索性把治所搬到襄阳，很快他统一了南郡，荆州下属的江夏郡、长沙郡、武陵郡、零陵郡、桂阳郡等郡也都先后归顺了他，除最北面的南阳郡外，刘表控制了整个荆州。关东联军讨伐董卓，刘表的态度跟陶谦一样，不参与也不反对。中原战乱，公孙瓒跟袁绍打，曹操跟陶谦打、跟吕布打，袁绍后来又跟曹操打，这些事刘表也统统不参与，埋头发展自己，荆州成为一片难得的和平之地。

再说袁术，与刘表的创业经历不同，袁术是打着反叛朝廷的旗号离开洛阳的。董卓把持朝政，与袁术的哥哥袁绍发生了激烈冲突，袁绍、袁术、曹操等人一夕之间同时离开了洛阳。袁术来到荆州北面的门户南阳郡，在这里也很快站住了脚跟。随着势力壮大，袁术的控制范围逐步拓展到豫州、扬州一带，后来干脆把大本营迁到了扬州的寿春。

袁术是个有野心的人，他的目光不局限于一州一郡，也不会像刘表那样拥兵自保，而是积极参加群雄争战。扬州下辖 6 个郡，江北有 2 个，江南有 4 个，袁术一面派孙策到江东去拓展，同时也把目光盯上了江南的豫章郡，此时豫章郡太守周术死了，袁术觉得这是个机会，想派人到那里发展势力。派谁去呢？袁术想起了诸葛玄，便让人捎信给在阳都的老朋友诸葛玄，说自己想表奏诸葛玄为豫章郡太守，问他是否有意。

袁术能想到诸葛玄，至少说明 3 个问题：一是他们的关系确实很好，二是此前诸葛玄的官位不至于太低，三是诸葛玄是个有能力的人，袁术觉得把这件事交给他没问题。

诸葛玄接到袁术的信，没有多想就答应了下来。其实，诸葛玄也知道此行充满了艰辛和危险，因为袁术虽然是朝廷正式任命的后将军，但并没有权力任命自己做太守。袁术的任命严格来说是非法的，它还专门有个名词，叫作“表奏”。所谓“表奏”，也称“遥拜”，此时朝廷已西迁长安，对中原失去了控制，大江南北陷入军阀混战状态。仗虽然每天都在打，但是一些正常的行政管理、官员任免事务还要进行，在无法取得朝廷合法任命的情况下，各地的实力派便自行任命官员。具体做法是，将拟任官员的情况写一道奏表，向长安方向遥拜一下，念一遍，再将挟持天子的军阀大骂一通，表一下自己的忠心，程序就算完了。这个做法肇始于袁绍，后来大家觉得挺好，很实用，很便捷，既达到了目的，也有了一个说法和交代，便纷纷效仿。袁术任命诸葛玄为豫章太守，用的也是这个办法。

程序倒也不重要，重要的是豫章郡是否由袁术说了算？答案是否定的。袁术新来扬州，虽然给自己“表奏”了个扬州牧，但他的势力远远没有达到豫章郡，诸葛玄去上任，顺利还好说，如果控制不了局面，那麻烦就大了。可是诸葛玄来不及思考这些，看着曹操的大军很快又要卷土重来，琅邪国将再陷灭顶之灾，为了一家人逃命，诸葛玄决定冒一次险。

诸葛玄与诸葛瑾、诸葛亮哥儿俩商量后，决定分成两路，自己先带领诸葛亮、诸葛均以及他们的两位姐姐去豫章郡上任，诸葛瑾留在家乡，照顾继母，照看家中的产业。就这样，大约在汉献帝兴平元年（194），诸葛亮随叔父诸葛玄一起离开生活了14年的故乡阳都，开始了新的未知旅程。

由豫章到荆州

豫章是一个大郡，郡治在南昌县，即今江西省南昌市，全郡的管辖范围也与今天江西全省大致相当。由琅邪国阳都县到遥远的豫章郡南昌县，一路十分辛苦。诸葛亮随叔父赴任，最有可能走的路线是：由阳都南下进入东海郡，过郯城，再过彭城、下邳、梁国，转道汝南郡，由那里直向南，沿着南方大道过长江，到达豫章郡。

郯城、彭城、下邳、梁国，都是近年来各方反复交战的战场，尤其是彭城，不久之前曹军曾在此屠城，泗水为之断流。这是诸葛亮第一次走出家乡，虽然他才14岁，但心智已相当成熟。一路上所见所闻，进一步加深了他对战争的认识和对苦难的理解。路上，当听到和看到曹军留下的累累暴行时，诸葛亮的内心自然会生出更多的厌恶和极度反感。

总算到了豫章郡，接下来的事，有不同的记载。

一个是《三国志》所说：远在长安的朝廷听说周术死了，正式任命了一个叫朱皓的人来当豫章郡太守，这样豫章郡便有了两个太守。面对这种情况，诸葛玄决定放弃，但他没有回老家阳都，也没有到袁术那里，而是想到了另一位老朋友刘表，便去了荆州，依附于刘表（会汉朝更选朱皓代玄。玄素与荆州牧刘表有旧，往依之）。

另一个说法来自《汉献帝春秋》：朝廷得知周术已死，袁术私自委任诸葛玄为太守，便派朱皓来代替诸葛玄。朱皓从扬州刺史刘繇那里借来兵，攻击诸葛玄，诸葛玄不敌，退守西城，汉献帝建安二年（197）正月，西城发生民变，杀了诸葛玄，把首级送与刘繇（西城民反，杀玄，送首诣繇）。

这两个说法内容差不多，反正诸葛玄在豫章郡没待多长时间。但是，这两种说法的结果有很大出入，一个是说诸葛玄后来到了荆州，另一个说诸葛玄死在了豫章郡。相比较而言，后一种说法影响更大，很多书上都采用这个说法。《汉献帝春秋》相传作于汉末，作者失考，也有说它是西晋学者袁晔所撰，由于成书时间很早，所以是记录汉末三国历史的第一手材料。但看样子这部书并非出自大家手笔，裴松之一向对它很轻视，斥它“轻弄翰墨，妄生异端”，中间充满了“穇杂虚谬”，甚至认为它是“史籍之罪人，达学之所不取者也”。

但结合后面发生的事，《三国志》的说法似乎更为可取。前面说过，袁术任命诸葛玄当太守，看似挺风光，其实风险很大。《襄阳记》有一条记载，说襄阳城里有个“牵羊坛”，每有新任刺史到任，必先来此坛，牵着一只羊绕坛走，不管它，看它能走几圈，走几圈往往预示该刺史能干几年。现在不是太平盛世，刺史不好当，太守很难干，说走人就得走，每个人都有这样的思想准备，更何况诸葛玄这个太守并非名正言顺。所以，当朝廷正式任命的太守到任后，诸葛玄没有理由跟他对抗到底，弃官是他的正常选择。

自动放弃了豫章太守一职后，诸葛玄没有回到家乡，是因为家乡的战乱更甚于之前，曹操果然发起了新的南征徐州之战，侄子诸葛瑾已携继母离开了阳都，远赴江东避难。

诸葛玄也没有回袁术那里，一来袁术交给自己的事是这样的结局，他不想再去见袁术，二来听说袁术的野心越来越大，社会上到处流传，说袁术已经暗中做着僭越称帝的打算。在这种情况下，去投靠离豫章郡不远的故友刘表成为诸葛玄自然的选择。如果诸葛玄在豫章郡被杀了，诸葛亮姐弟四人如何到的荆州，又如何依附的刘表，就成了很大问题。

而且，《汉献帝春秋》认为诸葛玄赴豫章郡上任不是袁术所任命，而是刘表任命，这不太符合逻辑。豫章郡属扬州，袁术自认为扬州是自己的地盘，还自兼扬州牧，所以会任命豫章郡太守。刘表是荆州牧，突然想起任命扬州的官员，不太可能。换成袁绍、公孙瓒、袁术这样的人，这也许是可能的，但刘表一向表示忠于朝廷，是一名模范的地方大员，在别人都不太搭理天子的情况下，他还坚持年年向其进贡，深得朝廷好感，让他越权任命不属于自己辖区的官员，不怎么说得通。

所以，正如《三国志》所言，诸葛玄是袁术任命的，他后来去了刘表那里。

大约在汉献帝建安元年（196），诸葛亮随叔父诸葛玄来到荆州，这一年诸葛亮 15 岁。

刘表对老朋友的到来十分欢迎，把他们一行接到襄阳居住。中原地区连年战乱形成了多次难民潮，为躲避战争，人们开始向边境地区大规模迁移，开始只要没有战事的地方都成为迁移的目的地，后来战火越燃越广，大家只好拼命往远处跑，包括辽东、益州、荆州以及更远的交州。

在这些地方中，逃往荆州的人最多，因为相对而言这里与内地的交通最为便利，而且刘表主政后，荆州很少再起大规模的战事，相对安宁。荆州气候适宜农业发展，物产丰富，经济发达，这些都吸引大量逃难的人来此定居，其中包括大批的士人和官吏。人力资源历来都是最重要的生产力，是国力、军力的重要体现，没用几年时间，刘表就发展成为“南收零、桂，北据汉川，地方数千里，带甲十余万”的割据势力。

在当时，刘表的综合实力仅次于袁绍集团，如果把治世能臣的称号给刘表应该是没有问题的。刘表在地方治理方面确实有一套，他来荆州之前，这里并不是一片净土，人多好斗，贼寇作乱，到处不安定（人情好扰，加以四方震骇，寇贼相扇，处处麋沸），经过他的治理，这里变成了“万里肃清”之地，俨然是东汉帝国最后一片乐土。《后汉书》说刘表在荆州的治理很有成效，做到了“沃野千里，士民殷富”，官民都很高兴而且感到佩服（大小咸悦而服之），这应该不完全是溢美之词。

诸葛玄到了襄阳，并没有在老朋友刘表手下任职，推测起来，最大的可能是诸葛玄的健康出了问题，因为就在一年之后，他病逝于此。诸葛亮的父亲死得较早，叔父也在此时去世，诸葛亮自己死时也只有 50 多岁，这样看来他们这个家族似乎有遗传方面的问题。不过，那时候人的寿命普遍较短，这是当时的诸葛氏家族普遍缺乏长寿者的最重要原因。

诸葛玄的去世对诸葛亮姐弟四人来说又是一次打击，诸葛亮此时不过 17 岁，弟弟诸葛均才 14 岁，他们的大哥诸葛瑾又奉继母去了江东，由于通信艰难，也不知道他们那里的具体情况。

第二章

乡村青年

隐居小山村

未来何去何从？诸葛亮面临着新的人生难题。

值得庆幸的是，叔父临终前对他们姐弟的生活已做了精心安排，在叔父的主持下，诸葛亮的两位姐姐分别完成了婚事，她们所嫁的对象，都是赫赫有名的家族。当时的荆州有七大家族，分别是蒯氏、蔡氏、庞氏、黄氏、马氏、习氏和杨氏，这 7 个家族是刘表占有并稳定荆州所依赖的主要对象。诸葛玄为两位侄女挑选的婆家，都是七大家族成员。

诸葛亮的大姐嫁给了蒯祺。蒯祺出身于襄阳附近中卢县蒯氏家族，有个说法是，蒯祺与蒯越是兄弟关系，但正史没有明确记载。刘表占有荆州，蒯越出力最大，蒯家成员多在刘表手下任职，至刘表死时，蒯祺任房陵郡太守。蒯越在洛阳与刘表是挚友，诸葛玄也是在洛阳结识的刘表，也可能诸葛玄与蒯越也相识，诸葛亮大姐这门亲事，就是诸葛玄撮合下完成的。

诸葛亮的二姐嫁给了庞山民，庞山民出身于襄阳本地的庞家，其父是荆州名士庞德公。东汉时习惯以单字为名，这大概是王莽改制留下的为数不多的成果之一。“山民”疑似诸葛亮这位二姐夫的字，其名为何不详，庞山民后来到曹魏为官。

这两桩婚事办完，诸葛玄心里的石头算是放了下来。诸葛玄自己有没有子女史书没有记载，但他生前最挂念的大概还是诸葛亮姐弟的生活。

接下来，17 岁的诸葛亮可以有不同的人生选择：他可以和弟弟依附两个姐姐生活，以两位姐夫随便哪一家的实力，他们的生活肯定都不会差；也可以利用两位姐夫家的影响力到刘表手下谋一份职，诸葛亮已经 17 岁，是可以出来做事的年龄了。经过认真思考，诸葛亮做出了决定，他既没有随姐姐去过荣华富贵的生活，也没有到刘表手下谋一份差事，他决定继续求学。

襄阳城南当时有一所学业堂，据考证其遗址在今襄阳南湖宾馆一带，在当时这里北靠城墙，南面是西南诸峰，山、水、城相围绕，是一个读书的好去处。诸葛亮随叔父来到襄阳，便在学业堂读书。不过，叔父去世后诸葛亮决定从襄阳城搬出去，另寻一处住所。诸葛亮心中的这个地方，应该是一处幽静的所在，山清水秀，不被外人打扰，以便于读书学习，最好还有田地可以耕种，以便在读书之余参加劳动，既自食其力，又锻炼身体和心智。

这个地方还要离襄阳城不能太远，虽然不必天天再到学业堂去学习，但那里集中了最好的老师，诸葛亮一定想随时去那里向先生们请教。按照这些条件，诸葛亮终于在荆州城西北20里找到了一处理想的地方，此地叫隆中。

隆中，现在的名气很大，但在当时这只是一处普通得不能再普通的小山村。隆中所在的山名为万山，山不高，岗峦起伏，其间风景优美，四季松柏常青，鸟语花香，水声潺潺，周边山形环绕，势若盘龙，登临高处，可以远眺汉水，在这里读书耕种，是再好不过了。

在当时这里还有点偏僻，襄阳城里的权贵或大户人家，习惯把别墅盖到城南顺着汉水往宜城的方向，那里被称为“冠盖里”，这襄阳以西的偏僻山村，平时人烟比较稀少，但这正是诸葛亮所需要的，他不想到冠盖里那种地方凑热闹，他喜欢这里的安静。于是，诸葛亮与弟弟诸葛均二人来到隆中，在这里修建了一处简单的草庐，整理出 10 多亩耕地，住了下来。

因为诸葛亮曾在这里隐居、学习，隆中于是在后世得以闻名，其具体位置，在今天湖北省襄阳市以西的众山拱卫中，是襄阳市下属的襄城、南漳、谷城等区县交界之地。但是，也有不少人认为，此地并不是诸葛亮躬耕之所，诸葛亮真正躬耕的地方是南阳的卧龙岗。西晋永兴年间（304—306），镇南将军刘弘来此凭吊诸葛亮故宅，命参军李兴作《祭诸葛丞相文》，此时距离诸葛亮病逝于五丈原仅 70 年。东晋升平五年（361），荆州刺史别驾、历史学家习凿齿来隆中，撰写《诸葛武侯故宅铭》，习凿齿看到隆中已建有纪念诸葛亮的祠堂，此时距离诸葛亮去世不过 120 多年。当时的人们肯定不会搞错诸葛亮定居之所，隆中是诸葛亮隐居之地确凿无疑。

但是，大约从元代开始有人认为诸葛亮隐居之地在今天的河南省南阳市卧龙岗，争论随之而来，坚持此说者，最大的依据是诸葛亮《出师表》里的一句“臣本布衣，躬耕于南阳”。其实，《出师表》的“南阳”与今天的南阳市是两个概念，汉末三国没有南阳城、南阳县，只有南阳郡，地位介于今天的省与市之间，属荆州刺史部，与襄阳所在的南郡相邻。今天的南阳市，那时是南阳郡的郡治宛县，假定诸葛亮不是在隆中隐居的，他有没有可能在宛县隐居呢？这种可能性几乎没有。

首先，宛县当时长期在曹操占领之下，曹操与刘表是敌对关系，诸葛亮不可能一个人跑到“敌占区”去生活。刘表当初是董卓派到荆州当刺史的，他去荆州的时候南阳郡太守是张咨，属关东联军阵营，宛县一带还有袁术，刘表尽管在荆州其他各地动作挺快，很快占领了不少地方，但南阳郡的宛县及其以北地区刘表从未占据过，这种情况一直持续到刘表去世。

袁术后来转战寿春，宛县周边又被凉州军旧部张绣所占，曹操那时已主持迁都于许县，许县离宛县太近，曹操为此多次南征张绣，费了很大代价也未能将其占领，官渡之战前夕张绣在贾诩劝说下投降曹操，包括宛县在内的南阳郡大部始归曹操所有，这种情况一直持续到曹魏政权结束。

官渡之战后刘表收留了刘备，让刘备屯兵于新野，此地在宛县之南，是刘表北面的前线地带，刘备与曹操之间多次交手，刘表、刘备与曹操属敌对关系，诸葛亮随叔父诸葛玄是为投刘表才来的荆州，宛县相当于“敌占区”，诸葛亮放着好好的襄阳不待，一个人跑到几百里外的宛县定居，是匪夷所思的。

其次，诸葛亮在荆州期间有一些社会活动，也有老师、同学和亲戚，他们都生活在襄阳一带。诸葛亮在荆州期间社会关系十分广泛，老师有庞德公、司马徽等，同学有庞统、向朗、尹默等，亲戚有庞山民、蒯祺等，好友有马良、崔州平、孟建、徐庶等，诸葛亮与他们的交往史书均有记载，这些后面还将讲到。

上述这些人，均生活在襄阳附近，如庞德公，《襄阳记》说：“襄阳人，居岘山之南沔水上。”司马徽居于何处《襄阳记》未作详载，但《襄阳记》说司马徽可以经常到庞德公家里造访，每次都像到了自己家一样，与庞家人很熟，说明他的居所也在襄阳附近。在《水经注》里有一段记载：“沔水中有鱼梁洲，庞德公所居。士元居汉之阴，在南白沙，世故谓是地为白沙曲矣。司马德操宅洲之阳，望衡对宇，欢情自接，泛舟褰裳，率尔休畅。”根据这段记载，庞德公、庞统、司马徽的住所都在襄阳周边，且相距不远。《襄阳记》说诸葛亮经常去庞德公家，如果诸葛亮定居在宛县，不仅无法经常向司马徽求教，也无法经常到庞德公家拜访。

最后，都知道刘备后来3次求访于诸葛亮，如果诸葛亮定居的地点在宛县，刘备“三顾茅庐”是无法做到的。诸葛亮在《出师表》中不仅说“躬耕于南阳”，还说刘备“三顾臣于草庐之中”，这个“草庐”如果在宛县的话，刘备别说“三顾”了，能顺利地去上一次都不大可能。

如上所述，宛县一直是曹操的占领区，这种状况自赤壁之战前夕一直到曹魏政权灭亡，长达半个多世纪从未改变。刘备官渡之战后才投奔的刘表，一到荆州就被刘表派去抵挡曹操，刘备与曹操之间有过交手，双方是公开的敌对关系。刘备一开始驻扎在新野，后移驻到与襄阳一水之隔的樊城，无论新野还是樊城，距宛县都很远，刘备即使听说宛县有个诸葛亮，他也不敢前去拜访。

以上所述的3个理由，随便哪一个成立都可以否定南阳“卧龙岗”的真实性。既然如此，南阳“卧龙岗”话题为何还这么热呢?

隆中距襄阳城西门20里，这里指的是史书中所载汉代的“里”，为了与史书记载保持一致，本书凡涉及以“里”为单位计量距离的，均同此。汉代1里约合现今0.35公里，20里相当于7公里。现在，从北京西二环的复兴门出发，向西7公里大约是万寿路，刚到西四环，坐地铁5站，打车20元。所以，充其量隆中就是襄阳城的西郊。然而在当时，隆中却不隶属襄阳管辖，甚至也不属襄阳所在的南郡，它属于南阳郡的邓县。

襄阳城北，沿着古城墙是流经此地的汉水，古称沔水。汉水流过襄阳，突然掉头向南，在其拐弯处，有一条叫淯水的河流与其交汇。今天邓县称邓州，归河南省，襄阳归湖北省，邓州与襄阳两地相距70余公里，合汉代200里。而在汉末，邓县与襄阳的距离非常近，其县治与襄阳隔汉水一河。《元和郡县志》载古谚曰：“襄阳无西。”说的是襄阳往西几乎没有边界，一出城就到了邓县的地盘。诸葛亮隐居的隆中，在襄阳城西北20里处，是邓县的管辖范围，也就是南阳郡的地界。

如上所述，南阳郡虽然也属于荆州，可该郡的大部分地区未被刘表控制过。诸葛亮开始隐居荆州是在汉献帝建安二年（197），此时南阳郡的大部分地区在张绣控制之下。当然，张绣的势力范围并未到达襄阳城下，靠近襄阳城的地区，包括汉水对面的重镇樊城，以及邓县的大部分地区还在刘表手中。

隆中是“南阳郡的”没错，但说它是“南阳”就不够准确，毕竟它离襄阳不远，而离南阳郡的郡治宛县也就是今天的南阳市却远得很。这样说就明白了：诸葛亮说“臣本布衣，躬耕于南阳”中的南阳是泛指，指的是南阳郡而非南阳城。

但是，仍然有一种意见认为诸葛亮既然说“躬耕于南阳”，就是南阳城，而非襄阳城，这就是所谓的襄阳、南阳之争。大约在元代之前，这个争论性话题其实还不存在，宋代时苏轼曾来隆中拜访，写下一首题为《隆中》的诗：“诸葛来西国，千年爱未衰。今朝游故里，蜀客不胜悲。谁言襄阳野，生此万乘师。山中有遗貌，矫矫龙之姿。龙蟠山水秀，龙去渊潭移。空余蜿蜒迹，使我寒涕垂。”

到了元代，南阳修诸葛书院和武侯祠，一个叫程钜夫的人代皇帝撰写了《敕修南阳诸葛书院碑》，提出诸葛亮躬耕地应该在南阳城，康孔高首修《南阳府志》，把这块碑记收录其中，明确说道：“南阳城西七里，有冈阜隆然，隐起，曰‘卧龙岗’，有井，渊然渟深，曰‘诸葛井’者，相传汉相忠武侯故居，民岁祀之。”康孔高也是个学者，所以他谨慎地用了“相传”两个字。

然而，到了明朝嘉靖年间，嘉靖皇帝突然来了兴致，以皇帝的名义正式确定南阳“卧龙岗”是诸葛亮躬耕地，刻碑云：“南阳郡城西七里许，有阜隆然，绵亘四十余里，名曰‘卧龙岗’，乃汉丞相忠武侯诸葛孔明躬耕地也。”皇帝发话，争论暂休，“南阳说”影响力逐渐大起来。清代以后，两派学者又经过不断考证，发现的线索越来越多，事情越扯越复杂，两派互不相让，争论至今。

皇帝的话即便是“金口玉言”也不能用在学术上，判断诸葛亮躬耕之地在哪里其实一点儿都不难，只要理性地分析当时的局势和诸葛亮的生活状况，相信一般人都不难判断出哪个才是正确的。

求学有鸿儒

唐代，有一位刘汉宗室后裔，因参与政治革新得罪权贵，被贬到安徽和州县当一名通判。按当时制度规定，他这个级别的官员住宅标准是三间三厢，可知县见他被贬失势就有意刁难，安排他住到城南，他毫无怨言，反而很高兴。

知县很生气，吩咐衙役把他的住处搬到城北，面积减少一半，此人仍不计较，整天过得怡然自得。知县更生气了，又命人把他搬到城里，只给一间能容一床、一桌、一椅的小房间。此人终于忍不住，写了一篇名叫《陋室铭》的文章，请人刻碑立于门前。

这个人叫刘禹锡，当他提笔写这篇文章时，脑子里首先想到的是五百年前襄阳城西的隆中，想到的是诸葛亮和他的草庐。他写道："山不在高，有仙则名。水不在深，有龙则灵。斯是陋室，惟吾德馨。苔痕上阶绿，草色入帘青。谈笑有鸿儒，往来无白丁……"

刘禹锡有没有来过隆中，不得而知。即使他没来过，这种种场景，也特别契合诸葛亮当年隐居隆中的生活状态。徜徉田园，躬耕自足，读书弹琴，悠然自得。这是一种典型的隐居生活，汉末时节隐而不仕也是士人的一种风尚，得时则行，不得时则退而息意，面对社会动荡和人身无法保全，一部分士人自动地退居山林，过起了与世隔绝的生活。

但是，诸葛亮显然不是一名纯粹的隐士，他也无意于成为隐士，他来隆中只是看中了这里幽静的环境，可以静下心来读书学习。诸葛亮没有用这个小环境来封闭自己，相反，在躬耕于隆中的这段时间，他积极与外界沟通，随时掌握外部世界的变化，广泛地拜师交友就是他居住隆中这 10 年间所做的主要事情。

当时的荆州，可以说经济发展、社会稳定，刘表本人又特别重视文化教育事业，他兴建学校，援引名师，博求儒术，培养人才。当时京城洛阳残败，太学被废，刘表在襄阳设立的学业堂无疑是当时全国最好的学府，吸引了各方有志青年前来求学。当时的著名学者有宋忠、庞德公、颍容等人，他们多年致力于延续文化和学术，形成了一个有名的荆州学派，一心致力于求学的诸葛亮，哪能放弃向他们学习的机会？

但是，一个不到 20 岁的青年，毫无知名度，要接近这些学者也不那么容易，诸葛亮首先得到了贵人的帮助。高人开悟，贵人相助，通常是快速成长的捷径。

这个贵人名叫庞德公，诸葛亮二姐夫庞山民的父亲，论起来他们有亲戚关系。《后汉书》有庞德公的传记，说他是襄阳人，家住襄阳城南的岘山一带，从未到城中居住。由于他是本地知名的学者，刘表多次请他出来做事，他都没答应。

庞德公不出来做官，还有一套自己的理论。庞德公曾经说："鸿鹄筑巢于高林之上，暮而得所栖，鼋龟筑穴于深渊之下，夕而得所宿。趋舍行止不过是人的巢穴罢了，应该各得其栖宿。"刘表不死心，亲自去请，庞德公正与夫人耕田，见到刘表来了，就停下耕作，站于垄上，而他的妻子继续耕耘。刘表指着庞德公的妻子说："先生苦居畎亩不肯官禄，拿什么东西留给后世子孙？"庞德公答道："世人留给子孙的是贪图享受、好逸恶劳的毛病，我留给子孙的是耕读传家、安居乐业的生活，怎能说没留，只是所留不同罢了。"刘表只得叹息而去。

诸葛亮仰慕庞德公的学问和人品，经常借着探望二姐的机会到庞家。据《襄阳记》记载，诸葛亮每次到庞家，都要去拜见庞德公，对庞德公十分尊敬，每次都行大拜之礼（独拜床下）。庞德公逐渐对这个晚辈产生了好感，通过交谈，他发现诸葛亮不仅天资聪慧，而且身上有难能可贵的个人品质，他志存高远，又踏实勤奋。

经过庞德公的介绍，诸葛亮又拜著名学者司马徽为师，进一步开阔了眼界。司马徽字德操，中原地区的颍川郡人，避难来到荆州。他是一位知名的学者，与庞德公志趣相投，二人关系很好，庞德公称其为"水镜先生"。《襄阳记》记载，司马徽比庞德公小 10 岁，称之为兄。一次，司马徽去看庞德公，恰巧庞德公到汉水对面为先人扫墓去了，司马徽径直来到内室，叫来庞德公的妻子、儿女，告诉他们："徐庶说今天有重要客人来找我和兄长交谈，你们准备准备。"庞德公的妻子和儿女们一个个跟司马徽见礼（皆罗列拜于堂下），之后奔走忙碌，准备饭菜。庞德公回家，还跑到司马徽跟前问候，闹不清谁是主人谁是客人了（不知何者是客也）。

司马徽终生未仕，所以史籍对他的记载有限，似乎没有太大的知名度。但在当时，司马徽的名气很大，早在中原时他就已经很知名。据《世说新语》记载，有人慕名前来请司马徽，被他坚拒，有人想让司马徽帮忙出谋划策，司马徽一律说“好”“好”，这也好那也好，妻子忍不住说他：“人家问你事，你怎么一律都说好呢？”司马徽答道：“你这样说，也很好！（如卿之言，亦大好）”这就是“好好先生”这个典故的由来。司马徽这个“好好先生”其实不是糊涂，而是装糊涂，他和庞德公一样，都不愿意介入世事纷争。

后来被诸葛亮十分器重的向朗，《三国志》说他自小就拜司马徽为师（少年事师于司马徽门下）。向朗的知名度不大，但向朗有个侄子，就是诸葛亮后来在《出师表》里提到的那个“将军向宠”，是蜀汉后期的高级将领，诸葛亮对他很信任，告诉后主自己出征在外，军营里的事无论大事小情，都可以问向朗（营中之事，悉以咨之）。还有曾经在诸葛亮手下担任过军谋祭酒的学者尹默，也曾经拜司马徽为师，学习古文经学（远游荆州从司马徽、宋忠受古学）。

综合这些来看，与本地大族庞德公在家躬耕闲居不同，司马徽在襄阳避难期间主要以开馆授徒为业。当时朝廷和州郡办的学校是官学，一些学者开馆授徒称为私学，汉末时节，随着今文经学的兴盛，私学也得到大力发展，卢植在北方开私学，教出公孙瓒、刘备两个著名的学生，当时办私学最有名气的是郑玄，他的学生中不少都很有名，如崔琰、国渊、郗虑、刘琰以及长期追随刘备的孙乾等。

庞德公向司马徽推荐诸葛亮，一来是敬佩司马徽的学识，二来缘于司马徽办有私学，诸葛亮除在学业堂学习外，还可以在司马徽的私学里得到系统性的学习。

往来无白丁

有庞德公的指点，加上司马徽的进一步教导，诸葛亮的学业进步很快，由于没有官学程式化的教育束缚，诸葛亮学习的内容和方法都很灵活，除当时读书人必不可少的经学之外，诸葛亮还广泛涉猎诸子百家，其中对于法家和兵家的著作更是格外留心。《三国志》记载，诸葛亮读书的方法也与众不同，别人读书务求精通、熟练，而诸葛亮只注重大的方面（独观其大略）。

诸葛亮显然不希望自己刻苦读书只是为了成为一名寻章摘句的儒生，他读书为的是积累和思考。后人视诸葛亮为奇才，对他的成长过程十分好奇，对他读了哪些书、研究了哪些学问抱有浓厚的兴趣。由于年代久远，这方面的情况已经无法具体考证，但可以推测的是，如果没有隆中这 10 年的积累，没有如饥似渴地勤奋学习，没有广泛的涉猎和科学的读书方法，诸葛亮也无法取得后来的成就。

另一方面，诸葛亮虽然隐居在隆中，但他与外界的交往也一直十分频繁，平时除了能得到名师的指点，也交了很多志同道合的朋友。

庞德公不仅向司马徽推荐了诸葛亮，还推荐自己侄子庞统一块去学习。庞统字士元，生年不详，年龄应与诸葛亮不相上下。庞统小时候为人朴实，看上去并不聪明。庞统去拜见司马徽时，司马徽正好爬到一株桑树上采桑，庞统就坐在树下，二人树上树下随意交谈，谈了一阵，司马徽觉得他很不简单，一口气竟然谈到天黑，司马徽对庞统大为惊异，说荆州士子没有人可以与庞统相比（南州士之冠冕）。大家认为司马徽不仅学问大，而且善于知人，他对庞统的评价一传出，庞统逐渐被世人所知。

世人把诸葛亮比为“卧龙”，把庞统比为“凤雏”，他们二人都是庞德公的亲属，也都是司马徽的学生，自然相识相熟。关于他们二人的交往，史书没有进一步记载，只能推测。从后来二人的关系以及所走的道路来看，他们在这一阶段应该保持着密切的联系。

除了向朗、尹默和庞统这些同学，史书上还明确记载了诸葛亮这一时期交往的几个挚友，分别是崔州平、石韬、孟建、徐庶。

崔州平不是荆州本地人，他是博陵郡人，博陵郡属冀州，在今河北省一带。崔州平的名字不详，“州平”应该是他的字，唐代有一本史书，上面说他叫崔均，但也有人认为崔均当过西河太守，而崔州平没有仕宦的记载，崔均是崔州平的哥哥。崔州平的父亲非常有名，叫崔烈，当过汉朝的太尉，凉州军阀挟持天子于长安，崔烈滞留于此。大约在崔州平认识诸葛亮之前不久，崔烈死于乱兵，崔州平到荆州定居，可能也是避难。石韬字广元，颍川郡人；孟建字公威，汝南郡人。他们两个北方人来荆州，也是为了避难。

上文这几个人中，前面司马徽提到过的那个徐庶的知名度最高。徐庶字元直，颍川郡长社人，本名徐福，爱击剑，尚侠义，替人鸣不平，杀人后改名徐庶外逃。此后弃刀剑，寻名师，刻苦学习，成为一代名士。

诸葛亮与这几个朋友经常在一起探讨学问，结伴拜师求学。从《襄阳记》的记载看，徐庶与司马徽、庞德公的关系十分密切。诸葛亮和徐庶等人都是客居荆州的外地人，他们很有才华，也有一定的志向，诸葛亮和这些朋友在一起交往、切磋，是他学业精进必不可少的部分。

诸葛亮求学的对象主要是庞德公、司马徽，但可以想象，对于这些好学的青年，除了这几位名师，必定会抓住一切机会向其他名师请教。《魏略》的记载印证了这一点："亮在荆州，以建安初与颍川石广元、徐元直、汝南孟公威等俱游学。"所谓"游学"，就是走出去求学，在读万卷书之余还要行万里路，没有固定目标，没有教条束缚，兴之所至，足之所履，广泛汲取学问营养。而荆州丰厚的文化氛围和名师云集的环境，也为他们的游学提供了条件。

襄阳之南是岘山，根据史料记载，庞德公即居住于此山。岘山风景优美，尤其是沿汉水两岸，风光更是旖旎而秀丽。

出襄阳城，沿汉水向南，一直到宜城这一百多里的一段，是汉末名士聚集之所。据《荆州记》记载，岘山到宜城，依山傍水，到处是名士和权贵修建的别墅，一个个修得很漂亮，绵延不绝（雕墙峻宇，阁阖添列）。最多时，其中住的担任过九卿、刺史一级二千石的高官就有数十家。人们路过这里，看到朱轩輧辉、华盖连延，掩饰于山峦之下，无不由衷赞叹。西晋史学家习凿齿曾在此为官，他著《襄阳耆旧记》对此也进行了记录，据他详细考证，汉末这里曾同时住着 4 位郡太守、7 位都尉、2 位卿、2 位侍中、1 位黄门、3 位尚书、6 位刺史，这些大都是"省部级”高官，人数多达 25 人。

中原战火连天，生灵涂炭，那时的人们，无论你曾经是高官显贵还是富可敌国，在战乱中，朝夕之间生命都可能不保。为了保全性命，为了自己和家人的平安，一些有身份有地位的人也随着大批避难的人来到荆州，他们有足够的经济实力，就在汉水两岸修建了豪华住宅，过起了悠闲且富足的生活。

这似乎与大家印象中避难的场景有所不同，但这是在史料中有据可查的事实。《荆州记》还记载，能在这一带修建起别墅的富贵之家，生活很奢华。南阳郡有一种菊水，其源头满地芳菊，此菊很特别，花枝短，花朵大，食之甘美，边上的水也都很甘馨。生活在这里的 30 余家，没有井，平时即饮此水，高寿者能活到 120 多岁，中寿的也 100 多岁，活到 70 岁就算是夭折了。王粲的爷爷王畅、袁绍的叔父袁隗等担任过南阳令，天下太平之时，县里不忘每月送 30 石水到京师，做饭、洗澡都用这种水（饮食澡浴悉用之）。京师那边现在没法送了，离该地更近的襄阳郡冠盖里，成为这种水最大的消费者。《襄阳耆旧传》也有记载，这一段的汉水里出产一种鳊鱼，头项短粗，弓背，身体扁平而宽，鳞细而银白，味道极其鲜美，但产量有限，官府便禁人采捕，以槎断水，捕上来的鱼供少数权贵们享用，人们称之为“槎头鳊”。

喝着菊花水，吃着槎头鳊，没有战火，不担心杀戮，住在豪华别墅里，悠然自在地生活着，令很多人趋之若鹜。他们之中，有不少人既是高官也是学者。综合各种史料记载，在此时期由中原一带前来避难的北方知名学者，包括王粲、和洽、杜袭、赵俨、裴潜、韩暨、司马芝、繁钦、梁鹄、傅巽、邯郸淳等人，他们的研究专长，不仅涉及传统经学和儒术，还有诗赋、艺术，其中当时天下最知名、最顶尖的书法家、音乐家都在其中。当然，这些人是否集中居住于冠盖里已无法考证，但这冠盖云集之处也是藏龙卧虎之地，他们除了观山看景，也读书调琴、聚谈雅集，使汉水两岸成为百里文化走廊。

诸葛亮把家没有安在岘山以南的这个走廊地带，不是没有这个物质能力，而是他更喜欢安静，不愿凑这个热闹。但是，如果他想游学访名师，此处无疑是必去之所，何况他的老师庞德公也住在这里。

入蜀后诸葛亮手下有一个人叫习祯，曾在蜀汉任太守，虽然事迹较少，但《襄阳记》对他评价很高，认为他的才能虽然不如庞统，但在马良之上（名亚庞统，而在马良之右）。习祯的先祖习郁，称臣于光武帝刘秀，被刘秀封为襄阳侯。据《襄阳记》记载，习家就住在襄阳城南至宜城之间的冠盖里一带，家里有一处很大的鱼池，是习郁效仿范蠡养鱼所筑，池边有高堤，种有竹子及长楸、芙蓉等，是名士们饮宴的佳处。习祯的妹妹嫁给了庞统的弟弟庞林，庞统是诸葛亮二姐夫庞山民的从兄弟，论起来习祯跟诸葛亮还带点转弯的亲戚关系。

前面提到荆州有七大家族，分别是蒯氏、蔡氏、庞氏、黄氏、马氏、习氏、杨氏。蒯氏、庞氏已做过介绍，诸葛亮与他们都有亲戚关系。黄家的代表人物是黄承彦，诸葛亮娶的妻子就是他的女儿，这件事后面将述及。诸葛亮与蔡氏虽然没有直接亲戚关系，但由于岳父黄承彦又是蔡家的女婿，所以诸葛亮与他们也有间接关系。习氏家族里的习祯，刚刚说过，剩下马氏和杨氏，诸葛亮和他们也有交往。

襄阳一带有句民谣："马氏五常，白眉最良。"是说马家有五个俊才，他们的字里都有一个"常"字，其中眉宇间有一撮白毛的那个最优秀，此人叫马良。马良字季常，比诸葛亮小几岁，和习祯一样，也是宜城人，出身于大族，他与诸葛亮很早便相识，诸葛亮曾在信中称他为"尊兄"。"尊兄"常用来称呼同辈中比自己年长者，裴松之由此推断，马良可能与诸葛亮结拜为兄弟，或者有某种亲戚关系（良盖与亮结为兄弟，或相与有亲）。马良有个弟弟叫马谡，也是"马氏五常"之一，就是后来被诸葛亮挥泪斩掉的那个。

杨氏家族至少有两位与诸葛亮有关，一个叫杨颙，一个叫杨仪，入蜀后他们都担任过重要职务，诸葛亮当丞相时，杨颙当过他的主簿，相当于办公室主任，杨仪更有才华，诸葛亮一度想把他当接班人进行培养。

深居于隆中的诸葛亮，眼界一点儿都不闭塞，他可以经常向庞德公、司马徽两位名师求教，平时与徐庶、崔州平、孟建、石韬等挚友聚会切磋，或者到岘山一带拜师求学，平时还可能与庞统、庞林、马良、习祯、杨颙、杨仪、向朗、尹默等一批本地才俊有广泛联系。正是因为有良好的学习环境和开放的学习方式，加上诸葛亮过人的天赋，才最终成就了诸葛亮的丰厚学识和过人眼界。而良好又广泛的人脉关系，也助力了诸葛亮日后事业的腾飞。

以上大致是诸葛亮的成才之路，虽然生于乱世之中，又连遭家庭变故，但命运总算还是青睐和眷顾着这个有志的年轻人，给了他隆中如此安静优美的读书场所，也给了他庞德公、司马徽这样的名师指点，还有一帮志趣相投、出类拔萃的俊才相互砥砺。

何谓天才？有人用智商来衡量。智商 80 到 120 之间叫作正常，达到 130 叫作超常，超过 140 叫天才。如果这样，天才就太简单了。成为天才靠的不仅是遗传基因，现代一般认为，除了遗传基因外，成就一个天才至少还包括个人努力、社会需求和偶然机遇促成这三大要素。

在遗传方面，诸葛亮生于虽不显赫却也传承有序的家族，有着祖先留下的良好生理基因和文化传统，从小就润泽在齐鲁文化的丰厚土壤中，让他具备了成为天才的良好基础。

在个人努力方面，时局的动荡、家庭的不幸，让诸葛亮比同龄人更显得成熟，战乱和流离失所增添了他的阅历，生活的不幸锻炼了他的坚强，他知道抓紧时间积累和充实自己。更为难得的是，在纷乱的世事中，他竟然获得了良好的学习氛围，可以心无旁骛、如饥似渴地学习。

众多因素集合在一起，加在了诸葛亮身上，是诸葛亮的幸运。这是一个漫长的过程，日积月累，聚沙成塔、集腋成裘。自 17 岁来到隆中算起，诸葛亮在此隐居学习长达 10 年。

十年磨一剑，剑出寒光闪！

十年面一壁，何壁不能破？

拜师传奇

然而，只是这样剖析诸葛亮的成才之路，大家似乎还觉得不够，因为在大家的心目中，诸葛亮不仅是人才、天才，还是奇才。

在后世人眼里，诸葛亮已经远远地超越了那个时代，他不仅是张良、萧何一类的顶级智囊，也是孙膑、吴起一类的顶级军事家。纵然隐居苦读，纵然天赋异禀，没有特殊的机缘和高人指点，那些奇谋妙思也不会无端产生。

这些疑问并非没有道理。细想一下，庞德公和司马徽虽然是知名的学者，但专长仍然是传统的经学儒术等学问，即使他们思想比较开通、视野较一般儒士开阔，也不过是多一些杂家著作和易学等并非显学的领域，诸葛亮所擅长的兵家以及传说中的道家学问是从哪里来的呢？

大家熟知张良圯上拜师的故事。圯就是桥，说张良曾游于下邳某桥上，遇一老父走到张良跟前，故意把鞋掉到桥下，对张良说："小子，到下面把我的鞋拿上来（孺子下取履）！"张良始愕然，想揍他，但看他年老，就忍着到下面把鞋取上来，并跪着给老者穿上。老者很满意，约张良五日后相见。五日后，张良如约而来，老者给了张良一部《太公兵法》，张良经常习读，最终成就了人生的传奇。

这绝不是民间故事，而是记录在《汉书》里，老者名叫黄石公，《史记》《高士传》对他也都有记载，他是秦末汉初五大隐士之一。在他的点拨下，张良得以开悟，学识智谋与日俱增。

在人们心中分量重于张良的诸葛亮，有没有这样一位高人的开悟和点拨呢？元代出了一部书，叫《仙鉴》，其中有一篇《诸葛亮拜师》，应和了人们这方面的猜测。据《仙鉴》记载，司马徽对诸葛亮说："以你的才华，现在应访名师，进一步增长学问，汝南灵山酆玖熟谙韬略，我曾路过那里向他请教，感到他的学识深不可测，你可以去他那里求教。"司马徽亲自带诸葛亮前往灵山，拜酆玖为师。

诸葛亮来到灵山整整一年，酆玖也不教他（居期年，不教），诸葛亮并不着急，对老师十分恭敬。酆玖经过长时间观察，发现诸葛亮可教，于是拿出 3 部书让诸葛亮研读，分别是《三才秘录》《兵法阵图》和《孤虚相旺》。酆玖告诉诸葛亮，精读此 3 部书 100 日，之后向他汇报读书心得。诸葛亮认真研读，百日之后向老师汇报，酆玖认为诸葛亮已掌握了这些著作的精髓（审所学皆能致其奥妙）。

现在称"灵山"的地方不下 20 处，河北一省就有五六处，河南也有四五处，如果酆玖真的隐居于灵山，此地有可能在河南宜阳，当然这只是推测。酆玖其人在传说中很有神通，而正史却缺少记载，诸葛亮是否真的拜他为师，不得而知。不过，如果真有这样一位高人，诸葛亮向他拜师求学，尤其学习一些兵法，倒也不是不可能。

《仙鉴》还记载，酆玖不仅自己教授了诸葛亮，还向他引荐了另一位高人武当山北极教主，使得这个故事更加传奇。

酆玖认为，诸葛亮已研习了兵法，但还欠缺变化（不喻神通），终究还显不足。南郡管辖下的武当山里有一位北极教主精于此道，于是亲自带着诸葛亮来到武当山，再拜北极教主为师。可是，诸葛亮到了这里，每天的任务只是担柴挑水，除此之外就是上山采一种叫黄精的东西。黄精是一种中药，俗称老虎姜、鸡头参，可补气养阴，现代人常用来治疗糖尿病。

诸葛亮不知道采了多少黄精，北极教主才开始教他，教授的主要内容是道术。诸葛亮精通儒、法，深得兵家精髓，同时也精于易、道，这在他留下的著作中可以得到证明。道术也许源于他的兴趣和自学，也许果真得到过某些高人的指点。《仙鉴》说，诸葛亮学成回到襄阳，再与司马徽交谈，司马徽大吃一惊，改容道："你已经达到最高水平了（真第一流也）！"

武当山汉代归武当县管辖，属南阳郡，由襄阳沿汉水向上便到，距隆中不到一百公里。"武当"之名最早出现在《汉书》中，汉末时节也的确聚集了一批求仙学道者的栖隐之士。但是，在诸葛亮时代武当山里有没有一位"北极教主"，这一点已很难考证。《仙鉴》把诸葛亮归为"武当弟子"，更多地是想借重诸葛亮的名望罢了。

不过，在诸葛亮襄阳的10年研读、游学期间，如果听说哪里有像酆玖、北极教主那样的奇人，他一定会心驰神往地前去拜师求学的。对诸葛亮来说，最广泛地吸取知识的营养，从各方面锻炼和增长自己的学识和见地，是他这一阶段唯一最重要的事。

第三章

如鱼得水

长啸抱膝亭

知之而不行，虽敦必困。这是荀子的话，意思是懂得许多道理却不付诸实践，虽然知识很丰厚，也是没用的。如饥似渴地学习，想尽一切办法从各方面提高自己，这样艰辛而枯燥的生活，诸葛亮一过就是 10 年。至于将来的打算，他似乎并不着急。朋友们在一起交谈，大家的话题逐渐放到如何选择未来的出路上，每到这时，诸葛亮都微笑不语。

经常交往的这些好友中，庞统是最早出去做事的，他到了襄阳郡任职，很快便担任了功曹。功曹是太守的属官，相当于人事处长，负责官员的考核，是郡政府的主要官员之一。庞统虽然年轻，但干得不错。他的性格跟诸葛亮不大一样，他喜欢热闹，喜欢结交各类朋友，担任功曹后，更是着力发现和推荐人才（性好人伦，勤于长养），他本来已小有名气，现在的知名度就更大了。

但是，人们发现庞统从事人事工作也有一个问题，那就是他所推荐和称许的人才，往往有点言过其实，有人问他是怎么回事，庞统并不回避，他有自己的道理：“现在天下大乱，世风败坏，坏人太多，好人太少，正是兴风俗、长道业之时，对于好人就应该大力表彰他的长处，让社会都来效仿。我选拔了十个，即使用错了五个，那五个也是好的呀！”

庞统就职的地方就在襄阳城内，是诸葛亮经常来的地方，诸葛亮每次进城，总有机会见到庞统，或者听别人议论这位年轻的功曹如何有魄力有能力，听到这些议论，如果心里没有足够定力，内心一定会涌出波澜，但诸葛亮很平静，这些事都丝毫不会影响他的内心。

凤雏已经得志，卧龙似乎不急。

一次，诸葛亮与孟建、崔州平、徐庶三人聚谈，又说起了未来的打算，他有感而发道：“你们三个将来至少都能当上刺史、郡太守。”三人问诸葛亮自己能做到什么官位，诸葛亮笑而不言。

很少有人理解诸葛亮内心的真实志向，他显然不满足于像庞统那样当个循吏能臣，也不会像老师司马徽、庞德公那样，成为地方上的一介名士，他希望自己成为管仲、乐毅那样的人。

管仲，春秋时期齐国下卿，古代历史上宰相的典范。他博通坟典，淹贯古今，有经天纬地之才，济世匡时之略，齐桓公任用管仲，称他为“仲父”，授权让他主持改革。管仲掌权后，大刀阔斧推进他的改革计划，发展经济，提拔人才，齐国由此强大起来。管仲还提出“尊王攘夷”的战略，联合北方邻国抵抗山戎族南侵，取得了高超的外交和军事成就。孔子对管仲推崇备至，曾感叹道：“没有管仲，我们大概还都披头散发，被野蛮人统治着吧（微管仲，吾其披发左衽矣）！”

乐毅，战国后期的军事家，被拜为燕国的上将军，辅佐燕昭王振兴燕国，他曾统率燕国等五国联军攻打齐国，连下70多座城池，创造了古代战史以弱胜强的神话，后人称之“神于用兵，所向无敌”。

一个是名相，一个是名将，他们是诸葛亮心中的楷模。诸葛亮觉得，当此乱世，缺少的正是管仲、乐毅那样的人，而他对自己的定位，也正是这种能安邦定国的人。所以，当孟建他们问自己将来能做什么时，诸葛亮才笑而不言。

隆中至今有一处抱膝亭，相传诸葛亮这一段时间里常在此抱膝长啸。亭子是后人附会的，但事情确有其事。《魏略》记载，诸葛亮每天清晨和傍晚常常抱着双膝，坐在那里发出长啸（每晨夜从容，常抱膝长啸）。

长啸，指大声呼叫，也指通过调整口腔和声带，发出悠长清越的声音，汉魏时节很多人常以此述志，曹植写过一首诗，里面有“顾盼遗光采，长啸气若兰”的句子。抱膝长啸，说明表面平静的诸葛亮，内心里也在激烈地思考着未来。据《三国志》记载，诸葛亮除了长啸，还好吟一首叫《梁父吟》的诗。梁父即梁甫，是个地名，在泰山郡，也就是诸葛亮的父亲诸葛珪曾任职的地方。“梁父吟”是乐府的曲名，类似于后代的词牌、曲牌，也就是说，词的内容是可以变化的。

诸葛亮吟唱的《梁父吟》内容已不得而知，现在有一首流传下来的《梁父吟》，有人推测正是诸葛亮所吟。其词曰：“步出齐城门，遥望荡阴里。里中有三坟，累累正相似。问是谁家墓，田疆古冶子。力能排南山，又能绝地纪。一朝被谗言，二桃杀三士。谁能为此谋，国相齐晏子。”

这是一首咏史诗，所咏内容是齐景公用晏婴之谋，以二桃杀三士的故事。据《晏子春秋》记载，春秋时齐国有三位勇士，分别是田开疆、古冶子、公孙接，他们都立下大功，平时很骄傲。晏婴为国相，从三人身边过，这三位都坐而不起，让晏婴很难堪，便在齐景公面前进言欲除掉三人。齐景公居然答应，让晏婴设计。晏婴让齐景公以二只桃子赐予三人，让他们自己表功争桃。公孙接、田开疆先报功劳，各自拿走一只桃。古冶子不服：“我的功劳更大，桃子该给我吃。”公孙接、田开疆都是勇士，听完顿觉羞愧，退还桃子，自杀。古冶子见状，认为自己不仁不义，也自杀了。《梁父吟》所唱就是这件事，但诸葛亮为何吟它，至今众说纷纭。

其实，如果这首诗真是诸葛亮所吟的《梁父吟》，也许并没有太多深奥的地方，这只是一首普通的乐府诗，也许流传于梁甫那一带，也许是诸葛亮很小时在泰山郡任职的父亲教给他的，他吟这首诗，没有别的深意，只是在思念故乡，思念亲人罢了。

娶了个“丑媳妇”

这段时间，诸葛亮的个人生活发生了变化，他成婚了。

说起诸葛亮的夫人，多数人都会想到黄月英这个名字，关于她有很多民间传说。有人说，木牛流马其实不是诸葛亮发明的而是黄月英的专利，黄月英心灵手巧，不依靠外力而完全凭机械的内部动力造出了世界上最早的“机器牛”“机器马”。还有人说，八卦阵也不是诸葛亮发明的，发明它的同样是黄月英。甚至还有人说，诸葛亮手里经常拿的羽毛扇之前是没有的，是黄月英为丈夫专门发明的……

总之，黄月英成了超级智慧的化身，不仅在三国时代，放眼整个中国古代恐怕也难找出能与她比肩的女发明家。大量传说和民间故事也同时指出，黄月英长得很丑，但诸葛亮看中了她的才学和品德，不以貌“娶人”，成就了一段佳话。

诸葛亮的妻子确实姓黄，记载这件事的不是《三国志》而是一部叫《襄阳记》的书，根据这部书的记载，诸葛亮在隐居隆中期间，本地名士黄承彦有个女儿没出嫁，黄承彦亲自向诸葛亮提亲。黄承彦不是普遍的名士，因为黄家也是荆州的大族之一，荆州最有影响力的大族首推蒯家，其次是蔡家，蔡家的代表人物是蔡瑁，他有两个妹妹，一个嫁给了刘表，另一个就嫁给了黄承彦。

也就是说，黄承彦和刘表是连襟关系，有了这层关系，加上黄承彦自身的影响力，如果想出来当官自然是轻而易举的事，但他跟庞德公、司马徽这些无意官场的名士一样，对当官没有兴趣。由于志趣相投，黄承彦和庞德公交往密切，诸葛亮的二姐嫁给了庞德公的儿子庞山民，诸葛亮一向对庞德公很尊敬，由于这个关系黄承彦知道了诸葛亮，并对这个志向远大、学识一流又为人沉稳的年轻人抱有深深好感。

以黄家的实力和地位，女儿自然不愁嫁，可黄承彦看好诸葛亮，一般来说这样的事最好通过第三方来转达，以免对方不同意带来尴尬，而且最好由男方首先提出才更符合礼节。但黄承彦觉得没必要，他自己直截了当地向诸葛亮说了这件事。据《襄阳记》记载，黄承彦对诸葛亮说："听说你还没有成家，我有一个丑女，黄头发、黑皮肤，但是才能和品格与你相配（黄头黑色，而才堪相配）。"

诸葛亮一听就答应了，并且很快成了亲（即载送之）。诸葛亮是身高 1.88 米的美男子，又年轻有为，前途无量，却娶了个丑媳妇。《襄阳记》说，这件事传开后，大家经常拿这逗乐，还编了个乡谚："莫作孔明择妇，正得阿承丑女。"正是由于受上面这段记载的影响，历代以来对诸葛亮的这桩婚姻世人便颇为关注，大家赞赏诸葛亮不以貌取人，但《襄阳记》并没有说黄承彦的这个女儿叫黄月英，木牛流马、八卦阵、羽毛扇这些也统统没有提到。

黄月英的名字最早出自哪里呢？至少唐代以前的书里从未出现过，有人说出自《三国志平话》，其实也没有，甚至《三国演义》也没提到。还有人说，就像孙尚香出自京剧《甘露寺》一样，其实黄月英这个名字也来自京剧，那就比较晚了，因为京剧的历史本身就不长。还有人干脆说，黄月英这个名字最早出自袁阔成先生说的评书《三国演义》里，但这不应该是袁先生硬造出来的，他应该有所依据。至于说这个名字最早出自日本的三国动画，那就更不靠谱了。

其实这倒不重要，三国时代女性的姓名很少记在史书上，像司马懿夫人张春华那样的例子少之又少，一部《三国志》里大概找不出10位女性历史人物的姓名来，关羽的夫人叫什么？鲁肃的夫人姓甚名谁？统统不知道。

但要说的是，大家都认为这位黄夫人是位丑女，那倒未必，因为这句话是从黄承彦的嘴里说出来的，因而更多的是出于自谦。黄承彦的这个女儿可能算不上美女，但未必长得“黄头黑色”，按照人之常情，如果自己的女儿真惨成那样，黄承彦大概不会主动向诸葛亮提亲的。这只是黄承彦谦虚的说法，至于乡谚，因为其也出自《襄阳记》这部书，可能是它根据上面黄承彦的话演绎出来的。《襄阳记》的作者是东晋史学家习凿齿，蜀汉有位挺有名的大臣叫习祯，那是他的祖上，习凿齿本人是蜀汉的忠实拥护者，也是诸葛亮的狂热“粉丝”，他还写过一部《汉晋春秋》，与《三国志》不同，这部书以蜀汉为正统。习凿齿一向尊崇诸葛亮，处处树立诸葛亮的光辉形象，《后出师表》就是他最早收录到史书中而保留下来的。

黄承彦大概确实说过女儿丑的话，这句客气话被习凿齿抓住了，进行了一番演绎，目的是突出诸葛亮的形象。

婚后，诸葛亮仍然住在隆中，这桩“豪门婚姻”除了给他带来一个幸福的家庭外，没有其他改变，诸葛亮照旧读书、拜师、交友和思考。

有人说诸葛亮很精明，尤其知道利用婚姻手段为自己铺路，他把两个姐姐先后嫁入豪门，又娶了名门之女，他是一个利用政治婚姻的高手。这个说法是错误的。前面说过，诸葛亮两位姐姐的婚事出自叔父诸葛玄，如果不是叔父，他一个不到20岁的异乡青年，怎么可能把姐姐嫁到豪门？至于自己的婚事，也是岳父先提出的。

而所谓政治婚姻，包括所有以谋取利益为目的的婚姻，都是把达到目的放在第一位，把情感放在第二位。与诸葛亮有关的这三桩婚事，没有给诸葛亮带来任何变化，他也没有以此谋求任何个人利益，哪怕一官半职，或者过上别人羡慕的奢华生活。

诸葛亮还是那个诸葛亮，是那个清心寡欲、志向远大、勤奋学习的乡村青年。

刘备新野求贤

虽然身处荆州这片尚且安定的角落，但每个人都知道，战乱迟早有一天也会到来。对于未来的人生，对于自己的志向，包括诸葛亮在内，每个人都会做出思考。

一天，几位朋友照例在隆中聚会，孟建突然告诉大家："我要回北方了。"大家听后颇觉惊讶，北方战乱仍未息，大批士人百姓仍源源不断自北方避难而来，此时为何回去？孟建解释说："自从离开家乡汝南郡，无不日夜思念。"孟建思乡心切，大家无法阻拦。诸葛亮想了想，对孟建说："天下这么多士人，都在四方遨游，又何必非得在故乡呢（中国饶士大夫，遨游何必故乡邪）？"

自从曹操在官渡打败袁绍，几年时间，曹操已逐渐统一了北方。朝廷虽然在许县，但为曹操所把持，在北方要有所作为，就意味着投身于曹操，对此诸葛亮有不同看法。徐庶也反对孟建这么做，他也不看好曹操。但是，孟建还是回去了，不久后石韬也离开荆州回了北方。据《魏略》记载，孟建后仕曹魏，官至凉州刺史、征东将军；石韬仕曹魏，官至典农校尉、郡太守，印证了诸葛亮当初的预言。

诸葛亮的另外一位好友崔州平，后续情况史籍记载不明，《新唐书》中说他当了西河郡太守。曹丕黄初三年（222），割太原郡兹氏等县置西河郡，领西汉西河郡南部故地，治所在兹氏，属并州。若按此说法，崔州平后来也身事曹魏。而根据北魏梁祚的《魏国统》记载，崔烈被董卓所害后，崔州平一直报仇心切，后病卒。

风流云散，一别如雨。几位荆州挚友分别之后此生再未相见，多年后诸葛亮率兵北伐，曾写信给司马懿，询问身在曹魏的朋友们的情况。

最后一个离开的是徐庶，在诸葛亮心目中徐庶的才能较孟建、石韬更胜一筹。徐庶也不看好曹操，所以没有回到北方，而是听说刘备当时在新野召募贤才，就去了新野。新野属南阳郡，今河南省新野县，距离襄阳50公里。汉代南阳郡是大郡，辖36个县，目前一部分掌握在刘表手中，一部分在曹操手里，新野属于双方对峙的前线地带。

徐庶到了新野，见到刘备，倾谈之后，刘备特别高兴，把徐庶留在身边，作为自己的智囊。

现在，来说一说刘备。

虽然刘备的大名无论在当时还是在后世都已如雷贯耳，但这里还是要对他作以简要介绍，尤其说一说他是如何来到荆州的。

刘备字玄德，出生于汉桓帝延熹四年(161)，刚好比诸葛亮大20岁，他是幽州刺史部涿郡涿县人，也就是今天河北省涿州市人，此时已40多岁。史书记载，刘备是汉景帝儿子中山靖王刘胜的后代，算是汉室宗亲。但是与刘岱、刘繇、刘表、刘焉这些宗亲相比，刘备却不能算贵族，只能算草根。现在是东汉，景帝在西汉，年代太久远。当时像刘备这种情况的人很多，虽然也姓刘，但已与普通百姓无异。

刘备的父亲叫刘弘，当过县令，但很早就死了。在刘备的人生道路上，影响他最深的是他的母亲，她一心要供刘备读书，无论家里条件多差，也要想办法让刘备上学，并且要上最好的学。涿郡出了个大学者叫卢植，辞官回家办了个私学，刘备的母亲想方设法把他送到卢植那里学习。根据史书记载，刘备的母亲以贩履织席为业，是下层人中的下层，卢植是天下知名的学者，他办的私学，堪称贵族学校。刘备能到这里读书，说明这位母亲很伟大。

在卢老师那里刘备结识了日后对他帮助很大的同学公孙瓒，毕业后来不及谋个一官半职，就遇上黄巾起义，天下大乱，而家乡幽州是主要战乱区。刘备的公务员梦破灭了，但找到了另一个机会。卢植不仅是学者，还是名将，当初因为触怒宦官而辞官。黄巾起事，朝廷无人可用，起用了卢植，让他召募人马镇压黄巾军，公孙瓒和刘备听说后，都跑到老师那里报名参了军，跟随刘备一块去的，还有他新结识的异姓兄弟关羽、张飞。就这样，刘备的个人事业开始起步，因为立了军功，他被授予中山国安喜县尉一职，协助县令按察盗贼、维护地方治安、征发卒役。

刘备不喜欢干这些杂事，但他没有背景，唯一的后台卢老师因为再次得罪宦官而被降职。恰在这时，大将军何进征召外兵入京，刘备觉得时机来了，便弃官而去，带着关羽、张飞跑到洛阳，几经辗转来到洛阳，后又因战功，先后升任县丞、县令。一次次出生入死，换来的只是芝麻大的官，刘备有些心灰意冷。这时听说公孙瓒在幽州崛起，势力很大，刘备再次弃官，到老同学那里效力，被公孙瓒任命为别部司马。朝廷三公之一有个司马，但在汉朝军制中，司马却不是多大的官，充其量算是中级中官，下面管1000人左右，相当于现在的团长，别部司马，相当于“独立团团长”。

独立团“刘团长”带着关羽、张飞这两位“营长”追随公孙瓒，他们作战勇敢，受到公孙瓒的重视。大约在汉献帝初平三年（192），也就是诸葛亮只有11岁的时候，公孙瓒派刘备到青州平原团任平原相，这一职务相当于太守。平原国在今山东半岛，刘备在此待了3年，关羽、张飞升任别部司马，除他们二人外，公孙瓒还派赵云率部协助刘备。

公孙瓒与袁绍交战，平原国处于中间地带，刘备策应公孙瓒对袁绍的进攻，出了很多力。之前说过，徐州牧陶谦是公孙瓒的盟友，袁绍的盟友曹操猛攻徐州，陶谦向公孙瓒求援，公孙瓒便派刘备前去支援，刘备率关羽、张飞、赵云等人到了徐州，帮助陶谦顶住了曹操的进攻。恰在此时陶谦病死，临终前嘱咐人去迎请刘备来主持徐州大局，刘备借机占了徐州，成为徐州牧，从此脱离了公孙瓒。

刘备成为一方大员，周旋于袁绍、曹操、吕布、袁术之间，与袁术、吕布先后多次交战，几番流离失所。官渡之战前，刘备被吕布从徐州打跑，投奔了曹操。当时有很多人看不上刘备，比如袁术，听说刘备当了徐州牧心里就很不忿，曾对人不屑地说还从来没有听说天下有个什么刘备，凭什么和自己平起平坐（术生年以来，不闻天下有刘备）。但是也有人对刘备十分高看。《三国志》记载，曹操有一次请刘备吃饭，漫不经心地说了一句话：“现在天下的英雄，只有你我二人（方今天下英雄，唯使君与操尔），像袁绍那样的，都不在话下。”这番话发自曹操肺腑，说明他很会看人，但也正是这句话，吓得刘备够呛，因为他是寄寓之人，平时最害怕的就是被人看出胸中大志来。

所谓英雄，从字面来看，英就是聪明，雄就是胆大，聪明又胆大者就是英雄。英雄出于乱世，天下太平时难出英雄。现在就是英雄辈出之际，谁够聪明，谁的胆够大，谁就有出人头地的可能。为防曹操加害，刘备借机逃到了袁绍那里，参加了袁曹官渡之战的序战。

汉献帝建安五年（200），诸葛亮还没满20岁，但已经在隆中隐居了近3年。这一年的7月，曹操的大后方汝南郡发生叛乱，刘备向袁绍建议抓住这个机会，派一支人马前去那里接应叛军，给曹操背后顶上一把刀。袁绍同意，就派刘备前往。刘备不打算真给袁绍卖命，他只是找机会脱离袁绍。这时，官渡之战出人预料地提前结束了，袁绍惨败，刘备主动撤出汝南，投奔荆州刘表。

对刘备的到来，刘表持欢迎态度，因为他已经想好了如何安置这位不速之客。刘表给刘备找好了一个地方，这个地方就是新野，刘表让刘备在此驻扎。当时南阳郡的郡治是宛县，也就是现在河南省南阳市，在曹操手里，由襄阳到南阳100多公里，新野地处宛县与襄阳中间，是曹军南下襄阳的必经之地。

刘表让刘备在新野据守，就是让他来为自己守北大门。刘表知道刘备与曹操的恩怨太多，已无法化解，让他守北大门，不会发生叛降的事。有这顶钢盔戴在头上，刘表觉得安全多了。刘备此前担任过徐州牧，后来弄丢了，此时的头衔是豫州刺史，但到了别人的地盘上，“光辉事迹”也就不提了，就带领关羽、张飞、赵云等人到了新野。

新野是前线，随时得防备曹军来攻。刘表只给了刘备一纸命令，既没封官，也不派一兵一卒，做的是无本买卖，所有一切，都靠刘备自己张罗。刘备在新野急谋发展，四处招兵买马，《三国志》记载，不少荆州豪杰听到刘备的大名，纷纷慕名前来投奔（荆州豪杰归先主者日益多），徐庶就是其中之一。

不同版本的相见

作为诸葛亮无话不谈的挚友，徐庶离开襄阳投奔刘备前有没有跟诸葛亮商量不得而知，徐庶很了解诸葛亮的才华和志向，他也许劝诸葛亮和他一块去，诸葛亮没有答应。

但是，还有另一说法，说诸葛亮此时也和徐庶一样，主动地投奔了刘备，只是刘备不在新野，而在与襄阳城一河之隔的樊城，持这个说法的是《魏略》和《九州春秋》。按照这个说法，诸葛亮跑到樊城去见刘备，但刘备没听说过这个年轻人，把他当成一般儒生接待。当时受刘备接待的儒生很多，不止诸葛亮一个，大家坐在一块闲扯，扯了一阵，众人都走了，只有诸葛亮留下来没走（坐集既毕，众宾皆去，而亮独留）。

刘备可能并没有跟诸葛亮单独交流一下的打算，他有个爱好，或许源于他早年帮着母亲织过席子的经历，他喜欢做小手工，闲来无聊编个小东西自娱。而好多人也知道刘刺史有这个爱好，遇着适合编织的东西就送给他，恰好有人送给刘备一条牦牛尾巴，儒生们走后，刘备觉得无聊，也不管诸葛亮还在，就一个人编了起来。

刘备正陶醉在做手工的乐趣时，诸葛亮上前道："将军您应该树立远大志向，整天弄个牛尾巴编算怎么回事（明将军当复有远志，但结牦而已邪）？"刘备这才发现了这个年轻人，见他身材魁伟，谈吐镇定，气宇不凡。赶紧把手里的东西扔了，说："这怎么说呢，我也是借此打发心中的忧愁罢了。"

诸葛亮接着问："将军以为刘表将军与曹操相比如何？"

刘备回答："刘表不如曹操。"

诸葛亮又问："将军您自认为比曹操如何呢？"

刘备回答："也不如曹操。"

诸葛亮说："你们都比不上曹操，而将军您手里只有几千人马，靠这点力量如何能抵挡曹操呢？"

刘备说："我也正为这犯愁呢，那你说该怎么办？"

诸葛亮答道："荆州的人口本不少，只是登记在册的人很少，将军可以建议刘表将军，把流动人口管理起来，重新登记户籍，照此征调兵众。"

刘备采纳了诸葛亮的建议，结果实力大增，从而对诸葛亮以上宾之礼待之。

上面这个说法显然不如下面的说法更有名，根据《三国志》以及其他史料的记载，诸葛亮并没有主动去新野或樊城，他与刘备见面，是刘备主动上门求见的，而且一共见了3次，这就是“三顾茅庐”的由来。

刘备不认识诸葛亮，他求才若渴，身边尤其缺智囊。有两个人先后向刘备推荐了诸葛亮，说诸葛亮就是刘备想找的智囊。一个人是司马徽。据《襄阳记》记载，刘备来荆州以后，听说了司马徽的大名，就上门拜访。司马徽对刘备说：“一般的儒生俗士，怎能看透天下大事？能看清天下大势的，必须是俊杰（儒生俗士，岂识时务？识时务者在乎俊杰）。”刘备问何人堪称俊杰，司马徽回答道：“伏龙、凤雏。”刘备再问伏龙、凤雏是谁，司马徽回答：“诸葛孔明，庞士元。”《襄阳记》把“卧龙”说成“伏龙”，意思差不多，司马徽向刘备推荐了诸葛亮和庞统。还没等刘备去找他们，徐庶已经来到了刘备身边，徐庶也向刘备推荐诸葛亮。

根据《三国志》记载，徐庶来到刘备身边后，对刘备说：“诸葛亮像一条卧龙，将军不愿意见见他吗？”刘备说：“那就有劳先生把他请来吧。”徐庶道：“这个人只能您亲自去请，不能硬让他来，将军最好枉驾去一趟。”刘备于是亲自跑到隆中去请诸葛亮，前后去了3次，才见到了诸葛亮（由是先主遂诣亮，凡三往，乃见）。后面这个说法更为大家接受，成为英明的君主求贤若渴的典范。

多年后，诸葛亮欲北伐，向后主上了一份《出师表》，中间有一段话道出了他与先主刘备相见的情景：“臣本布衣，躬耕于南阳，苟全性命于乱世，不求闻达于诸侯。先帝不以臣卑鄙，猥自枉屈，三顾臣于草庐之中，咨臣以当世之事，由是感激，遂许先帝以驱驰。”我本来是一介平民，在南阳亲自种田，只求能在乱世中苟且偷生，不谋求在诸侯面前扬名做官。先帝不认为我身世卑微、见识短浅，降低自己的身份，亲自3次到草庐里来看望我，向我征询对当今天下大事的意见，我因此十分感动激动，于是答应先帝愿为他奔走效劳。

上面这两种不同的说法有一定矛盾，但即便是第一种说法，也丝毫不影响刘备和诸葛亮的形象。刘备选择诸葛亮，是因为诸葛亮是他最急需的人才，大家都来向他推荐；诸葛亮选择刘备，则是深思熟虑的结果。

当时，时局变化之快令人难以想象，诸葛亮暂栖隆中，对外面的事情尤其曹操方面的动态定然十分关注，他没有同孟建、石韬一道回到北方，自然不想加入曹操阵营。除了早年对曹操以及曹军留下的恶劣印象外，诸葛亮考虑更多的还是曹操把挟持朝廷以来社会上对他的种种非议。

除此之外，诸葛亮肯定还有另外一种考虑。作为一个真正的人才，选择什么样的组织去发展，除了看这个组织的思想、实力和影响外，还关心的是自己在这个组织中能发挥的作用。此时曹操手下已人才济济，打败了袁绍，统一了北方，又多次颁布求才令，让曹操身边出现了人才的大繁荣，单就身边的智囊来说，顶尖的就有了好几位。

一个组织在创业阶段虽然知名度有限，未来发展不确定，投身其中有风险，但是因为它的发展空间大，给人才预留的发展资源也多，在这样的组织里进步快。等这个组织发展壮大起来，知名度、美誉度都达到一定水平，人才发展的空间也不大了，人力资源方面的活力反而降低。诸葛亮不愿意投奔曹操，这也是重要的原因。诸葛亮更不会考虑刘表，如果他有此意，早就像庞统那样出来去刘表手下做事了，在诸葛亮眼中，刘表既无雄才也无大略，荆州迟早要易主。

但是，要说这 10 年来诸葛亮隐居隆中就是在等待刘备，那也比较夸张。对于刘备，诸葛亮了解得恐怕也比较有限，只是在当时的局面下，诸葛亮可供选择的机会并不多。对于“凡三往，乃见”的原因，史书并未有正面解释，有人理解为诸葛亮在考验刘备的诚意，也有人认为是诸葛亮还没有想好见面后如何与刘备谈论天下大事。

如果是前一种情况，说明诸葛亮内心还有矛盾，对于投奔刘备，他觉得并没有十足的把握。试想一下，刘备如果来一次或两次之后就不再来了，今后的合作也就不存在了；如果是后一种情况，说明刘备当时拥有的有利条件确实乏善可陈，诸葛亮必须认真思考一番，才能制订出可行性的规划方案。

战略规划书

无论是哪一种情况，刘备与诸葛亮最终还是见面了，这一年刘备 47 岁，诸葛亮 27 岁。按照《三国志》的记载，刘备见到诸葛亮后，也不做太多客套和寒暄，马上屏退众人直接问诸葛亮（因屏人曰）：“汉室衰败，董卓、曹操又先后专权，皇室奔难。我不顾德行和实力能否达到，想为天下人伸张正义，然而智谋浅短、办法很少，连遭失败，以至于今天。然而我的志向没有罢休，您告诉我有没有什么好办法（然志犹未已，君谓计将安出）？”

见刘备发问，诸葛亮一口气说出了下面一段很有名的话：

“自董卓之乱以来，豪杰在各地并起，占州据郡，称霸一方，多得已数不过来。曹操与袁绍比，名气差，实力弱，然而曹操竟然打败了袁绍，由弱变强，其原因不仅是时机好，而且在于谋划得当。现在，曹操拥有百万大军，挟天子以令诸侯，确实不宜和他争雄。孙权占据江东，经过了三世，那里地势险要，民众归附，又任用有才能之人，可以之为外援，也不可谋取。荆州北靠汉水、沔水，南达沿海，东面和吴、会相连，西边和巴、蜀相通，这正是用兵之地，但是刘表没能力守住它，这是上天拿来要资助将军的，将军是否有意夺取它？”

“益州地势险要，有广阔而肥沃的土地，是天府之国，高祖刘邦凭借此地建立了帝业。如今刘璋昏庸懦弱，张鲁又在北面威胁，那里人多物丰，刘璋不知道爱惜。有才能的人都渴望得到贤君。将军是皇室后代，声望闻于天下，罗致英雄，思慕贤才，如能占据荆、益两州，守住险要的地方，和西边、南边的少数民族部落和好，对外联合孙权，对内革新政治，一旦天下形势发生变化，就派一员上将率领荆州的军队杀向宛、洛，将军您亲自率领益州的军队打出关中，百姓怎能不拿着饭食、酒水来欢迎您呢？如果真这样，那么霸业可成，汉室可以复兴。”

诸葛亮的这段谈话，就是著名的隆中对策。根据《三国志》的原文，这段话只不过 300 多字，却非常有名，可以归纳为以下几个要点：曹操已不可与之争锋；孙权可以结为外援而不可图；荆州是上天授予将军的“礼物”，应占据荆州；益州是另一个礼物，应占据益州；占据荆、益二州后，待天下有变时，可以自宛洛和秦川两个方向出兵，则天下可定。

诸葛亮的这份战略规划书，想到了很远之后的事，刘备此时只是寓居于荆州，在他人的地盘上暂栖，不要说平定天下，就是占据一块属于自己的地盘都是奢侈的想法，但诸葛亮偏偏认定刘备可成大事，并且为刘备“量身定制”了每一步的行动路线。

诸葛亮先通过对时局的分析，总结出兴亡成败的规律，那就是要成大事不仅依赖天时，更要有人谋。也就是说，要想成事，必须重视人才，而只要有不懈努力，客观上的不利条件也是可以改变的。久处下风的刘备很愿意听到这样的话，如果一切都由命运所决定，那么个人再努力也都无济于事了，刘备是个不服输的人，他认为诸葛亮说得有理。

更为重要的是，诸葛亮就目前天下时局和各路豪强此消彼长的变化进行了具体分析，他认为要尽可能避开强大的曹操，同时想办法与正在快速成长的江东孙氏结盟，寻求三足鼎立之势。听完诸葛亮的话，刘备感到豁然开朗，心中久积的抑郁一扫而空。诸葛亮进一步提出占据荆州和益州之后等待天下变化，到时候兵发两路，一路由荆州北上宛县、洛阳，另一路由益州攻击秦川，到那时天下可定，汉室可兴，更让刘备大为兴奋。

神奇的是，后来的局势走向完全如隆中对策所规划，刘备得荆州、夺益州、取汉中，只差最后一步就能统一天下了。所谓顶层设计，必须由顶尖的人才来做；所谓顶尖人才，就是站得最高、看得最远的人。方案无须繁复，却能一语中的。诸葛亮只是一名乡村青年，一出手就能拿出如此高质量的战略规划书，说明他隐居的这 10 年里每一天都没有虚度，他拼命地学习、观察和思考，对时局已经洞若观火。

“众里寻他千百度，蓦然回首，那人却在，灯火阑珊处。”刘备如果有幸能读到宋词，他最喜欢的应该就是这句了。刘备确信，诸葛亮就是他苦苦追寻的那个人。

在刘备的邀请下诸葛亮离开了隆中，开始了辅佐刘备建功立业的生涯。刘备得到诸葛亮后非常高兴，感情日益加深（与亮情好日密），让关羽、张飞都感到了忌妒。刘备发现了这个问题，对他们说：“我有了孔明，就像鱼儿有了水一样（孤之有孔明，犹鱼之有水也），你们可别再说什么了！”关羽、张飞这才不再说什么。

第四章

危险时刻

刘备的“智囊团”

于是，诸葛亮离开了隐居10年的隆中小山村，开始了新的人生征途。有一种说法是，诸葛亮安排弟弟诸葛均照顾隆中旧宅，自己随刘备到了新野。这种说法有不够确切之处，因为刘备此时已经不在新野了，而在樊城。据《世说》记载，刘表后期将刘备羁縻于樊城，原因是对他心存忌惮，并不信任。至于诸葛均，以后也在蜀汉任职，至于是此时还是后来追随的刘备，找不到明确记载。

樊城离隆中倒不是太远，它与襄阳只隔了一条汉水，诸葛亮来到这里，见到了老朋友徐庶，史料中并没有诸葛亮或徐庶在刘备手下担任何种职务的记载。

此时刘备头上除了豫州刺史的空衔外，还有一个头衔是左将军，是四方将军之一，比四征将军还要高，相当于“大军区司令”。这是货真价实的职务，是刘备投奔曹操后，曹操以朝廷的名义正式任命的。荆州牧刘表也有一个朝廷授予的军衔，是镇南将军，刘备的左将军比镇南将军至少高两级，所以当初刘备投奔刘表时，刘表只是让他帮助协防北方，而没有任命或者表奏刘备新的职务。

然而，刘备手下几个核心成员的职务却比较混乱。武将方面，此时主要有关羽、张飞、赵云等，这几位在后世的知名度都很高，不多做介绍了。此时，关羽的正式军衔是偏将军，相当于“少将副军长”；张飞的正式军衔是中郎将，相当于“大校师长”，这些也是曹操以朝廷的名义授予的。赵云的军衔似乎比较低，《三国志》说他只是“主骑”，意思是负责骑兵，也有负责刘备贴身警卫的意思，相当于刘备的“侍卫长”吧。除了他们三位，还有一个人叫陈到，汝南郡人，刘备在豫州时就跟随左右，在军中的地位比赵云略低。

文士方面，刘备手下的人才看起来倒也不少，有麋竺、麋芳、简雍、孙乾等几位，他们都是刘备“智囊团”的成员。

麋竺字子仲，麋芳字子方，他们是亲兄弟，徐州东海郡朐县人，麋氏乃徐州富商，世代经营垦殖，史载其家有童仆、食客近万人，资产巨亿。刘备担任徐州牧，麋氏兄弟便开始追随，刘备一度被袁术和吕布二人夹击，被赶到了海边，危难之时麋氏兄弟尽散家财帮助刘备渡过难关，并把妹妹嫁给刘备，得到刘备的信任。

简雍字宪和，跟刘备是老乡，都是幽州涿郡人，他本姓耿，幽州地方口音耿和简相似，后来便稀里糊涂地姓了简，年少时便与刘备相识，跟随刘备奔走，擅于辩论、议事，性情简单直接，不拘小节。

孙乾字公祐，青州北海国人，是大学者郑玄的学生，刘备担任徐州刺史时，孙乾为从事。

以上众人的具体职务都比较含糊，《三国志》说他们几个人目前担任的都是从事、中郎，这个职务类似于“高级参议”。麋竺、简雍、孙乾等人尽管办事兢兢业业，也有一定学问，但并不是刘备心目中的智囊。

所谓智囊，就是见解比别人高，看得比别人远，顺境中能看到危机，逆境中能找到机会，胸藏百万兵，在帷幄之中可以运筹千里。比如，每当利害来临时，能认清利害的是一般参谋，能化解利害的是高级参谋，而能运用利害的才是智囊。运用利害，就是不仅能提前预知利害的来临，能巧妙化解利害，更能够把不利变为有利，把利害当成手中的武器。

在隆中，诸葛亮一番话让刘备刮目相看，看来这个年轻人的名气不是凭空得来的，确实很有两下子。好的战略不需要复杂，越简单越有力，刘备对诸葛亮大有相见恨晚的感觉，虽然没有给他任命职务，但特别信任，经常与诸葛亮交谈，听取诸葛亮的想法。

从走出隆中到赤壁之战前，这段时间大约不到一年，在此期间诸葛亮都替刘备做了哪些事，史料记载不多，只有《魏略》里有一处记载，是诸葛亮对刘备说的一段话。

诸葛亮说：“现在荆州的问题不是人口少，而是登记在册的人口不足，如果按照登记在册的人口征收赋税兵役，不仅不公平，而且在册的人也不会服气。可以告诉刘镇南将军，应下令所有没有登记的游户都必须如实申报登记，以增加在册人数。”这段话也被题作《论游户自实》，收录在《诸葛亮集》中。从文中看，刘表还没有死，这应该是诸葛亮投身刘备阵营后提出的最早建议之一。

这一时期，除了听取诸葛亮对时局的看法和下一步的战略思考外，刘备交给诸葛亮做的主要工作可能是协助自己与刘表父子周旋。

刘表表面敦厚，其实心计很多，对刘备相当不放心。《世语》记载了一件事，说刘表的亲信蒯越、蔡瑁等人力劝杀掉刘备，刘表采纳，准备把刘备请到府中相机动手，可是刘备觉察出来了，他不露声色，假装上厕所，悄悄逃走。

刘备乘马逃到襄阳城西一条叫檀溪的小河前，后有追兵，前有河水，刘备急了，危难时刻刘备的这匹马出了力，这匹马的名字叫的卢，刘备对马说："的卢啊的卢，现在很危险，可得努力呀！"的卢应声而跳，一跃就有 3 丈多，跳过了檀溪，刘备这才得救。这件事虽说不太可靠，但能反映出刘备与刘表之间的真实关系。

另一件事记载在《九州春秋》里，有一次刘备在刘表处做客，上厕所时看到大腿内侧的肉长了起来，不禁慨然流涕。回到座位上，刘表见他闷闷不乐，就问原因。刘备说："我常常身不离鞍，所以大腿内侧的肉都没了（髀肉皆消）。现在好久不骑马，这里的肉又生了出来。时光流水，日月如梭（日月若驰），我眼看快老了，却没有什么功业，所以悲伤啊。"

刘备知道诸葛亮不仅是自己的智囊，而且与刘表、蔡瑁、蒯越都能扯上亲戚关系，所以在与刘表及身边人周旋时也带上诸葛亮。

"姨父"的家务事

在为刘备制定的战略规划里，荆州是霸业的第一步，诸葛亮自然格外关注。诸葛亮发现，荆州目前的主人、自己的"姨父"刘表这段时间不仅身体很差，而且家里还有不少烦心事。

注意观察后，诸葛亮发现刘表的苦恼与儿子有关。刘表有两个儿子，长子刘琦，次子刘琮。《后汉书》记载，刘表开始比较喜欢刘琦，原因是刘琦长得像自己（初以琦貌类于己，甚爱之）。作为长子的刘琦，深得父亲的喜爱，在嫡长子继承制的体制下，接班是迟早的事。但是，出现了插曲。

刘表的前妻死了，后妻就是蔡氏，蔡氏不仅有实力派的弟弟蔡瑁，而且蔡瑁还有个外甥叫张允，掌握着刘表的水军。刘表喜欢刘琦，蔡氏却喜欢刘琮，说起来这两个儿子都不是蔡氏所生，但刘琮后来娶了蔡氏的侄女，亲上加亲。蔡氏为了抬高刘琮，不断地在刘表面前诋毁刘琦，次数多了，刘表居然相信了蔡氏，对刘琦逐渐疏远。

刘琦也很苦恼，不知道该怎么办。《三国志》和《后汉书》都记载了一个故事，说面对危局刘琦心中不安，但又无计可施，听说新近跟随刘备的诸葛亮计谋过人，于是想请诸葛亮帮忙出个主意。诸葛亮和刘琦本有亲戚关系，只是关系比较远，诸葛亮之前也很少跟这位大公子交往。刘琦多次向诸葛亮请教自己该怎么办，但是诸葛亮对于涉足刘表的家事很谨慎，任凭刘琦如何恳求，就是不接话茬儿（琦每欲与亮谋自安之术，亮辄拒塞，未与处画）。

刘琦急了，一天，他邀诸葛亮到一座高楼上喝茶聊天，然后悄悄命人除去楼梯，恳切地对诸葛亮说："现在只有咱们两个人，上面不达于天，下面不达于地，话从先生嘴里出，到的是我的耳朵，如此这样能不能说说呢？"

诸葛亮无奈，也看到在刘表集团里唯有刘琦日后可以成为刘备的同盟，于是点拨他说："你难道没看见，申生在内却遇到了危险，重耳在外因此渡过了危机吗（君不见申生在内而危，重耳居外而安乎）？"春秋时晋献公宠信骊姬，骊姬为了使自己亲生儿子成为太子，设计陷害晋献公的长子申生，说他有毒杀父亲的企图，申生后来被迫自杀。申生还有个弟弟重耳，骊姬逼死申生又来诋毁重耳，重耳逃亡国外，长达20年，后来在秦国帮助下重新坐上国君的位置，即晋文公，春秋五霸之一。

刘琦经一语点醒，于是考虑脱身之计。恰在这时，刘表的部将江夏郡太守黄祖被孙权打败后战死，刘琦于是请求接任。

应该说，刘表喜欢刘琦是真，喜欢刘琮有点迫不得已。刘琦这个人，不仅长得像父亲刘表，而且颇有些能力。但刘表心里明白，蔡氏家族在荆州树大根深，他们坚决反对的事就办不成，刘琦如果硬接班，荆州就得大乱。

这正是刘表的苦衷，表面上看他这个当爹的有些糊涂，犯了废长立幼的大忌，袁绍父子的悲剧就在眼前，居然没有汲取教训，重蹈覆辙，实在不明智。就连陈寿都持这样的观点，陈寿认为刘表废黜长子改立庶子为接班人，是不顾礼法只顾自己的好恶，结果造成后代的不团结，招致外敌摧残，这并不是命运不幸，而是自己没有把握好（废嫡立庶，舍礼崇爱，至于后嗣颠蹙，社稷倾覆，非不幸也）。

其实，刘表不是糊涂，而是身不由己，他没有能力让内心里真正喜欢的长子刘琦接班。不过，刘表虽然不能扶持刘琦，但也不会加害于刘琦，当刘琦向刘表提出赴外地任职的请求时，刘表的心里也松了口气，觉得这样做再好不过了。

所以，刘表批准了刘琦的请求，让他担任江夏郡太守，率领一支军队驻扎在江夏郡。这不经意的一步棋，却成为后来影响整个局势的关键。

曹操的大军来了

诸葛亮离开隆中大约是汉献帝建安十二年（207）年底，次年，对远在北方的曹操来说，这是一生中最为漫长的一年。这一年，先有北征乌桓的大胜之喜，后有诛杀华佗、孔融之怒，有痛失首席智囊郭嘉和爱子曹冲之哀，也有迎接故人之女蔡文姬回归之乐。但是，与后面一连串发生的事情相比，这些都是配菜，主菜还没上桌。

这一年曹操54岁了，自35岁在己吾起兵，曹操已在疆场上打拼了近20年，作为军事家和政治家，他已经相当成熟。然而，在当时人的平均寿命普遍偏低的情况下，54岁也是一个时不我待的年龄。20年来，陶谦、袁术、吕布、公孙瓒、袁绍等豪强纷纷谢幕，活跃在历史舞台上堪称重量级人物的越来越少，能够称得起有分量的，只有荆州的刘表、益州的刘璋、江东的孙权这几个，当然还有一个寄寓在荆州的老朋友、老对手刘备。

北征乌桓是一场硬仗，曹操亲自带队，历经千辛万苦，总算取得了胜利。但是曹操并不满意，所以归来后总结战绩时，曹操下令赏赐了那些曾经反对北征的人。今天看来，这一仗确实也有些问题，先不说冒了多大的险，就是按照现在运气还算好的这个结果，在战略层面上已失分不少。

在官渡打败了袁绍，又用了几年时间解决了袁绍的几个儿子，彻底平定了北方的幽、青、冀、兖诸州，其实力已超过其他几路诸侯实力的总和。在这种情况下，南下荆州似乎更应该是首选。北击乌桓拖延了南下攻击荆州的时间，给孙权势力的进一步坐大制造了机会，当曹操意识到这一点时，感到时间很宝贵，若等刘表和刘璋、孙权联起手来，那就更不好办了。

建安十三年（208）初，曹操回到邺城。

5月，曹操以汉献帝名义下诏罢三公，自任丞相。

7月，曹操决定正式发起南征荆州之战。

每次重大军事行动前，曹操都习惯召开军事会议进行研究，听取各方面意见，一般来说，每次既有赞同意见，也会有反对意见，曹操注意倾听大家的看法，最后才表态。但是，对于这次南征荆州，曹操身边主要的参谋却一致性地给予了支持。此战后来败得很惨，有人说是曹操不听劝阻一意孤行造成的，这不公平。

曹操最主要的智囊荀彧没有跟随大军行动，据《三国志》记载，曹操也征求了他的意见。荀彧认为："如今北方大部分地区都已平定，荆州那边肯定有危机感了（南土知困矣）。可以从大道大张旗鼓地南下，然后从宛县、叶县间的小道秘密疾进，以出其不意。"

这个观点其实是曹操手下智囊的共识。有人会不同意，认为贾诩曾反对过南征，但这是误读。查《三国志》，贾诩反对的是曹操在得到荆州后顺江东下进攻孙权，而不是反对南征荆州，对于曹营的智囊来说，统一北方后剑指荆州，那是顺理成章的事。

但这次军事行动的目标只是征服荆州，出发前曹操并没有制订连续作战再下江东的计划，问题就出在了这儿。

对付刘表这样的对手，曹操不敢大意，主力几乎倾巢而出。荆州最北面南阳郡的北部早已是曹军占领区，曹操便以宛县为基地，将各路大军在此集结，之后顺南方大道一路南下，直扑襄阳。

襄阳城里风声鹤唳，草木皆兵，刘表睡不着了。当听说曹操亲率大军打上门来，刘表病了，而且病得很严重。刘琦听到消息，急忙从江夏郡赶回襄阳探望。刘琦素来慈孝，刘表对刘琦也很喜欢，蔡瑁姐弟认为若他们父子相见，刘表很难说不会临时起意改变主意，重新确立刘琦为继承人，于是坚决阻止他们相见。

蔡瑁对刘琦说："你父亲命令你镇守江夏郡，这个担子很重。你现在放下众人擅自前来，你父亲见到你必然生气，影响你们父子的亲情，还会增添他的病痛，这不是为孝之道（伤亲之欢，重增其疾，非孝敬之道也）。"连门都不让进，刘琦流涕而去。

这一年 8 月，刘表病逝，死时 67 岁。据《后汉书》记载，刘表死于疽发背卒，这个病中医叫背疽，现代医学称为背部急性化脓性蜂窝织炎，外因是外感风热、火毒，湿热蕴结，内因是七情郁结，脏腑蕴热。所以，他这个病完全是愁的。刘表死后，在荆州实力派蔡瑁、张允以及刘表妻子蔡氏等人主持下，刘表的次子刘琮继位。

还有一种说法，来自《汉末英雄记》和《魏书》，说刘表临死前留下政治遗嘱，指定的接班人既不是刘琮，也不是刘琦，而是刘备。根据这种说法，刘表在病中向汉献帝上表，推荐刘备代理荆州刺史。《魏书》还说刘表在病重期间亲自召见了刘备，对他说："我儿不才，而诸将之中也没有特别突出的，我死之后，你来统领荆州。"对刘备来说，这已经是第二次有人以国相托，上一次是陶谦，这一次是刘表。

如此看来，刘备不仅是个合格的小商贩，也不仅会笼络人，在他的身上，一定还有着过人的才干和人格魅力，否则以陶谦的孤傲和刘表的城府，不可能把他抬举得这么高。但是，跟上次在徐州一样，刘备不了解刘表此话的虚实，回答说："将军您的儿子们都很贤能，不要担心（诸子自贤，君其忧病）。"对刘表的好意，算是拒绝了。

这种说法虽然受到裴松之的驳斥，但仔细想来也并非不可能。刘表看好刘备，不是因为他们都姓刘，而是重病之中的刘表内心确实很痛苦，面对强敌曹操，他知道荆州的覆亡将难以避免，而他最不愿意看到的是他死之后的兄弟相残，所以此时把荆州托付给刘备，即使荆州不保，两个儿子也不会内讧，家人也可以免受曹操的迫害。

值得注意的是，《汉末英雄记》一书的作者王粲此时正在荆州，他的爷爷王畅是刘表的老师，刘表一度想把女儿许给他，他做这样的记录，应该是第一手材料。《汉末英雄记》成书于曹操生前，曹操父子都应该看过这部书，王粲不会在这部书里乱写乱编，他的说法值得注意。

刘备拒绝了刘表的盛情，有人劝刘备好好考虑一下，最好接受（或劝备宜从表言），刘备说："刘景升待我不薄，今从其言，大家一定会以为我薄情，所以我不忍那么做。"劝刘备的这个人是谁？史书没有记载。许多人认为应该是诸葛亮，在隆中对策里，诸葛亮已经提出趁机占有荆州的构想，现在岂不是送上门来的好机会？如果这个"有人"指的是他，正合乎情理。但是刘备没有那样做。

刘备拒绝，不是因为他心善，而是因为他已是个"老江湖"。刘备知道荆州虽然是他做梦都渴望得到的，但现在不属于他。刘表的心意即使发自腹心，但对刘备而言毫无用处，原因很简单，此时的刘表只是躺在床上等死的一个老者，荆州已不在他的掌控之中。

就这样，刘琮接任了刘表的荆州牧、镇南将军。以江夏郡太守身份驻守在夏口的刘琦不干了，为安抚刘琦，刘琮命人将朝廷授予刘表的侯印送了过去，意思是刘表生前的爵位就由刘琦来继承。刘琦怒不可言，将印扔在地上，准备借奔丧之机发难。眼看袁绍死后兄弟相残的一幕将在刘家重演，但他们没能打起来。刘琦还没有杀上门，曹操那边速度更快，已到了家门口。

劝刘备取襄阳

建安十三年（208）9月，曹操亲率主力攻至新野，刘表父子在荆州北部的守将文聘率部投降。

如此一来，襄阳以北已无险可守，驻守在樊城的刘备成为曹操的下一个进攻目标。刘备多次向刘琮通报情况，想了解刘琮的打算和应敌之策，但自从刘表死后，襄阳方面对他封锁了消息，什么情况都得不到，刘琮那边只让他坚守。以刘备的自身实力，单独对抗曹军无异于自杀，但他又不能轻易放弃樊城逃跑，万一刘琮下决心抵抗，自己逃跑就误了大事，刘备十分焦急。

刘琮召开了荆州主要人物参加的紧急会议，研究下一步对策，参加这次讨论的主要有蔡瑁、蒯越、张允、韩嵩等人，刘琦和刘备都没有被通知参加。会上，大家伙儿的意见相当一致：投降。

一个集团没搞好，面临着破产清算的危险，对员工来说，有人愿意把这个企业兼并后实施重组，让这个企业继续发展壮大，你有理由不接受吗？从管理层到员工都会迫切渴望兼并重组尽快进行，他们都有点等不及了。但是，作为这个企业的大股东，他是不愿意被兼并的，被兼并后别人照样打工领薪水，只是换了个老板而已，但原来的老板就惨了。老板当不成，没准还有更大的灾难。

刘琮还不算笨，他还真不愿意投降："现在我们据有整个荆州，守着先君之业，又有刘备相助，再观望一阵子，难道不行吗？"主降派不愿意等，一致要求刘琮赶紧派人去曹操那里联络，特别害怕去晚了赶不上了。但事关前途命运，刘琮不从，会议无果而终。

主降派推选东曹掾傅巽出面做刘琮的思想工作，傅巽也没多说什么，只是问刘琮："将军自己考虑一下，你与刘备相比如何？"刘琮想了想，还真比不过这个老前辈："差得远。"傅巽说："以刘备之雄尚不足抵御曹公，荆州怎能自保？假如有奇迹发生，刘备能够抵御曹公，他又怎能甘居将军之下？这个道理，希望将军不要多疑！"

当时劝刘琮投降的人不少，据《义士传》记载，就连没有任何职务的王粲也来劝刘琮投降，这个始终有英雄情结的小个子诗人，对曹操素来抱有好感，他一向认为曹操在当代无人可匹敌（雄略冠时，智谋出世），劝刘琮不要做无谓的抵抗，不如投降以保全其宗族，长享福祚，垂之后嗣。几番吓唬，刘琮虽心不甘，但也无可奈何，投降了。

已推进到汉水北岸的曹操见到了刘琮派来的使者，使者带着朝廷赐给刘表的符节，递上降书。曹操于是下令人马绕过樊城，直向襄阳城开进。

直到这时，刘琮仍然没将情况通报给刘备。如果曹操进了襄阳，樊城将被曹军包围，刘备即使想跑连路都没了。刘琮可以投降，刘备却不能。作为曹操的老对手，他们彼此打过不少交道，当过盟友，称过兄、道过弟，喝过酒，论过英雄，也翻过脸，交过手。吕布投降时曾表达想为曹操效命的想法，但一向标榜爱才惜才的曹操还是把吕布杀了，因为曹操知道吕布是只虎，养虎者终被虎伤。现在，即使刘备肯降，曹操也不会接纳，道理一样。

刘琮和他手下那些人自然知道刘备与曹操之间的关系，他们不告诉刘备准备投降，看来是故意的，是一个阴谋，是想拿刘备做见面礼送给曹操。好在一直紧张观察敌情的刘备和诸葛亮已猜出了其中端倪。据《三国志》记载，危急之下，诸葛亮劝刘备不如趁曹军未得襄阳之际进攻刘琮，拿下襄阳后可以领有荆州（诸葛亮说先主攻琮，荆州可有），到那时就有与曹军抗衡的本钱。这仍然不失为一个高招，人到万难须放胆，以刘备的实力现在拼上一把，至少也有一半的胜算吧？

但是，刘备再次拒绝了。与拒绝受刘表托付继任荆州牧一样，刘备拒绝此时攻取襄阳考虑的还是实力问题，诸葛亮的建议虽有一半胜算，但毕竟还有一半失败的可能，而一旦失败，就将被曹操的大军围困在襄阳，想走都没有机会了。刘备经历过多次失败，他深知与坐守孤城相比，跑路更明智。

刘备察觉情况不妙后派人到襄阳城里询寻，据《汉魏春秋》记载，刘琮不得已，派著名学者宋忠到刘备那里传达命令，这时候才说准备投降。刘备又惊又骇，对宋忠道："你们这帮人如此做事，又不早点相告，事到临头才告诉我，是不是有点太过分了（不早相语，今祸至方告我，不亦太剧乎）！"刘备越想越气，抽出刀来架到宋忠脖子上："杀了你都不解愤！"

刘备也只能说说气话而已，刘琮料定刘备会恼羞成怒，所以专门派个他不敢杀的人来传达命令。作为荆州本地最著名的学者，荆州学派的创始人之一，宋忠自郑玄死后在文化界便享有了极高声誉，这样的人刘备如果一怒之下杀了，那就是自讨没趣。

刘备赶紧召集大家商议对策，《汉魏春秋》说，有人劝刘备劫持刘琮以及荆州刺史部的官民南下江陵（或劝备劫将琮及荆州吏士径南到江陵）。《汉魏春秋》也没有说这个“有人”是谁，但结合《三国志》的记载，这个人也应该是诸葛亮。

与前两次建议未被刘备采纳一样，这次刘备的回答是：“刘荆州临亡托我以孤遗，背信自救的事我做不出来，死后有何面目去见刘荆州哇！”刘备决定先率众人南下再说。路过襄阳城，刘备在城外呼刘琮出来对话，刘琮不敢出来，据《典略》说，刘备跑到刘表墓前祭拜一番，涕泣而去。

刘备没有接受诸葛亮提出的抢占襄阳的建议，但他接受了进军江陵的建议，那里是荆州的水军基地和后勤补给基地。事不宜迟，刘备突然全军出击，直赴江陵。这时候曹军还没有进入襄阳城，曹操得知刘备南下江陵的消息后大吃一惊，马上做出决定，自己暂不进襄阳城，而是组织一支精干的骑兵迅速南下追击刘备，务必赶在刘备之前占领江陵。

一场追击战由此展开，看谁跑得快了。刘备跑不过曹操，因为曹操有虎豹骑。虎豹骑是曹操的近卫部队之一，由曹仁、曹纯等人指挥，曹休、曹真等曹家下一代青年将领曾在这支队伍里服役，是曹军嫡系中的嫡系，精锐中的精锐。《三国志》曾说，曹纯所督率的虎豹骑个个都是天下精锐，有一个缺员，就从上百人里挑选一个补上（纯所督虎豹骑，皆天下骁锐，或从百人将补之）。

虎豹骑组建之初正好遇上曹操征袁绍之子袁谭的南皮之战，这一仗曹军由于不适应北方突变的气候，打得很艰难，曹操一度想撤退，虎豹骑的指挥官曹纯不干，主动请缨，一场硬仗下来打败了袁谭，袁谭弃城外逃，虎豹骑上去一个冲锋就将袁谭斩于马下。在北征乌桓之战中，曹军以少胜多，在孤军深入没有后援的情况下，以屈屈数千人马打败了乌桓精锐骑兵数万，临阵斩杀了乌桓单于蹋顿，声名远扬。在后来的潼关大战中，虎豹骑又一次担任主力，大破马超率领的凉州军。虎豹骑总人数不多，大约有 5000 人。曹操亲率这支人马以急行军的速度展开追击，一日一夜行进了 300 里。这个速度放到现在实在不算什么，但在当时已经是行军的极限了。

曹操置襄阳不顾直接南下，给刘琮身边的个别人留下了想象空间。据《汉晋春秋》记载，刘琮手下有一个叫王威的人出了个主意：“曹操认为将军已经投降，刘备逃走，必然松懈无备，现在又轻行单进，如果以奇兵数千，在险要处埋伏（徼之于险），定可将曹操擒获。那样一来将军可以威震天下，中原可传檄而定。这是难遇的机会，切不可失呀！”

正所谓耍得大不如玩得阴，这条计策够狠。王威事迹不详，但此人眼光毒辣，他这个主意确实很阴，如果刘琮豁出去真玩这么一下子，曹操当年在淯水河畔的先胜后败的遭遇可能重演一次。刘琮、刘琦、刘备加上江陵的水军和正在悄悄向荆州靠近的孙权，大家一起动手，正好把曹操和他的大军围在中央，曹操的麻烦就大了。

可惜，刘琮不想干冒险的事，没有接受这个建议。

长坂坡遇险

刘备的人马是分开走的，驻军樊城以来，刘备花了好多心思攒出来一支水军，虽然无法与刘表在江陵的水军相提并论，但也有各式战船数百艘，刘备自己率大队人马南下，舍不得把这支水军和战船丢下，就让关羽统率水军由汉水开赴夏口，到那里与刘琦会合。

刘备知道曹操会追来，所以自己这一路急切南行，但他们遇到了大麻烦，听说曹军来了，不断有荆州百姓加入他们的队伍，人数很快达到10多万。可惜这不是战斗部队，有点像黄巾军，家属、百姓、地方官吏什么人都有，还有各式各样的车辆有数千辆之多，这样的队伍行进起来只能用“蠕动”来形容，一天只走了10多里。

这怎么行，必须尽快摆脱曹军追击。据《三国志》记载，有人向刘备建议道：“现在我们人数虽多但能战斗的人少，如果曹军杀到，如何迎敌？应该加快行军速度尽快赶往江陵。”言下之意应该弃官民百姓不顾，轻军直奔江陵，跟曹军抢时间。刘备对这类建议再次表示不接受：“成就大事必须以人为本，现在大家自愿追随我，我怎么能忍心抛弃（夫济大事必以人为本，今人归吾，吾何忍弃去）？”“以人为本”这4个字如今已耳熟能详，据说最早便出自这里。

而给刘备出主意的人此处仍然没有点名，这是第三次用“有人”了，这个“有人”应该还是诸葛亮，作为刘备此时最主要的参谋人员，他有及时提出建议的义务。单从战术层面考虑，这样磨磨叽叽地往前走，无异于坐等投降。“有人”的3次建议确实都是高招，如果采纳虽不说一定能马上打败曹操，但局面显然会比现在有利。但从讲仁义的角度看这似乎不是什么好主意，于是陈寿一次次替诸葛亮避了讳。

对于刘备的这次态度有两种看法：一种认为这正是刘备一贯仁义精神的体现，另一种认为是刘备想拿百姓当盾牌，必要时好趁乱逃脱。从后面事情的发展来看，持后一种观点的也不是没道理。

虎豹骑很快就追上了刘备一行，地点在南郡当阳县境内一个叫长坂坡的地方，此处如今在湖北省荆门县以南。当阳指的是荆山之阳，位于其西北一带的山脉至此缓降为丘陵和平原，在地势上属于过渡带，因而有许多面积很大的山坡，长坂坡就是其中之一。在《三国志》里，长坂被写作“长阪”，古书中“坂”和“阪”意思相同，长阪即长坂，泛指山坡。当年长坂坡一带长着茂密的树木，其中以栎树为多，所以古来此地又被称为栎林长坂，这一点对刘备来说很重要。这块山坡《左传》里曾经提到过，并称之为“险地”。一个长满树木的山坡被称为险地，是因为它的位置。它东面是汉水，西面是沮水和漳水，北面是山地，有著名的虎牙关，南面是长湖，被堵到这个地方，跑起来是相当吃力的。

刘备率10多万军民刚到这里的时候被曹军追上，一场激战就此展开，战斗结果毫无悬念，刘备大败。据《三国志》记载，曹军追上后，混战中刘备与夫人孩子走丢（先主弃妻子），只与诸葛亮、张飞、赵云等数十骑败走，曹操将随同刘备一同南下的10多万官兵百姓以及辎重等全部俘获。

刘备先前娶了几任妻子都死了（数丧嫡室），女人有克夫的，看来刘备有点克妻。刘备当豫州刺史驻扎在小沛时，娶当地女子甘氏为妻，即死后被追赠为昭烈皇后的甘夫人。刘备在徐州时，一度被吕布欺负得要命，差点跑到海里当渔民，幸亏徐州本地富豪糜竺变卖家财全力支持他，让他渡过了难关。当时刘备的新夫人甘氏被吕布俘虏，糜竺就把自已的妹妹嫁给了刘备，即麋夫人。刘备不仅命里不旺妻，而且生育能力好像也有问题，40 多岁还没有孩子。所以，刘备在新野收了个叫刘封的养子。但是就在前两年，甘夫人突然怀了身孕，生下一个儿子，取小名叫阿斗，也就是后主刘禅。《三国志》里讲刘备“弃妻子”，其中“妻子”指的就是甘夫人、麋夫人以及年仅两岁的刘禅。

但是，赵云十分英勇，硬是保护甘夫人及刘禅杀出了重围。据《三国志》记载，刘备当时已经往南跑了，赵云抱着刘禅，保护着甘夫人，居然最后免于一难。《三国志》还记载，张飞当时率领 20 多名骑兵负责断后，张飞把守在一座桥上，瞋目横矛，对追来的曹军大喝道：“我是张翼德，可以过来决以生死！”居然把曹军镇住，一时间没有人能靠近。

刘备跑得快，后来脱离危险，这时清点人数，发现除关羽此前派出去指挥水军，诸葛亮、张飞都在，夫人孩子不在，赵云也不在，据《云别传》记载，刘备身边有人说赵云已经投降曹操了（有人言云已北去者），刘备听了很生气，用手戟敲打说话的那个人，说：“子龙绝不会弃我而去！”过了一会儿，赵云回来了，还带回来了甘夫人和刘禅。

刘备临阵提升赵云为牙门将军，赵云正式跟随刘备是在刘备寄居于袁绍那里，算来也有 3 年多了，但一直没有正式职务，只有一个“主骑”的身份，现在在长坂坡前线被破格提拔为牙门将军，如果从字面上看这个军衔属杂号将军，大体上可以看作少将，比偏将军、裨将军要高，这意味着赵云后来居上，超越了关羽和张飞。这就不好理解了，赵云虽然功劳不小，但他跟随刘备时间毕竟还短，资历毕竟还差，怎么能反超呢？

仔细一看，“牙门将军”或许多了一个字，应该是“牙门将”。古代君王、将帅的大旗旗杆常以象牙作饰物，故其大旗常被称为“牙旗”，其营门也称“牙门”，到南北朝时，“牙门”从军队用到了地方上，后来演变出“衙门”一词。“牙门将”就是守营门之将，未必有将军的军衔，赵云的儿子赵广后来就担任过这一职务，并非是“牙门将军”。这样说的依据是，赤壁之战结束后，赵云被派到荆州南部的桂阳郡当太守，当时的军职才是刚刚被任命的偏将军。

不管怎么说，刘备在赵云、张飞等人的拼死保护下暂时脱险，给他帮了忙的还有长坂坡附近茂密的树林，可以想见一下当时的情形，5000多虎豹骑杀到，但一下子都傻眼了，因为他们看到的到处都是人，刘备的兵力至多不过几千人，但跟着他们走的老百姓有10多万，那个阵势相当壮观。

曹操还没有残暴到连老百姓见着就杀的地步，所以虎豹骑也不敢纵马乱冲，刘备、诸葛亮等人才得以脱险。

第五章

奉命出使

江边一座小镇

现在再往江陵去已失去意义，刘备当初派关羽去夏口，亲自去江陵，是希望乘曹军立足未稳之际占有这两个战略要地，以此为基点与曹操周旋，虽没有必胜把握，但也有一定的希望。

江陵和夏口都在长江边上，荆州在江南有 4 个郡，他们的政治取向并不固定，谁有利就会倾向于谁，把他们争取过来，再与东面的孙权联合起来，曹操想一口吞下整个荆州，也没有那么容易。但曹操毕竟是曹操，不按常理出牌是他的一贯做法。去年，曹操率军北击乌桓，为了出其不意，一举打垮敌人，曹操亲率虎豹骑孤军深入，走人迹罕至的卢龙道，越过沙漠到达白狼山，突然出现在敌人面前。

当时乌桓人有精兵数万，还有大队人马正向这边集结，而曹操手里加上虎豹骑在内也不足万人。在后续部队没有跟上的情况，有人建议据白狼山死守待援，曹操认为那只是等死，唯一的战机是立即主动向强敌发起攻击。曹操亲自为将士擂鼓，虎豹骑跃马扬尘，酣畅淋漓地大杀一顿，把乌桓人杀得大败，乌桓传奇首领蹋顿被虎豹骑斩于马下。以少胜多，出其不意，好用奇兵，这是曹操的拿手好戏，刘备是曹操的老对手，应该想到这些才对。

现在，即使能跑过虎豹骑提前到达江陵，也没办法把江陵占为己有。驻守江陵的是刘琮的人，他们听蔡瑁和张允的指挥，有曹操本人亲自在后面督阵，江陵的驻军一定会把刘备等人抓起来送给曹操当见面礼。

刘备跟诸葛亮商量后，决定斜趋汉津，即由当阳方向折向东，前往夏口，与关羽、刘琦会合。襄阳、江陵、夏口呈“品”字形，当阳至夏口距离不近，按现在的里程有 200 公里左右，中间全是湖泊沼泽，路很难走。好在他们赶到汉水边上时，正好遇到率船队由此南下的关羽。

刘备、诸葛亮等人乘船向夏口急行，一点都不敢耽误。好在曹操打败刘备后心里惦记着江陵，没有向这边追来。事后想想，这也许是曹操的一个失误，如果他不要江陵，继续追击刘备不放，那将是一个什么结果呢？也许曹操觉得事情不急，慢慢来，刘备已败，料他也翻不出什么大浪，相比之下江陵更重要。总之，曹操没有东进，而是继续南下了，襄阳那边虽然聚集了不少曹军人马，但无人主事，也没有及时派出一支船队追过来。

刘备、诸葛亮一行很快与关羽率领的船队会合，他们顺着汉水向夏口转进，半路上遇到刘琦率领的人马前来接应，一行人总算平安到达夏口。汉水古称沔水，其下游又称夏水，夏水汇入长江之地就称夏口，也就是今天的湖北省武汉市一带。夏口的重要性始于孙权后来在此筑夏口城，在此之前这里只是一座小镇，江夏郡的郡治也不在此，而在东边的西陵，即今湖北省新洲。一时间，夏口这座江边小镇热闹起来，四处布满了人马，气氛却紧张异常。

对刘备来说，虽然暂时逃过一劫，但曹操占领江陵后必然会进攻这里，面对人多势众的曹军，出路在哪里呢？

诸葛亮到夏口后，心里也高度紧张起来，对于曹操占领江陵后何时向夏口发起攻击，诸葛亮的判断是一定很快。

现在，诸葛亮必须替刘备考虑一个问题，那就是刘琮投降曹操后，同是荆州旧部的刘琦会不会也走这条路。诸葛亮虽然与刘琦是亲戚，刘琦对诸葛亮也充分信任，但在当前局势下，选择投降曹操也是可以理解的。所以，坚定刘琦的信心十分重要，做这方面的工作没有比诸葛亮更合适的了。另一方面，还要密切关注曹操的下一步动向，收集各种信息，对曹操究竟何时发起进攻做出准确判断，以提前做好准备。

情报很快传来，曹操一到江陵就发布了命令，任命刘琮为青州刺史，封列侯。对曹操来说，如何处置刘琮，荆州旧部们都在观望，必须尽快做出交代。曹操大概认为，刘氏父子在荆州时间太长，影响力深远，即使刘琮自己没有什么想法，难免什么时候冒出来个有主见的王威那样的人，拉刘琮做大旗搞叛乱。所以，最好的办法是把刘琮从荆州弄走。

当然这个青州刺史只是个虚职，刘琮也不会拥有什么实权，只是由荆州刺史改为青州刺史，名义上没有大的改变。曹操以为刘琮会接受，没想到刘琮拒绝了，刘琮对到青州赴任没有任何兴趣，更重要的是没有任何安全感，他宁愿待在曹操身边，当不当官无所谓。于是，刘琮给曹操写了一封信，表达了自己的想法，曹操下令改任刘琮为谏议大夫。

曹操心很细，担心朝令夕改会被人过分解读，干脆发布了一道命令，告示荆州军民改任刘琮为谏议大夫的原因。此后，在史书上便没有刘琮的任何记载，当然他不会遭遇不测或者莫名其妙地失踪，曹操没有必要对一个无力反抗的投降者那么做，刘琮应该是死在了谏议大夫的任上。

刘琮空出来的荆州刺史一职地位很重要，理论上担任这个职务的人应该是曹操的嫡系，最好是文官出身，又对军政事务都熟悉，并深得曹操的信赖，其本人也必须具备相当的资历。按照这几个条件在曹操身边去寻找，倒也能找出几个人选来，比如多面手智囊董昭就是理想人选。

但是，曹操选定的新荆州刺史却名不见经传，名叫李立，史书上只能查出他是涿郡人，字建贤，其余事迹一概不详。之前被曹操任命为州刺史的还有车胄、单经等人，他们也都默默无闻，可能在曹操眼里刺史不是个什么重要的角色吧。然而，此次任命李立仍然让许多人吃惊，据《后汉书》五行志记载，当时荆州一带传唱的民间歌谣里就有“不意李立为贵人”的说法。

随后，曹操以汉献帝的名义封蒯越等 15 人为侯，表彰他们在荆州“和平解放”事业中所立的功劳。这 15 个人具体名单不详，除蒯越外，推测起来蔡瑁、张允、韩嵩、文聘、张羲等人都应在其中。诸葛亮的大姐夫蒯祺之兄蒯越不仅被封侯，还被征召到朝廷任职，担任光禄勋，成为帝国的“部长”之一。曹操曾在给荀彧写的信中说：“不喜得荆州，喜得蒯异度耳。”异度是蒯越的字，蒯越死于 11 年后，应该死在了“部长”任上，临终前曾向曹操托付家事。

曹操下令，仍由蔡瑁、张允统率荆州水军，一来出于对荆州降将的信任，让他们不要猜疑，二来曹操手下熟悉水军事务的将领还真没有。诸葛亮的大姐夫蒯祺也归顺了曹操，被任命为房陵郡太守。二姐夫庞山民也一直在曹魏任职。推测起来，荆州被曹操占据之后，曹操大量留任原荆州地方官员，所以与诸葛亮关系密切的黄承彦、庞德公、司马徽等人没有受到太大影响。诸葛亮的岳父黄承彦晚年事迹不详，也许继续在襄阳附近度过他的闲情岁月。

诸葛亮的老师庞德公相传后来隐居于鹿门山中，以采药为生，后代山上有“三高祠”，是为纪念在此处隐居的庞德公、孟浩然、皮日休而建。至于诸葛亮的另一位老师司马徽，传说曹操听到他的名气想重用他，结果不久他却去世了。司马徽是颍川郡阳翟人，他的故乡河南省禹州市褚河乡余王村潘庄至今仍有司马徽墓，墓冢巍然屹立，墓前原有石碑一通，上刻“汉司马徽先生之墓”几个大字。

曹军何时进攻

现在，身在江陵的曹操安顿完一些必要的事，立即召集军事会议，研究下一步的军事行动。荆州之战比想象中顺利得多，除了夏口的刘琦和刘备，全部据有荆州七郡指日可待。曹操想趁热打铁，就在今年内出兵夏口，消灭刘琦和刘备。这应该不难，因为当时的局面一片大好，夏口之敌已如惊弓之鸟，只要出兵，定然不堪一击。

但也不是没有问题，这个问题其实还挺严重，那就是季节。这已是汉献帝建安十三年（208）农历十月，进入了冬季。初冬的长江一带，气候更加复杂多变，对长期生活在北方的人来说，对南方的气候还需要稍稍适应一下才行。曹军将士大部分人也都是第一次到这么远的南方来，他们不怕天寒地冻，也不怕干旱少雨，但对于这种阴冷潮湿的冬天却感到有点难受，历史学家事后用 4 个字来概括曹军将士此时的状况：“水土不服。”

对曹操来说，摆在面前有两个选项：一个是继续一鼓作气，解决江夏郡的刘备和刘琦；另一个是暂作休整，待明年春天再开战。这两种方案各有利弊，连续作战容易陷于轻敌冒进的大忌，曹军的主力此行虽然还没有经历大的战事，但一路南下已行进 1000 多里，难免有所疲惫。而且，最近一下子接收了很多地盘和荆州的军队，还有大量的工作需要做。

但放着敌人不打容易给其造成喘息之机，刘备和刘琦联手自不用说，他们背后的孙权也不会坐视不理，这几股力量将联合起来是可以预见的事，留给敌人的时间越充分，将来就越难打。综合《三国志》里曹魏阵营各人的传记，参加此次重要会议的有陆续抵达江陵的主要谋士，包括贾诩、董昭、陈群、和洽、华歆、王朗等人，还有刚刚加入曹操集团的王粲、裴潜、刘廙、桓階等，武将方面有曹仁、徐晃、任峻、满宠、曹纯，还有担任水军正副都督的蔡瑁和张允。

会上，武将都主张抓紧时间打，而参谋分成了两派：一派主张现在就打，另一派以贾诩为代表，主张先不着急。贾诩认为："明公过去打败袁氏，如今又收服汉南，威名远著，势力强盛，如果借助楚地之富饶，壮大武力，安抚百姓，使大家安居乐业，那么不用兴师动众江东自会臣服（若乘旧楚之饶，以飨吏士，抚安百姓，使安土乐业，则可不劳众而江东稽服矣）。"这是《三国志》里贾诩说过的话，似乎有点不好理解，因为这段话等于什么都没说。此时天下形势仍然未定，荆州虽然得手，但环绕于四周的仍然到处都是敌人，伸张和平主义还远远没到时候。所以裴松之为《三国志》作注时，看到这里，比较少见地发了一通 300 多字的议论，认为贾诩的建议非常不符合当时的情况（诩之此谋，未合当时之宜）。

但是结果大家都知道了：贾诩是对的。在曹操身边的智囊里，比较有传奇色彩是董昭，比董昭还传奇的是贾诩，他的见解总高人一筹，但他来自敌方阵营，在与曹操为敌时曾让曹操连吃大亏，本人除了被曹操欣赏之外，没有任何根基，没有什么势力，所以他自从投身曹营便格外谨慎，从不干冒险的事，从不说过头的话，上班按时来，下班回家门一关，不会客，不访友。揣测起来，贾诩上面这段话里应该有深意，他原本想阻止曹操此时东进，但有些理由他没有明说，而是说了一通不战而屈人之兵的大话。

贾诩不想说的理由也许是：此战没有绝对的胜算。但是，一路势如破竹的气势，加上绝对实力和高昂的斗志，说曹军有可能打不过已如惊弓之鸟般的刘备和刘琦，这怎么能让人相信？所以贾诩只说了一半就不再往下说了。

此次会议也讨论了刘备是否会与孙权联手的问题，对此大多数人得出了奇怪的结论，据《三国志》记载，大多数人认为孙权不仅不会与刘备联合，而且会杀了刘备（论者以为孙权必杀备）。大胡子将军程昱表示反对，他说："孙权刚刚继承权位，还没有树立绝对权威（未为海内所惮）。曹公无敌于天下，占有荆州，威震江表，孙权即使有谋略，但自知不能独挡，刘备素有英名，关羽、张飞都是万人敌的猛将，孙权必然会帮助他们以抵御我们。”事后证明，程昱的见解也是正确的。

对曹操来说，很可惜的是这次军事会议对贾诩和程昱的意见均未采纳，会议最终做出决定，大军即刻沿江而下，目标直指夏口。

这时还有一个小插曲，看似事情不大，对后面时局的发展却影响不小，事情得从益州刺史刘璋说起。

14年前，曹操的父亲曹嵩被人杀死，那一年刘璋的父亲刘焉也死了，刘璋成了益州刺史。14年来，作为益州的实际控制者，刘璋的日子相对滋润，没有遇到大的战事，天府之土，民殷国富，兵精粮足，成了四川的土皇帝。刘璋本可以成就一番霸业，但正如陈寿和常璩说的那样，他的能力很一般（才非人杰），不是个可以成大事的人，白白浪费了机会。

曹操发起荆州之战时，刘璋判断刘表根本不是对手，为了向曹操示好，他派手下阴溥前来表达敬意（致敬于曹公），曹操应该是在前往荆州的路上见到的阴溥，他很高兴，以汉献帝的名义任命刘璋为振威将军，任命刘璋的三哥刘瑁为平寇将军。

刘璋原有兄弟4个，他排行最小，3个哥哥分别是刘诞、刘范、刘瑁，当年朝廷为了控制刘焉，把刘璋以及他的大哥、二哥作为人质留在长安。刘璋后来辗转回到益州，算是捡回一条命，而他的两个哥哥因为卷进长安兵变被杀。刘焉死后刘瑁虽然年龄比刘璋大，但他是个精神病患者，什么事都不管，所以刘璋才接了班。

阴溥回去复命，刘璋很高兴，觉得曹操看得起他。此前，刘璋虽然把事业干得挺大，但头上只有一个从老爹那儿继承来的益州刺史的名号。现在曹操那边有事，自己总得表示表示，于是派手下人张肃率300名叟兵携带一批军事物资送往荆州前线，以示对曹军的支持。

“叟兵”是从叟人中征募来的兵，叟人主要生活在汉至六朝时期今天的四川西部、云南、贵州等地，属氐羌系，他们作战勇敢，是一支劲旅。刘璋送300名叟兵给曹操是动了脑筋的，送得太多容易引起曹操的猜忌，你是帮场子来的还是想趁火打劫？反正只是个象征意义，表明自己的政治立场而已。

对曹操来说，也乐得接纳，这时候曹军阵营里应该有匈奴人、乌桓人甚至鲜卑人，现在又多了300名叟兵，更像一支“联合国军”了。曹操把叟兵留下，为犒赏张肃，以朝廷的名义任命他为益州辖下的广汉郡太守。曹操到了江陵，此处离益州又进了一步，刘璋的第三个代表团也来了，代表团团长名叫张松，是益州别驾，相当于益州的“副州长”，他也是张肃的弟弟。

刘璋密集地派出代表团，说是沟通感情的，更主要的是观察事态进展，好决定下一步的行动，所以他们也是战地观察团。这个张团长在史书中没有单独的传，只知道他字永年，益州本地人，有记载说他是刘璋第二个代表团团长张肃的哥哥，其他事迹不详。据《汉晋春秋》说，张团长见到曹操，这个时候曹操大约刚拿下江陵，正志得意满，对刘璋的特使重视程度降低，对张松本人也不是太客气（曹公方自矜伐，不存录松），这让张团长很不舒服。张松回到益州，说了曹操不少坏话，劝刘璋不要联结曹操，可以转而联合刘备。后来，刘璋果然主动联合刘备，给刘备夺取益州制造了机会。

这是后话，暂且放下。

双方兵力盘点

现在，将双方的实力进行一下盘点。

先说曹操方面。曹操率领的南下兵团是临时集结而成的，都是精兵强将，为了追击刘备，他把人马也分成了两路，一路目前集结于襄阳附近，另一路随他去了江陵。

去江陵的这一路，主力是虎豹骑，主将是曹仁和曹纯。许褚统率的宿卫营通常都随曹操本人行动，此次也应该到了江陵。结合其他史料记载，陆续到达江陵的还有徐晃、满宠、任峻等部，徐晃此时担任横野将军，满宠担任奋威将军，曹操的堂妹夫任峻担任长水校尉。

如果按一军一万人左右计算，徐晃、满宠、任峻三部接近3万人，也就是说，曹操的江陵兵团大约有4万至5万人。江陵还有数万人马，它们是刘表的旧部，其中相当一部分是水军，拥有大批战船。曹操占领江陵后，这些人马也听他调遣。

综合《三国志》中曹军主要将领的传记，还有几位曹军将领也参加了南征，他们目前集结于襄阳附近，其中至少包括于禁、张辽、张郃、乐进、路招、朱灵、冯楷等七部，于禁此时任虎威将军，张辽是荡寇将军，张郃是平狄将军，乐进是折冲将军，路招是扬武将军，冯楷是奋威将军，他们每人至少统率一军人马，加上其他部队，总人数应该在10万人上下。除此之外，襄阳附近刘表的旧部应该也有数万人，刘表生前也注意壮大军力，对外称“带甲十万”。

综合以上分析，曹操在江陵有4万人左右，外加数量大致相等的荆州降军；在襄阳附近集结的曹军近10万人，荆州降军至少有三四万人。曹军加荆州降军，总兵力超过20万。

这还不是全部，曹军间接投入此次南征的军队，还包括臧霸、李典、李通、曹洪、夏侯渊、夏侯惇等所部。长期驻扎于青州、徐州一带的臧霸此时的军衔是威虏将军，曹操发起荆州战役前，命他率部南下，将所部主力移至扬州的广陵郡，也就是如今长江北岸的扬州、泰州一带，对孙权的大本营吴郡形成战略威胁。

李典此时的军衔是破虏将军，曹操命他率所部移师合肥，由那里伺机侵扰孙权的庐江郡。李通此时任汝南郡太守，他虽然不是曹操的嫡系，但在每次重大战役发生时都坚定不移地站在曹操一边，得到了曹操的信任，曹操命他率所部向南运动，从江夏郡的北面对其造成压力。曹洪所部在襄阳外围，夏侯惇驻扎在许县，他们与荀彧共同守住大后方。而后勤保障方面的艰巨任务，曹操交给了夏侯渊。

上面这几路人马加在一起，至少也有十几万。曹操对外宣称，为打这一仗他动用了80万人马，那有点言过其实，但直接和间接投入的兵力相加，40万应该是有的。在三国早期，一次战役中单方面投入40万以上的，这还是第一次。

再说刘备、刘琦联军。刘备方面当初投奔荆州时，基本上没有多少人马，有一部分还是从袁绍那里“顺”来的，经过在新野、樊城期间四处召募，刘备手下应当超过万人，其中包括数量不详的一部分水军。撤退时分成两路，刘备自己率领的这一路人马应该不会少，因为他们的目标是占领江陵，但当阳大败，所剩不多。好在关羽率领的这一路没有损失，他们全部加在一起，应该不到 1 万人。

刘琦方面，来接应刘备时率领的 1 万多人，可能就是他全部家当。双方加在一起，满打满算，也到不了 3 万人。除了这些，也就没了。

以 3 万对付 40 万，人数对比不足 1 比 10，这个仗没法打。

此时，距发起荆州战役不过 2 个多月时间，距占领江陵不到 1 个月。曹操亲自带队从江陵出发，行军路线大体相当于从今天湖北省荆州市到武汉市，从地图上看，其直线距离不到 500 里，而沿水路前进的话，距离就要翻一番不止，因为这一段河道变化多端，曲折难行，今天被称为荆江。

虽然陆路较短，但曹军还是选择走水路，因为陆路更难走。长江流至江陵后没有直接往东，而是先往南，绕了一个大圈再往东去，在这个半圆形的圈子里，是著名的洞庭湖区，如今是中国第四大淡水湖，水域面积近 2000 平方公里，形成了河网密布、湖泊纵横的低洼地带。而在当时，这一片湖区的面积更大，它的名字叫云梦泽，根据司马相如《子虚赋》的描写，其范围东到今武汉以东的大别山麓，西到湖北省西部的山地，北到大洪山区，南界长江，东西 400 公里以上，南北超过 250 公里，是如今洪泽湖区面积的数倍。

曹军由江陵进攻江夏郡，最直接的办法是由陆路向东，但必须经过云梦泽，这里交通不便，很多地方道路不通，不适合大兵团运动，所以只能乘船东进。好在江陵聚集了原荆州的主要水军，有大小战船上千艘，可以满足曹军将士转运的需要。曹军将士包括战马、辎重一律登船前进，开始大家觉得挺好，毕竟行军是件苦差事，现在坐在船上一边看风景，一边不知不觉就到了目的地。

但习惯于陆地行军作战的曹军士兵对这种行军方式和沿线的气候、环境显然不能马上适应，这个问题其实很严重。

曹操亲自率兵顺江而下，但之前说过，这并不是曹军的全部主力，姑且称之为西路兵团。

江陵还有曹军的一部分主力，由曹仁率领，曹操交给他的任务是在此坚守。江陵是荆州七郡之一南郡的治所，地位举足轻重。从江陵溯流而上，穿越如今的三峡库区即可到达益州，刘璋虽然表面臣服，但不得不留一手，所以让曹仁守在这里，监视上游的情况。

曹操更多的人马在襄阳一带，曹操下令在襄阳的各路主力组成北路兵团，迅速南下，目标也是江夏郡的夏口。这一部分主力包括于禁、张辽、张郃、乐进、路招、朱灵、冯楷各部，这几位都是特别能打的猛人，除了冯楷事迹较少之外，其余各位都身经百战、功绩赫赫。一般这样的猛将不免都有点脾气，他们对曹操一向忠心耿耿，也服服帖帖，但是除了曹操之外能镇住他们的恐怕就没有几个了。

北路兵团七员猛将资历、战功都大致相当，让谁统一指挥大家都不会服气。曹操考虑再三，把曾经担任过自己司空府主簿的赵俨派去，赵俨的特长就是处理问题周到全面，深得曹操的赏识。曹操让赵俨担任于禁等七军的都督护军，相当于“联席参谋长”，监督各部。北路兵团还有一部分水军，由原荆州降将文聘指挥，曹操发布命令，任命文聘为江夏郡太守，等拿下江夏郡，文聘就到这里上任。

同龄人的激将法

眼看曹操两路大军齐向夏口杀来，刘琦没有主意，刘备也不知道该怎么办。诸葛亮告诉刘备，现在只有一个人能帮上忙，能不能打退曹军的进攻，就全看他了。

这个人就是孙权，诸葛亮在隆中对中说过，孙坚、孙策、孙权父子三人据有江东，那里地势险要，人心又齐，孙权能任用贤能，对此不能图谋，但可以引为外援（此可以为援而不可图也）。

孙权字仲谋，江东人，是个富二代或者富三代。所谓江东，是一个泛称的地域名词。长江至下游后向东北方向斜流，以此段长江为参照可以确定出东西或左右，一般人印象中的江南被称为江东或江左，其范围大致相当于今皖南、苏南、浙江和江西东部地区。“江东”一词始于《史记》，项羽临死前说："我与江东子弟8000人渡江而西，今无一人生还，纵然江东父兄原谅我，我有何面目见他们？"宋人李清照作诗："至今思项羽，不肯过江东。"汉末，江东归13个州之一的扬州管辖。扬州六郡；江北两郡，分别是九江郡和庐江郡；江东四郡，分别是吴郡、丹阳郡、会稽郡、豫章郡。孙权的祖籍是吴郡富春县，属江东。

孙权的父亲孙坚、哥哥孙策都是一时豪杰，他们分别开创了自己的事业。尤其是孙策，当年孤军渡江，在江东站稳了脚跟。曹操与袁绍官渡决战那年，孙策死于一次意外事件，死前急招张昭等人嘱咐后事，当着众人的面把权力交给二弟孙权，那时候孙权只有18岁。孙权挑起了父兄留下来的大业，当时他面前的道路并不平坦，不仅外有强势集团曹操、刘表，以及众多山匪、流寇和割据势力，而且本阵营内部不服他的也大有人在，甚至孙氏宗族的内部也有人挑战他。

名如其人，孙权名权、字仲谋，他也机谋过人。如果这个名字是他父亲孙坚起的，说明孙坚很识人。孙权掌权伊始，首先从内部发难，解决了有图谋野心的堂兄孙辅，使自己的威望迅速提升，那时候正是袁曹决战的关键时刻，为了拉住孙权，曹操以汉献帝的名义拜孙权为讨虏将军，兼任会稽郡太守，正式承认了孙权的地位。

曹操打败袁绍后重新想起了孙权，给孙权下书要他送儿子到许县来做人质（下书责权质任子）。孙权召集众人商议，对于是否答应曹操的要求，大家莫衷一是（犹豫不能决）。孙权的主要智囊周瑜坚决反对送人质，他认为江东有自己得天独厚的优势，将来一定有更大作为，没有必要搭理曹操的无理要求，孙权照办了。当时，曹操正忙于解决北方问题，一仗打了好几年，一直无力追究孙权，这件事也就不了了之。

孙策时期已经建立了自己的人才班底，文的方面有张昭、张纮、秦松、陈端等人，武的方面有程普、黄盖、韩当、蒋钦、周泰、陈武、董袭、吕范、凌统以及本族的孙贲、孙翊等人，孙权除了将这些旧人团结在周围，还逐渐培养自己的嫡系，周瑜、鲁肃等人的地位便从那时开始迅速上升。

周瑜字公瑾，江北庐江郡人，是孙策的至交，孙策死前曾寄厚望于他，让他领重兵，任命他为江夏郡太守，但周瑜的资历当时还比较浅。送人质事件让孙权的母亲吴夫人对周瑜另眼相看，吴夫人把孙权等兄弟几个叫到跟前，对他们说：“公瑾跟你们的哥哥同年，比你们哥哥只小一个月，我把他当成自己的儿子一样，你们也要以兄长待他。”你替老板着想，老板就能想着你，吴夫人和孙权看中周瑜，就是因为他不仅能力很强，更重要的是有一片忠心，能经得起考验。

鲁肃字子敬，江北的广陵郡人，根据《吴书》记载，他身材魁梧，相貌出众（体貌魁奇），精于奇谋，又擅长骑马射箭，并非一介儒生。鲁肃家里很富有，是当地有名的大财主。周瑜先投奔了孙策，一次周瑜带着数百人远赴九江郡一带执行任务，军粮成了问题，听说鲁肃家富有，于是来找鲁肃，要求支援点粮食。鲁肃家有两个大粮仓，每个粮仓存米3000斛，合3万斗，是一个很大的数目。鲁肃随便指着其中一个送给了周瑜，周瑜大为惊奇，和他结成好友。在周瑜引荐下，鲁肃后来也投奔了孙策。

孙权年纪不大却很有领导才干，他接手孙氏集团后，对内对外迅速呈现出一派新的气象，不仅进一步巩固了原有势力范围，而且有了新的发展，内部的人事格局也越来越明晰，使用旧臣，提拔新人，实力覆盖整个江东。

目前，只有联合孙权才能渡过难关。《三国志》记载，诸葛亮在夏口对刘备说：“事情已经很紧急了，请让我向孙权将军求救（请奉命求救于孙将军）。”刘备早就听说过孙权，但跟他从未打过交道，论年龄刘备与孙权的父亲孙坚差不多，在反抗董卓的时代二人也可以称为战友。但是，对于时年26岁的孙权，刘备陌生得很。

没有交情事情就不好办，但除了贸然登门也没有更好的办法，刘备决定让诸葛亮试试。于是，诸葛亮奉刘备之命出使孙吴，目的只有一个：想方设法说服孙权联合对抗眼前的曹操。

孙权此时在哪里呢？孙权在柴桑。长江流至庐山脚下与鄱阳湖相会，其交汇之处即如今的江西省九江市，汉末称为柴桑。这里属九江郡，是东吴势力的前沿地带，因为前临大江，背靠鄱阳湖，可以攻，可以守，也可以在此练兵，所以历来都是军事重地。曹操发动荆州战役后，孙权不敢怠慢，亲自赶到柴桑，在此建立前敌指挥所，观察荆州事态的发展。

诸葛亮由夏口到了柴桑，按如今的路线就是由武汉到九江，坐火车4个小时，乘汽车3个半小时，但有经验的人都喜欢坐船，一路顺流而下，赏两岸美景，观江天一色。诸葛亮应该也是乘船去的柴桑，但他无心赏景，只想早点见到孙权。

诸葛亮到柴桑后，很顺利地见到了孙权，他们二人年龄相差一岁，诸葛亮年长。不过还有一个说法，记载在《江表传》里，按照这个说法，早在刘备抵达夏口之前孙权已派出使者前来联络刘备，这个使者就是鲁肃，而他们相会的地点是刘备吃了大败仗的当阳。

按照《江表传》的说法，刘表死后孙权派鲁肃以吊丧的名义来到荆州，目的是观察局势，有可能的话联络刘表的两个儿子以及刘备。可是，在鲁肃还没有赶到襄阳时，刘备已逃了出来，他们在当阳相遇。鲁肃开门见山，转达了孙权的想法（因宣权旨），与刘备共论天下大势。

鲁肃问刘备："刘豫州下一步想往哪里去？"

刘备回答："我和苍梧太守吴臣有些交情，想到那里投靠他。"苍梧郡属交州，大体在如今的广西一带，治所在今天的广西壮族自治区梧州市，当时叫广信县，是一个偏僻荒凉的地方。吴臣其人事迹不详，只知道他是刘表的旧部，由此推断，刘备或许真的认识他并和他有交情。

鲁肃对刘备的这个打算不以为然，直接说道："孙权将军聪明仁惠，敬贤礼士，江东英豪都归附他，目前已据有六郡，兵精粮多，足以成就大事。现在为您计议，不如派心腹之人出使江东，双方联合起来，共创大业。而吴臣不过是凡人一个，又地处偏远，马上就会被人吞并，怎么可以以身相托呢？"

鲁肃此言不小心透露了一个孙吴的机密：孙权正在打吴臣等人的主意，他已经开始策划吞并包括苍梧郡在内的整个交州。孙权果然后来派部将步骘为交州刺史，设计把吴臣杀了，占领了交州。

刘备听完鲁肃话的反应是大喜，原来他没有打算真的去投吴臣，那些话只是个托词，目的是看鲁肃下面怎么说。按照《江表传》的这个说法，当阳失败后刘备先到了鄂县，即今湖北省黄冈附近，在那里派遣诸葛亮随同鲁肃一起面见孙权，完成结盟的任务。这个说法也有其他依据，同样在《三国志》里，便有鲁肃在当阳遇到刘备的记载，而且还交代了一个细节，说鲁肃在当阳与诸葛亮有过一次私下谈话，在这次谈话里鲁肃告诉诸葛亮，他是子瑜的朋友（我子瑜友也）。

子瑜即诸葛亮的大哥诸葛瑾，汉献帝兴平二年（195），诸葛亮随叔父诸葛玄离开老家前往豫章郡，诸葛瑾没有同行，而是携继母一起来到江东避难。从鲁肃这里，诸葛亮进一步了解到哥哥的情况。

原来，诸葛瑾到江东后，开始并没有受到重视，生活也很清贫，后来他结识了孙权姐姐的女婿弘咨，在弘咨的推荐下，诸葛瑾得到了孙权的重视，开始了在孙吴的仕途。诸葛瑾目前在孙权那里担任长史，类似于州政府或者将军府里的“秘书长”，是一个重要的职务。

《三国志》和《江表传》分别记载了刘备与孙权初次联络的过程，两种看似差别不大，却牵涉一个实质，它决定了谁才是孙吴联盟的缔造者。就此问题裴松之在注《三国志》时进行了分析，他认为这是后来蜀汉、孙吴写历史的人都想抢功所致（二国史官，各记所闻，竞欲称扬本国容美，各取其功）。

尽管细节上还有些小出入，基本事实却是清楚的：鲁肃受命来见刘备，刘备接受建议与孙权联合，并派时年 27 岁的诸葛亮出使孙吴。这是诸葛亮出山以来单独完成的最重要的工作。

诸葛亮在柴桑见到了孙权，没有太多客套和试探，诸葛亮直接对孙权说：“天下大乱，将军起兵于江东，刘豫州拥兵于汉南，都在与曹操并争天下。现在曹操占领荆州，威震四海。根据眼下的局势，我为将军考虑，无外乎两条出路：如果能以吴、越之众与曹操抗衡，不如早下决心；如果不能，何不按兵束甲，向曹操投降（北面而事之）。”

孙权听了有些不爽：“如果真如先生所说，刘备为什么不投降（苟如君言，刘豫州何不遂事之乎）？”看到孙权急了，诸葛亮不慌不忙，一本正经地说：“田横是齐国的壮士，尚且能守义不辱。刘豫州是王室之胄，英才盖世，众士仰慕。如果成不了大事，那是命运不济（若事之不济，此乃天也），怎么能干投降敌人的事？”

孙权一听大怒，这不是小看人吗？刘备是英雄，我孙权难道不是英雄？孙权道：“我不能举全吴之地，10万之众，反而受制于人。我意已决，不是只有刘豫州能抵挡曹操，刘豫州失败了，还有我！”

诸葛亮要的就是这个，别看他只比孙权大一岁，但老练得多，诸葛亮趁热打铁：“刘豫州虽然败于长坂坡，但手下人马加上关羽统率的水军还有万人之多，刘琦所率的江夏郡人马也不下万人。曹军远道而来，所谓‘强弩之末势不能穿鲁缟’。而且北方之人，不习水战，荆州投降过去的军民又未必心服。将军如果能命猛将统兵数万，与刘豫州同心协力，必然能打败曹操！”

孙权听了很高兴（大悦），立即召开会议进行研究。

做出两手准备

恰在此时，曹操的使者也到了，还给孙权捎来了一封信。这封信的具体内容已不知道，只保存下来几句话：“最近我奉天子之命讨伐罪臣，大军南下，刘琮投降，现在我率领水陆混合部队共80万，邀请将军到东吴会猎（今治水军八十万众，方与将军会猎于吴）。”会猎，可不是打猎，而是邀你出来找个地方练练，这是一封挑战书。

吓唬人这一招，用在刘琮身上好使，用在孙权身上是白费。在与诸葛亮谈完话后，孙权心里已经有了主意，但他还想听听手下的人怎么想。可是，让孙权始料未及的是，在这次会议上他手下谋士和武将们的想法也呈现一边倒：投降。这让孙权心里既惊讶又不痛快。

资历最老的张昭最积极，他说：“曹操是虎狼之辈，挟天子以征四方，动不动就拿朝廷说事（动以朝廷为辞），现在要抵抗他不一定有把握。我们过去可以赖以抗拒曹操的是长江，如今曹操得到荆州，获得了刘表经营的水军，各式各样的战船有几千艘，曹军水陆俱下，长江之险已经和我们共有了，实力相差悬殊，我认为不如投降（而势力众寡又不可论。愚谓大计不如迎之）。”

张昭的观点有代表性，立即受到众人的应和。孙权看了看，只有鲁肃一个人没有随声附和。会议中途孙权离席去上洗手间（权起更衣），鲁肃赶紧跟了出来，这时孙权已经知道他要说什么了，紧紧地握住了鲁肃的手："先生有什么话要说？"

鲁肃道："刚才听了大家的议论，我认为他们都是要耽误将军，而不足以与他们讨论大事（向察众人之议，专欲误将军，不足与图大事）。你听我说，现在我鲁肃可以投降曹操，但是将军你不可以，为什么呢？"鲁肃说得很着急，也很恳切，孙权睁大眼睛认真地听着。

鲁肃接着说："我鲁肃要是投降了曹操，曹操一定会给我官做，我继续吃香的、喝辣的，最少也得弄个太守、刺史当当（操当以肃还付乡党，品其名位，犹不失下曹从事，乘犊车，从吏卒，交游士林，累官故不失州郡也）。将军投降曹操，曹操会怎么对你？请早定大计，不要听大家瞎议论！"这些话都说到孙权心坎里了，孙权叹息道："刚才大家说的，很令我失望，先生你的想法，正和我一样。"鲁肃建议找周瑜过来商量，周瑜当时正在鄱阳湖训练水军，距此不远。鄱阳湖那时叫彭蠡泽，就在柴桑附近。

周瑜见到孙权，也全力支持与曹操一战。让孙权感到安慰的是，周瑜信心很足，认为曹操托名汉相，其实是汉贼，早应为汉室除残去秽，现在他不请自来，这是他自己送死（况操自送死）。周瑜替孙权分析道，现在北面的形势未定，马超、韩遂都在关中，是曹操的后患；曹操舍弃擅长的鞍马，改乘舟船，来与我吴越争衡，现在天气寒冷，北方兵士远涉江湖之间，肯定不习水土，必然会生疾病。这些都是用兵之忌，曹操贸然行之，可以预言，擒获曹操为时不远！

周瑜认为曹操虽然扬言有水陆两支部队人数 80 万，但仔细分析，也不过就是 20 多万，其中 15 万左右是自己带来的，荆州降卒有七八万。客观地说，周瑜的这个分析是准确的，作为孙吴的主要军事将领，他平时不可能不注意收集敌人的情报，他对曹军人数的判断应该建立在一定情报线索基础上的，因而更准确。周瑜同时提出了具体应对计划，他请求率精兵数万，进军到夏口，以迎击曹操。

孙权听完周瑜的话激动地说："曹操想废汉自立已经很久了，只是顾忌二袁、吕布、刘表与我罢了。如今群雄已灭，只剩下了我。我与曹操势不两立，你说应当迎敌，这与我的想法相合，这真是上天把你赐给了我呀（此天以君授孤也）！"孙权再次召开会议，不再征求大家的意见，而是直接宣布自己的决定。为了表达决心，防止有人再反对，孙权拔出佩刀，挥刀砍向奏案，大声宣布："以后有人再敢说投降曹操的，与此案相同！"说罢，孙权宣布散会。

孙权连夜召周瑜、鲁肃等人研究具体方案，周瑜提出曹军是一群疲病之卒、狐疑之众，人数虽然占优，战斗力却不怎么样，只要有5万精兵，就足以打败敌人。孙权拍着周瑜的背说："公瑾，你说得太好了（卿言至此，甚合孤心）。不过，5万精兵难以马上集齐，现在有3万人，船粮战具都已准备好，你们先出发，我随后调集人马，准备物资，做你们的后援。"

孙权还说了一句话，让周瑜很感动。孙权说："你能打赢就打，打不赢你就撤回来，让我亲自上（卿能办之者诚决，邂逅不如意，便还就孤，孤当与孟德决之）！"君王送主帅出征一般会说："我就这点家当，全交给你了，你可得努力杀敌呀，打了败仗提头来见。"但现在孙权必须给周瑜减压，毕竟拿3万人对决20万人的事，谁都没有玩过。

孙权发布命令，任命周瑜为左都督，相当于"前敌总指挥"，老将军程普为右都督，相当于"前敌副总指挥"，鲁肃帮助出谋划策（助画方略），率3万主力沿江西进，迎击曹军。

周瑜手下主要将领包括丹阳郡都尉黄盖、承烈都尉凌统、长水校尉孙匡、当口县令甘宁、横野中郎将吕蒙、中郎将韩当、奋威校尉全琮、督军校尉吕岱、征虏将军兼豫章郡太守孙贲、定威校尉陆逊、武猛校尉潘璋。担任后勤保障工作的是扶义将军朱治、裨将军兼彭泽郡太守吕范。过去没有彭泽郡，这个郡是孙权私设的。

以上基本囊括了孙吴军队的全部精华，他们中间有多位在孙坚时代即追随孙氏的老将，资历老，威望高，作战经验丰富。但从军职来看，他们的职务普遍不高，孙贲、朱治、吕范等人有将军的名号，算是军长、副军长这个级别，其他的校尉、都尉大约可以看作师长、旅长这一级。这是因为孙吴兵团总兵力有限，军职与部队编制是相关联的。孙权本人目前的正式职务也不过是个讨虏将军，算起来级别跟于禁、乐进、张辽这些人差不多。

这一年，周瑜加入孙氏阵营刚好10年，相比韩当、程普、黄盖、朱治这些跟随孙坚南征北战的老将来说，资历差得远。从职务上看，周瑜此时担任的是中护军，掌握近卫部队，很重要但级别不高。赤壁之战后，立下旷世奇功的周瑜才被孙权提拔为偏将军，算是个副军级。这就是孙权用人的独到之处，不论资排辈，一切以能力和需要来决定。

刘备派诸葛亮出使柴桑后，将本部人马由夏口西移至樊口，与刘琦成掎角之势。樊口，即樊川入江之口，具体位置在今湖北省鄂州市，这里三面环山，一面临水，其东南方的幕阜山余脉山势险峻，是天然的军事屏障，与樊川相连的有长达百里的梁子湖，湖面很宽，水量足，终年不枯，是操练水军的理想处所。同时，与江北的夏口不同，樊口在长江以南，这一点十分重要。

刘备移驻樊口，至少有三重考虑：一是与刘琦的人马虽联合却分别驻扎，既形成呼应，又避免了双方人马同居一地容易引起的摩擦，毕竟刘备一行人属于“外来户”，刘琦虽然支持刘备，手下那些江夏的人马未必那么听话，分开驻扎更好；二是离孙吴更近，便于双方联络，刘备派诸葛亮出使后，天天派人在江面上观察孙吴的战船什么时候开到，那一阵他心情无比焦急，如果孙吴内部投降派占了上风，刘备就无路可走了；三是便于逃跑，对于即将打响的这一仗，刘备其实并没有胜利的把握，刘备自从跟曹操打交道开始，就一直被曹操的气势压着，从来没有在曹操面前打过胜仗，曹操的厉害刘备深有体会，刘备渡过长江到达樊口，如果下面顺利就参战，如果不顺就逃跑，逃跑的路线没准真的是投老朋友吴臣，先躲过眼前这一劫再说。

在樊口，刘备一直忐忑不安地等待消息，他派了不少侦察兵打探长江上游的消息，得到的情报都是曹操亲率大军乘船而来，刘备十分焦虑，特别渴望看到孙吴战船的到来（诸葛亮诣吴未还，备闻曹公军下，恐惧，日遣逻吏于水次候望权军）。终于，刘备接到报告，说看见了孙吴的战船。刘备激动万分，但仍不敢相信，他问负责侦察的士兵，这会不会是曹军中的青徐兵团（何以知之非青徐军邪），青徐兵团即奉曹操之命由长江下游威慑孙吴的臧霸所部。侦察兵报告说，不是曹军而是孙吴的船，因为孙吴船上标志很明显。刘备这才放心，于是派人前去慰问。

但是，接下来双方在一些礼节安排上发生了小争执。周瑜在自己水军大营里没有等来刘备本人，只见到刘备派来的使者，有点不大痛快。周瑜告诉来使："在下有军务在身，不能随便离开，如果能让刘将军屈尊前来，那是最好不过。"

刘备这样做其实是有道理的，他虽然时运不济，但却是朝廷正式任命的左将军，职务比孙权都要高得多，更何况周瑜？论年龄，刘备 47 岁，周瑜 33 岁，差了一辈人。

但周瑜非要给刘备摆个谱，因为这涉及下一步两军联合作战他的命令好不好使的问题。接到报告，刘备说："他想让我去，我们如今一块合作抗曹，如果不去，体现不出我们的诚意。"刘备于是乘坐一条小船去见周瑜（乃乘单舸往见瑜），这个安排也是有讲究的，轻舟简从，既显得潇洒，同时也表明我们其实并没有特别在意你。

刘备见到周瑜，商量拒敌之策，他开门见山提出了自己眼下最关心的问题："周将军此次前来，带了多少人？"

周瑜如实相告："3 万人。"

刘备大失所望："太少了呀（恨少）。"

周瑜自信地说："这已经足够了，刘将军但请看我周瑜如何破敌。"

刘备在周瑜那里又聊了一会儿，诸葛亮没有随周瑜一块回来，刘备想请周瑜把鲁肃叫过来一块聊，周瑜说："接受命令就不能私自离开（受命不得妄委署），想见子敬的话，你可以专程前往拜访（若欲见子敬，可别过之）。"周瑜同时告诉刘备，诸葛亮也一块回来了，再有三两天即可到达。

根据联合作战的惯例，刘备应该把所部人马的详细驻防位置、人数、指挥官姓名等如实告诉周瑜，以便统一指挥。但是《江表传》说，刘备还是留了一手，他私下里隐藏了 2000 人，这是刘备自己的特别预备队（将二千人与羽、飞俱，未肯系瑜，盖为进退之计也）。与周瑜的信心十足相比，刘备心里实在没底，就这一点家底了，不能全交给周瑜，万一战败，全部折腾光了，真的要跑到南方找老朋友吴臣，路上也得有几个本钱吧？

第六章

赤壁之战

拒绝张昭的好意

军情紧急，周瑜决定孙刘联军即刻沿长江西进迎敌。现在，长江上就有两支大军相向而行：从上游顺江而下的是曹军的西部兵团，由曹操亲自率领；从下游逆流而上的，是孙刘联军，由周瑜指挥。一方志在必得，一方斗志昂扬，两支大军终于在长江相遇了。相遇的这个地方，名叫赤壁。

这个地方的具体位置历来有争论，归纳起来居然有 20 多种说法，比较集中的有 5 种：蒲圻赤壁、江夏赤壁、汉阳赤壁、汉川赤壁、嘉鱼赤壁。它们不仅有在长江上的，还有在汉水之上的。一般来说，现在公认的地方是湖北省蒲圻县，如今该地已改名为赤壁市。如果从曹军出发地江陵算起，以曹操的目的地夏口为终点，蒲圻赤壁大体位于其四分之三处，曹操率水军走了四分之三的路，眼看快到夏口，遇到了周瑜率领的孙刘联军。

这是一场决定天下形势的重要战役，如果曹军取胜，天下大局可定，一个统一的王朝指日可待；如果曹军不能取胜，下面的局势如何发展，很难预料。

就在前不久，刘备向诸葛亮求教，诸葛亮提出了著名的隆中对策，这份战略规划书的支点就是占据荆州，然后谋求发展。对刘备来说，眼下的这一仗如果能打退曹操，他还有回旋荆州的余地，如果被打败，荆州梦就是空想。

此时是汉献帝建安十三年（208）年底，在一般人的印象中，这是一场波谲云诡、壮志凌霄的空前大决战，不仅双方投入的兵力巨大，而且其中充满了勇气和智谋的较量。其实不然。

诸葛亮说动孙权后，出使江东的任务便已结束，由于哥哥诸葛瑾并不在柴桑，他也没有太多的事做。但他也没有立即跟周瑜一块回夏口，而是在柴桑多逗留了几天。

在这几天，诸葛亮做了些什么呢？不知道。但可以肯定的是，他没有借东风，也没有草船借箭什么的，更没有与周瑜过招，因为周瑜已经上前线了。只有一本叫《袁子》的书，记载了这几天里诸葛亮的一些情况。据《袁子》讲，诸葛亮来到柴桑后给江东不少人留下了深刻印象，尤其是张昭，很欣赏诸葛亮的才华，特意把他推荐给孙权，希望诸葛亮跳槽到孙吴来。

但诸葛亮拒绝了这番好意，有朋友不解，诸葛亮解释说："孙将军算得上是个好领导，然而据我观察，他能重任我，却未必能让我尽情地施展才华，所以还是算了（能贤亮而不能尽亮，吾是以不留）。"领导信任你，重用你，却未必能让你尽情发挥，真正顶尖的人才不在乎挣钱多少，不在乎官多大，在乎的是自我价值是否最大化。诸葛亮没投曹操，也没有早早地跑到刘表那里谋差事，等了很久才等来刘备，他是不会轻易换主人的。

几天后，诸葛亮就回到了夏口。

在人们印象中，诸葛亮与张昭之间的关系不怎么好，在所谓"舌战群儒"的故事里，诸葛亮的主要对手就是张昭。根据这个故事，诸葛亮到达柴桑后，先与孙吴手下的众位谋士见面，诸葛亮在鲁肃带领下来到幕下，见到的是张昭、顾雍等 20 多位江东的谋士，诸葛亮一一与他们相见，互道姓名。施礼已毕，张昭首发问："久闻先生高卧隆中，自比管仲、乐毅，是真的吗？"显然这个问话很不友好，哪知诸葛亮回答道："这才只是我的一个小目标（此亮平生小可之比也）。"你想挑事，我偏偏气气你。

张昭继续发问："近闻刘豫州三顾先生于草庐之中，幸得先生，以为'如鱼得水'，欲席卷荆襄，但现在荆襄已属曹操，下面该怎么办呢？"诸葛亮自思，张昭是孙权手下第一谋士，如果不先难倒他，如何说得了孙权？于是回答说："在我看来，取荆襄其实易如反掌，只是我主刘豫州躬行仁义，不忍夺同宗之基罢了，所以坚决推辞。刘琮只是一孺子，听信佞言，暗中投降，致使曹操得以猖獗。如今我主屯兵于江夏，别有良图，其谋略非等闲可知。"

张昭被诸葛亮贬为"等闲之辈"，心里肯定不痛快，他还抓住"管乐”不放，继续发难：“如此一说，倒是与先生言行相违背了。先生自比管仲、乐毅，管仲相齐桓公，霸诸侯，一匡天下；乐毅扶持微弱的燕国，下齐国七十余城。此二人，真乃济世之才。先生在草庐之中，只会笑傲风月，抱膝危坐，既然跟从刘豫州，当为生灵百姓兴利除害，剿灭乱贼。但依我看，刘豫州未得先生之前尚且纵横寰宇，割据城池，得到先生之后人皆仰望，希望看到刘豫州复兴汉室，剿灭曹氏。但先生自归刘豫州后，曹兵一出，刘豫州即弃甲抛戈，望风而窜，上不能报刘表以安庶民，下不能辅孤子而据疆土，弃新野、走樊城、败当阳、奔夏口，无容身之地，为什么刘豫州得先生之后反不如之前了呢？”

这一番话，就历史事实来说有虚有实，“弃新野”是没有的，但“走樊城、败当阳、奔夏口”倒是有的，一般人听了这番话，脸一下子会红起来，但诸葛亮没有，反倒应声而答：“鹏飞万里，其志岂是群鸟能识？譬如，人染沉疴，当先用糜粥和药以服，待其腑脏调和，形体渐安，然后用肉食以补，再用猛药以治，则病根尽去，人得全生。如果不待气脉和缓，便以猛药厚味欲求安保，实在太难了。我主刘豫州之前败于汝南，后寄身刘表，手下兵不满千，将只有关羽、张飞、赵云而已，此正如病势极重之时，新野是偏僻小县，人民稀少，粮食缺乏，刘豫州不过暂借以容身，还谈不上坐守于此。甲兵不具，城郭不固，军不经练，粮不继日，然而就在这种情况之下，仍然火烧博望，使夏侯惇、曹仁之辈心惊胆裂，窃以为管仲、乐毅用兵，也不过如此吧？”说诸葛亮“火烧博望”也是小说虚构的一个情节，小说写火烧博望发生在诸葛亮辅佐刘备之后，但根据史书记载看，这一仗与诸葛亮没有多大关系。

诸葛亮继续回击张昭说：“至于刘琮降操，刘豫州实在不知情，又不忍乘乱夺同宗基业，此真大仁大义之举！当阳之败，刘豫州见到有数十万百姓扶老携幼相随，不忍丢弃，所以队伍行进缓慢，只是日行10里，这才被曹兵追上。寡不敌众，胜负乃常事，昔日汉高皇数败于项羽，但垓下一战成功，这都出于韩信的良谋。国家大计，社稷安危，靠的是武力，而不是在这里比口才、诡辩。坐议立谈，无人可及，一到临机应变，则百无一能，这样的人只能为天下人所笑！”诸葛亮一番言语，说得张昭无法应答。

不过，根据史书的记载，上面这段精彩的对话并没有真的发生，张昭确实反对抗击曹操，属于“投降派”，但他是在孙权面前表达的自己的观点。在柴桑，张昭的确与诸葛亮有过接触，对诸葛亮的印象也很好。张昭比诸葛亮大了 25 岁，早已是人所共知的名士，在江东的地位也非常显要，应该说，在张昭的眼里诸葛亮只是一名年轻有为的青年才俊，而不是自己辩论的对手。

况且，张昭与诸葛亮之间还有一种特殊关系：诸葛亮的大哥诸葛瑾早年来到江东，诸葛瑾有两个外孙女，也就是诸葛亮的外侄孙女，她们都很出色，一个嫁给了陆逊的儿子陆抗，一个嫁给了孙权的儿子孙和。不过，诸葛瑾的这两个外孙女不姓诸葛而姓张，因为她们的父亲是张昭的儿子张承。

这样论起来，张昭跟诸葛瑾就是儿女“亲家”，是“实在亲戚”，张昭向孙权推荐诸葛亮，除了看中诸葛亮的才华，亲戚关系也是重要的一方面。

被高估的战役

既没有“舌战群儒”，也没有“借东风”“草船借箭”，下面的这场赤壁之战是由孙刘联军总负责人周瑜指挥的，与诸葛亮关系不大。

一般认为，赤壁之战是中国历史上以少胜多的著名战争，其结果奠定了三国鼎立的基础。在一般人的印象中，这场战役双方兵力很悬殊，战役的过程也复杂跌宕，除了“舌战群儒”“借东风”“草船借箭”之外，还有“连环计”“蒋干盗书”“周瑜打黄盖”“华容道义释曹操”等故事，一波三折，云谲波诡。

但根据对史料的梳理，这场战役曹操并没有把孙权作为对手，所以规模也没有那么大，过程也不复杂，人们耳熟能详的故事大部分都是没有的，甚至结果也没有那么严重，距离“三分天下”还相当遥远。总之，这是一场目标、规模、过程、结果都被后人高估的战役。

首先，赤壁之战的战役目标被高估，曹操想打的只是“夏口之战”。上面说过，曹操在江陵召开军事会议，研究下一步的行动，也许胜利来得超出预料，所以曹操的智囊和武将们普遍比较乐观，除贾诩等个别人外，大家都认为应乘胜追击。此时已进入冬季，北方将士已有人出现水土不服的症状，但这些都没有阻止曹操进军的决心，在江陵的曹军主力于是浩浩荡荡地出发了。

曹军将士大部分是坐船东进的，这样可以节约时间和体力，但他们进军的目标不是什么赤壁，这个鬼地方曹军将士们大概还很少有人听说过；他们的目标更不是江东，离孙权的地盘还很遥远，刚刚拿下荆州，不到 3 个月就再发动一次江东之战，曹操再自信、再狂妄，也不会这么用兵。

那么，曹军的战役目标是哪里呢？是夏口，也就是刘备和刘琦所在的地方，曹操其实只是以消灭刘备、刘琦为目的，如果此次战役目标达成，才算彻底取得了荆州。有人认为这个说法不对，曹操不是给孙权写了那封信吗？信中提到自己正率 80 万大军前来，要找孙权“会猎”。如上所说，这封信的确是有的，不只是在演义里，但也正是因为有这封信，更说明曹操不可能直接把孙权作为对手。

曹操的这封信可以理解为挑战书，但它更像一封恐吓信，曹操要进攻刘备和刘琦，他最担心的是孙权与刘备、刘琦联合，所以才写信来吓阻，当时孙权及其主力在柴桑一带，距夏口尚有数百里，曹操如果真想跟孙权“会猎”，那也应该是在夏口之战结束后，况且真要动手的话，还会不会写信告知就很难说了。所以，曹操此行只想打一场“夏口战役”，消灭孙权不是此战的目标。

其次，赤壁之战的战役规模被高估，双方兵力算不上“悬殊”。如上所述，当初曹操为追击刘备而率一部分人马先来到了江陵，曹军的主力还在襄阳一带，以后陆续有一部分人马到了江陵，加上刘表在江陵的水、陆两军，曹军整个荆州地区的人马被分成了两大部分，襄阳附近的是“北路兵团”，江陵附近的是“西路兵团”，这两大兵团的总兵力近 20 万人，与周瑜对曹军人数的分析相符，而孙刘联军加在一起只有 5 万人左右。

但是面对强敌，周瑜非常聪明，没有在夏口摆好阵势等曹军来，而是主动出击，过夏口西进，迎着曹军的“西路兵团”去寻求决战，双方相遇于赤壁，这时曹军的“北路兵团”还在汉水。所以，直接参加赤壁之战的双方兵力对比，应该是孙刘联军的5万人对曹军“西路兵团”的七八万人，由于孙刘联军占地利优势，以逸待劳，加上孙吴水军经过周瑜的精心训练，战斗力更强，所以说，这一仗在兵力对比上还算不上“悬殊”。

再次，赤壁之战的过程被高估，其实只是一场遭遇战。正史对这一仗的记载十分简单，全部检索出来也就只有几段内容，这些记载不仅十分简略，而且有多处自相矛盾。关于战斗发生的地点，除了赤壁以外，又出来个乌林，此地位于如今的湖北省洪湖县，在长江以北，与赤壁隔江相望；关于作战对象，有说曹操与刘备交战的，有说曹操讨伐孙权的；关于战斗的结果，有说曹操被打败的，有说曹操自己撤退的。

综合《三国志》《后汉书》相关人物传记的记载，曹军与孙刘联军相遇于赤壁，此时曹军中发生了疫情。刚一交战，曹军就败退了，曹操下令在江北扎营，周瑜率军在南岸。周瑜的部将黄盖建议：“现在敌众我寡，难以持久。我发现曹军船舰首尾相接，可以采取火攻。”周瑜同意，于是找了数十艘小战船（蒙冲斗舰数十艘），里面装上柴草，浇上油脂，外面裹上帷幕，上面再插上牙旗。黄盖先给曹操送去封信，要诈降。又准备轻舟，系在大船后面，一块前进。曹军将士伸着脖子都在那里观望（公军吏士皆延颈观望），都以为是黄盖来投降。黄盖趁机放出诸船，同时点火。这时风很大，全部烧向曹军水营。顷刻之间，烟炎张天，人马烧死和落水溺死的很多，曹军大败。

除正史的记载外，《江表传》等杂史补充了一些细节，说曹操吃不准黄盖信中所说是真是假，还特地召见信使。曹操亲口对送信的人说：“如果这封信是真的，将大大奖赏你，封你的爵位将超过其他人（盖若信实，当授爵赏，超于前后也）。”杂史还补充说，交战那天，黄盖先命人准备了轻舟10只，把干燥的荻草和枯柴堆在船上，浇上鱼油，用赤色的幔布盖着，在船上插上旌旗龙幡。这时江面上刮起了东南风，这10只轻舟在前，到江中心时升起帆。黄盖手持火把，让部下冲对面大喊：“投降了！投降了！”曹军将士闻听都出来观看，离曹军还有2里多地时，孙吴的各小船上同时点火，火烈风猛，船行如箭，烧向曹军的战船，并引燃了曹军在岸边的营寨（延及岸边营柴）。周瑜趁势挥师跟进，一时间战鼓大作，曹军大败。

仅有上面这些零星史料似乎还勾勒不出来赤壁之战的全貌，但史书所载的确如此，赤壁之战看起来不像一场有谋划的大战役，而是一场没有准备好便仓促打起来的遭遇战。曹军大败的原因，除了周瑜、黄盖使了诈降计外，还有一些重要的因素，比如疫病。根据史书记载，此战发生时，有一场严重的疫病正在曹操将士中蔓延，造成曹军严重减员，战斗力下降得很厉害。

最后，赤壁之战的结果被高估，其实只是“三分荆州”。赤壁之战是一场遭遇战，甚至算不上一场战役，曹操的确被打败了，但即使全军覆没，失去的也只是一个“西进兵团”，曹操很快退回到江陵，“北路兵团”也全数退回到襄阳。此时在荆州曹军主力仍有 10 多万人，超过孙刘联军总和，荆州最重要的 3 座城池是襄阳、宛城和江陵，它们也尽在曹军掌握之中，说一场赤壁之战就彻底打败了曹操，马上出现了“三分天下”的局面，显得十分夸张。

对孙权和刘备来说，现在还根本不可能幻想什么“三分天下”，他们的目标是把曹操的势力从荆州赶走，至少也要把江陵夺过来，占领整个长江防线。但曹操没有从江陵撤军的意思，孙权不得已，亲自率军攻击曹军的左翼，在合肥一线开辟新战场，曹操无力兼顾，在坚持了一年多之后，最终放弃了江陵，但荆州重镇襄阳、宛城仍在曹军手中。

之后，荆州的局面相对稳定下来，原荆州七郡里曹操占有整个南阳郡和南郡的一部分，孙权占有江夏郡和其他一些地方，刘备占有大部分南郡以及零陵郡、长沙郡、桂阳郡和武陵郡，三家瓜分了荆州。荆州的格局依然很复杂，“三分天下”还谈不上。真正意义上的“三分”，应该在刘备进入益州之后，也就是赤壁之战 5 年后的汉献帝建安十八年（213），刘备在益州北部的葭萌关起兵取成都，这才正式拉开了“天下三分”的序幕。

汉水阻击战

对于赤壁之战，看小说与看史书会有两种截然不同的印象：看小说的话，会认为刘备、诸葛亮在这场战役中发挥了至关重要的作用，而周瑜的作用经常是搞内讧、扯后腿；看史书的话，会认为赤壁之战是由周瑜一手指挥的，与刘备、诸葛亮关系不太大，甚至会认为对孙权来说是否搞出一个“孙刘联盟”其实并不重要，只靠孙吴的力量一样能打败曹操。

的确，从史书的记载看刘备、诸葛亮在赤壁之战中发挥的作用确实不多，缔结完联盟后，刘备手下的人马都做了什么，没有任何记载。那么，赤壁之战期间刘备、诸葛亮等人是不是只在一边“作壁上观”呢？显然不会，这场战役对刘备来说同样生死攸关，他肯定也会竭尽全力。

事实上，从史书的有限记载里也能找出一些蛛丝马迹，推测出刘备、刘琦手下的人马在赤壁之战中究竟做了什么。在《汉末英雄记》这本书里，对赤壁之战是这样描述的：周瑜的军队到了江夏郡，曹操想从赤壁渡到江南，没有船只（无舡），就扎了许多竹排从汉水南下，驻扎在浦口，周瑜看到了，趁夜密使轻船数百艘，每艘船上有50人划桨，并带上火把，冲向曹军的竹排，一会儿的工夫，就烧了曹军几千只竹排（须臾烧数千簰），火光大起，光焰照天，曹操败走。按照《汉末英雄记》的这个说法，其实根本没有什么赤壁之战，而应该叫“浦口之战”，同时还透露说，曹军在汉水上的主要运输工具居然是竹筏，数量大得惊人，有数千只之多。周瑜取胜的关键是派人趁夜烧了这些竹筏，曹操因此败走。

但是，对照其他大多数史书的记载，发现《汉末英雄记》的说法疑点重重。《三国志》记载得很明确，曹操本人参加了追击刘备的战斗，并且很快到达了江陵，江陵是刘表的水军基地，刘表负责指挥水军的将领蔡瑁、张允已经投降了曹操，曹操手里不仅有战船，而且数量、质量都不逊于江东，不存在“无舡”的局面。

退一步说，如果没有战船，曹操也不可能在条件不具备的情况下向孙刘联军发动进攻，他怎么会用竹筏与江东强大的水军展开对攻？再退一步说，曹操即使打算在没有船的情况下进攻孙刘联军，又怎么会放着长江这个黄金水道不用，而绕道汉江再从那里南下攻击夏口？

那么，是《汉末英雄记》写错了吗？似乎也不会。之前说过，《汉末英雄记》这个书名看起来像小说、野史，却是很有地位的一部史书，因为它的作者是王粲。王粲不仅是“建安七子”之一，很有文采，而且他本人此时就在荆州。不久前，作为曹操的忠实崇拜者，王粲已正式投身曹操阵营，并且是曹操新近所封的10多个侯爵中的一个，王粲随后被曹操留在身边任职，正常情况下王粲应该参加了曹操后面的军事行动，即使因为有别的事没有亲身经历赤壁之战，王粲也会密切关注此战的动向，对于荆州一带的地理、风物、民俗他应该也都很清楚，不会记载有误，也不会语焉不详。王粲即便有一些不清楚的地方，回来之后也会询问参加过此战的人再动笔，如果无中生有，臆造出一个“浦口之战”来，又怎能过得了曹操这一关？

有人注意到，《汉末英雄记》凡提到曹操时一律称“曹公”，唯独此处称“曹操”，不符合王粲的身份，所以有人得出结论：《汉末英雄记》里关于赤壁之战的记载不是王粲所写，可能出自“山寨版”的《汉末英雄记》。

但是，仔细分析一下当时的整个荆州战场，尤其是关照一下曹军各路人马的位置和动态，就会发现也许王粲所写是真的。上面说过，除了长江上的“西路兵团”，曹军在汉水里还有一个“北路兵团”，他们人数虽然更多，但相对于江陵乘坐大船东进的水军，汉水的水量较小，加上襄阳一带不是荆州的水军基地，仓促间找不到那么多运兵用的大船，这就造成了《汉末英雄记》说的情况，必须再造数千只竹排才行。

在“西路兵团”沿江东进的过程中，“北路兵团”也沿汉水南下，孙刘联军已经集结于夏口，他们将面临两面作战的不利态势。但是，在周瑜的统一指挥下，孙刘联军也两路出击，一路沿长江西进，与曹操率领的“西线兵团”相遇于赤壁。而汉水的这一路，尽管曹操和周瑜本人都没有参战，但打得也很精彩，孙刘联军同样采取了火攻的办法，烧了曹军的竹筏，曹军败走。

《汉末英雄记》记载得没错，长江上有一场赤壁之战，汉水里同样也有一场浦口之战，它们几乎发生于同时，而汉水上的这场仗，无论从时间上看，还是从各部兵力布防位置上看，都应该是刘备、刘琦打的，正是他们出色地完成了阻击曹军“北路兵团”的任务，周瑜才可以没有后顾之忧地在夏口以西的赤壁与曹操本人展开决战，试想一下，如果没有汉水上的阻击安排，周瑜还敢不敢从夏口西进呢？万一在长江上打成了对峙战、消耗战，曹军“北路兵团”这时迅速由汉水南下，抄了周瑜的退路，周瑜岂不是被曹军前后夹击了？

那么，《汉末英雄记》为什么只记下了浦口之战还没有提赤壁之战呢？原因其实也很简单，《汉末英雄记》原文有约6万字，目前能看到的只有1万多字，大量篇幅散失了，对于汉献帝建安三十年（208）发生在江汉流域的这场大战，《汉末英雄记》也许有更全面的记载，只是别的内容已经看不到了。

所以，尽管没有“草船借箭”“借东风”和“华容道义释曹操”，刘备、诸葛亮等人对赤壁之战其实也做出了特殊贡献，没有他们，周瑜无法在赤壁完胜曹操，这个分析不是臆测，除《汉末英雄记》外，《三国志》等史书中也能找到一些线索。

按照《三国志》等史书的记载，曹操在长江上与周瑜的水军初一接触吃了败仗，并没有惊慌，而是退到了长江北岸的乌林，在此扎寨。这个策略是正确的，曹操下面要做的就是重新调整部署，让“北路兵团”火速向这里靠拢，如果两大兵团实现会师，周瑜再聪明，老天爷再帮忙，孙刘联军想战胜曹军胜算都不会太大。

所以，当曹操在江面遭遇失败后，他并没有放在心上，很快在乌林建起了水陆两军大营，这时候曹操的心情还颇好，据考证，曹操的组诗《短歌行》中第二首“对酒当歌”就是在水营战船上聚会时写的。曹操没有把初战失利当回事，他在等待“北路兵团”的到来，他甚至做好了在这里过年的打算，此时离汉献帝建安十四年（209）也就一个来月了。

这时大概传来了“北路兵团”受阻的消息，曹操这才紧张起来，如果两大兵团不能实现会师，还能不能打败面前的周瑜，就很难说了，曹操的信心这时产生了动摇，最后决定撤退。按照曹操后来自己的说法，他不是被什么“诈降计”和“火攻计”打败的，而是主动烧了带不走的船只，改从陆地上撤走的（孤烧船自退）。

有人认为曹操的说法是给自己找台阶下，但如果综合考察关于赤壁之战的全部史料线索，其实很多模糊不清的地方都可以串联起来，周瑜黄盖的火烧是有的，但没有因为一把火彻底打败曹操，曹操还在等待他的“北路兵团”，准备继续与周瑜一战，但他的“北路兵团”却被刘备、刘琦、诸葛亮等人阻击于汉水之上，这才最终动摇了曹操继续打下去的决心。

《汉末英雄记》的问题不仅在于有些篇幅散失了，还在于，它或许认为汉献帝建安十三年（208）底发生在江汉一带的这场大战役，双方的前线总指挥分别是曹操和周瑜，所以在记录相关战斗时都写上了他们二人的名字，让人误以为所有战斗都是曹操和周瑜在现场，这就造成了与其他史书记载明显的相异之处。加上没有上下文的衔接，留下来的片断语言自然会引起歧义。

切断敌军运输线

如果还原一下史实，诸葛亮固然没有在赤壁之战中大放异彩，但他协助刘备指挥了一场不为人知的汉水阻击战，这场战斗同样采取了火攻，也同样很精彩，可惜的是被史书忽略了，小说、评话等文艺作品因此少了一个重要素材，否则写出来看的话一定不输给“草船借箭”那些故事。

现在，曹操开始撤退。刘备、刘琦的主力大多驻扎在长江北岸，相对于孙吴的军队，他们更有位置上的优势，刘备在诸葛亮协助下，指挥关羽、张飞、赵云等人四处出击，截杀曹军，曹军的水军一旦弃船登岸战斗力大减，加上有不少人得了病，有不少做了俘虏。

慌乱间曹操做出了一个也许比较奇怪的决定，他没有向北撤，而是向西撤，这也许并不明智。由赤壁对岸的乌林往西，就是茫无边际的云梦泽，到处是河湖、沼泽、湿地，行动起来很不便。西边是江陵，有曹仁在那里驻守，曹操大概想率败兵尽快与曹仁会合。

但江陵距此尚远，从地图上看，曹操应该向北穿越云梦泽，迅速向汉水方向靠拢，那里有正在南下途中的“北路兵团”，与他们会师后，甚至可以迅速展开反击，不必休整即刻可以杀个回马枪，反败为胜的概率也很大。曹操是没有地图，还是在慌乱中来不及看？他也许想是从江陵来的，只想退到江陵去，于是吃了不少苦头。

曹操率败军用了 4 天时间才走到华容县境内，道路泥泞，天气条件转坏，刮起大风，曹操下令让士兵背着草，遇到有水的地方填上草，马匹才能勉强通过。其间大家争先恐后，人马相撞，老弱病残的士兵被战马踩踏，有的陷入沼泽中，又死了不少人。但是，与之前的几个故事一样，关羽“华容道义释曹操”这一段也是没有的。

曹操总算退到了江陵，此时曹操的“西路兵团”虽然损失惨重，但“北路兵团”仍然完好无伤，曹操退保江陵后，“北路兵团”迅速改变了行军方向，回缩至襄阳一带。荆州七郡的重心在江北的南阳郡、南郡，军事重镇有宛县、襄阳、江陵，这些地方依然在曹操的控制中，赤壁之战虽然惨败，但要说曹操的荆州战略彻底失败了，还为时尚早。

对孙权和刘备来说，在赤壁打赢的只是场遭遇战，任务才完成了三分之一，真正让曹操惨败的是后面的战斗。孙权、周瑜、刘备和诸葛亮都意识到了这一点，他们抓紧时间发起了新的攻击，誓把曹操彻底赶走。为此他们采取了两项部署，逼迫曹操撤退：一个是由周瑜、刘备指挥孙刘联军迅速追击到江陵，保持战略上的攻势，让曹军新败之后仍不得喘息；另一个是由孙权亲自出马，率孙吴的另一部主力在东线开辟战场，出击曹军控制下的合肥。

赤壁之战后不久，江陵战役和合肥战役便同时开打，这个战略的确很高明，让新败后的曹操无法组织起有效反击。尤其出击合肥，是弱势一方挑战强势一方的大胆之举，目的并不在合肥，而是把曹操从荆州请出去。曹操当然识破了孙刘的计谋，但他很无奈，因为赤壁之败严重影响士气，而且疫病仍在蔓延，短时期内扭转荆州的败局没有把握，万一孙权在合肥搞出了明堂，那后果就太严重了。

从曹操阵营内部来说，赤壁之战是近年来曹军败得最惨的一次，朝廷和地方上的反曹势力说不定已经蠢蠢欲动，绝不能低估他们的能量。想到这些，曹操决定把主力从荆州撤回去。但是，江陵和襄阳两个重镇他仍然不想放弃。他任命曹仁为征南将军，由原属西部兵团的横野将军徐晃协助，共同守卫江陵，原属北部兵团的折冲将军乐进守襄阳，之后曹操率领其余主力北撤。

曹操刚走，周瑜率领数万人马就杀到了江陵城下，前锋数千人，曹军负责守卫江陵的曹仁虽然很生猛，但改变不了江陵城下双方一弱一强的态势，总体形势是孙刘联军很强大，曹军处于劣势。

在江陵攻防战中，曹军一直处于不利的局面，曹军唯一的收获是，在一次激战中周瑜亲自督战，结果右臂被曹军射中一箭，伤势很严重。《三国志》记载，曹仁得知周瑜负伤，率军前来挑战，为了不影响士气，周瑜勉强挣扎着起来，到各营巡视。

翻看《后汉书》《三国志》等史书，可以看到江陵战役和合肥战役仍是孙吴在唱主角，联盟的另一方刘备、刘琦仍然没做什么事，这其实有失偏颇，刘备不仅做了大量工作，而且是影响全局的重要工作，但不知何故，史书的记载仍然很寥寥。

其实，刘备也参加了江陵、夷陵等地的争夺。据《吴书》记载，刘备曾对周瑜说："曹仁守江陵，城中粮多，不好攻破。我让张飞率1000人跟随你（使张翼德将千人随卿），你分2000人马给我，从夏水截止曹仁的后方，曹仁听说后必然撤走。"

这是一着狠棋，刘备的这个建议可能来自诸葛亮。曹仁守着江陵，那里本来就是后勤基地，粮食储备充足，城池高大难攻，如果采取围城的办法，一年半载都难以撼动。但是对曹军来说，江陵的位置过于突前，距襄阳有数百里，且中间河湖纵横，大兵团机动起来很困难，在襄阳的徐晃想支援曹仁较为吃力。与其攻城，不如插到江陵与襄阳之间，肃清外围，让江陵彻底成为一座孤城，不攻曹仁，他也得考虑撤军。

刘备的建议是否被周瑜采纳？《吴书》没有说，但《三国志》里有周瑜给刘备增加2000人马的记载，说明这项建议被采纳了。经过汉水阻击战以后，刘备的人马可能有所消耗，此时兵力不足，有了问周瑜借来的2000人，刘备、诸葛亮可以率关羽、张飞、赵云等部肃清江陵以北的曹军，切断襄阳与江陵之间的联络。

后来曹仁果然撤出了江陵，《三国志》没有说是什么原因让曹仁撤退的，只是说周瑜与曹仁相攻守了很长时间，双方伤亡很大，曹仁弃城而走（瑜仁相守岁余，所杀伤甚至众，仁委城走）。

曹仁撤走后，周瑜带伤指挥作战，迅速攻下江陵及其以东长江沿线的许多重要据点，从柴桑到夷陵之间的军事要地基本上都被孙吴占领，此范围相当于从今天的江西省九江市到湖北省宜昌市。

孙权一口气任命了 3 个郡太守来管理这些地方，其中周瑜为南郡太守，驻守江陵；程普为江夏郡太守，驻守沙羡；吕范为彭泽郡太守，驻守柴桑。沙羡在今湖北省武昌以东，从位置上看离夏口不远。江夏郡是刘备、刘琦的大本营，孙权的势力现在也毫不客气地插了进来。

至此，赤壁之战才落下了帷幕。战前，曹操轻而易举地得到了荆州，实力倍增，占有天时、地利、人和的优势。面对惊慌出逃的刘备，以及实力明显不足的孙权，曹操完全有必胜的把握。本来这一仗不难打，比官渡之战好打，比征河北好打，比乌桓也好打。

曹操在官渡赢了，河北赢了，乌桓那边也赢了，唯独在这里输了。有人归之于曹操在战略上的失误，有人归之于曹操的轻敌，有人归之于疫病，有人归之于那场大火。也许是，也许不是；也许都是，也许都不是。只是，这些统统不重要了。随着刘表势力的消亡和曹操在荆州的惨败，战略要地荆州的格局需要重写。

对刘备来说，赤壁之战让他摆脱了逃亡的困境，但局面依旧不怎么乐观，刘备在迎来了机遇的同时，也面临着新的挑战。

第七章

南下临烝

不公平的分配

有一个重要问题被忽略了：作为军事上结盟的双方，一般都会在缔结盟约前对战后的利益如何分配做出明确的安排，但孙刘联盟没有这样做。也许，在当时情况下克敌才是最急迫的，不容想这些问题，但现在曹操被打败，退出了江陵，荆州大片土地等待重新划定势力范围，而有能力、有资格参与角逐的无疑也只有孙权和刘备。

矛盾随之产生，孙权的动作极快，连续任命了 3 个太守，从夷陵到柴桑，沿长江的所有地带几乎都纳入自己的辖区，完全无视盟军的存在。孙权任命程普为江夏郡太守后，刘备的活动空间更显局促，之前江夏郡太守是刘琦，为了不与孙权争锋，刘备赶紧表奏刘琦为荆州刺史，自己主动退出夏口。据《江表传》说，刘备离开夏口后将大本营安在了一个叫油江口的地方。

油江口是长江南岸的一个小地方，属南郡。南郡太守现在是周瑜，孙权、周瑜为了安抚刘备，“主动”把南郡长江以南的部分划归刘备。《江表传》在宣扬孙吴光辉事迹方面一向不遗余力，它记载这件事的目的本想说孙权多么慷慨大方，主动把半个郡给了刘备。但是，作为战胜方之一，刘备得到的回报就这么一点儿，未免有点欺人太甚，《三国志》都不好意思写。

而且，南郡在长江南岸的部分与半个南郡还有很大差别，南郡的三分之二在江北，三分之一在江南，在江南的部分，至少五分之四是荒无人烟的山区，刘备得到的那一点儿，确实少得可怜。由江陵沿江而下约百里就到了油江口，这里完全在周瑜强大军事力量的监督之下。

这也太不公平了，打败曹操是孙刘联盟共同努力的结果，这就好比合伙做生意，大家共同投入、共担风险，收益也应该按贡献大小平分。在赤壁之战中，孙权投入的兵力是 3 万人，刘备、刘琦投入的兵力是 2 万人，如果按比例算的话，孙权是“大股东”，但“股份”占比也只有 60%，刘备、刘琦至少也占了 40%，现在要“分红”了，孙权仗着“大股东”的话语权一下子拿走了将近 95%！

面对如此不公，刘备忍了，因为实力决定一切，他周旋于各路强人之间多年，早已习惯这些，发牢骚、摆委屈都是没用的废话，有本事就自己强大起来，把对手灭了。

诸葛亮当然也能看出这样的形势，他建议刘备不仅不能表露出不快，而且还要跟孙权搞好关系，在诸葛亮的建议下，刘备表奏孙权为车骑将军，以换取孙权的支持。表奏是报备，不是报批，车骑将军相当于“全国武装部队副总司令”，当然得朝廷任命，可朝廷在曹操手里，让它任命是不可能的，只能备案了。

既然只是备个案，还有价值吗？有。同样是表奏，表奏者的不同身份决定了其价值，虽然理论上说任何人都可以表奏别人当官，既然程序上是非法的，区分别的也就没有意义。但是，尽管是一场游戏，谁来操办又有不同的分量。就拿这个车骑将军来说，孙权尽管很想要，但如果是他手下的人出来表奏的话，他宁愿不要，因为那将被人耻笑。如果是刘琦表奏的，虽然路数是对的，但成色差了很多，刘琦的身份充其量是郡太守，所谓荆州刺史还是刘备表奏的，而朝廷正式任命过的左将军刘备出面，那就不同了。所以，车骑将军这个东西孙权最想要，而目前只有刘备能给。刘备不仅按照诸葛亮的建议把孙权表奏为车骑将军，而且索性把空头人情做得更大，同时表奏孙权兼任徐州牧。徐州目前是曹操的地盘，刘备除了送顺水人情，还有挑事的嫌疑。

对于刘备的好意，孙权欣然接受。之前孙权只是朝廷正式任过的一个杂号将军，相当于军长，弄得他挺别扭，手下一帮将领只能给个偏将军、裨将军、校尉什么的，现在自己“高升”了，大家也都可以跟着往前挪挪窝，孙权从此便以车骑将军自称。

诸葛亮建议刘备做这些是有现实考虑的，因为刘琦的身体不好，快不行了。刘琦是刘备打的另一个招牌，刘备以表奏的方式让刘琦当荆州刺史，目的是利用刘氏在荆州的影响力扩大自己的势力范围。刘琦也算是孙刘联盟的重要一方，又是刘表的长子，孙权尽管不情愿，也得给面子。

如果刘琦死了，这个招牌也就没了，孙权将进一步扩大自己的势力。

表奏孙权为车骑将军，是对后面事先做一些铺垫，刘琦即使死了，孙权纵然脸皮再厚，也不好意思再把荆州牧这顶帽子拿走。果然，刘琦不久后因病去世，孙权作为回报，表奏刘备为荆州牧。刺史和州牧都是一州的长官，二者品秩却相差很大，一个是六百石，一个是二千石。汉末搞了一场刺史改州牧的改革，发起人是刘璋的父亲刘焉，任命了一批有资望的人当州牧，集行政、军事、监察大权于一身，而资历浅者仍称刺史。所以这一时期州牧和刺史并行。

刘琦之前是郡太守，年轻资望浅，刘备表之为刺史；刘备资历很老，10 多年前就当过州牧，又是左将军，所以孙权表之为州牧。

"借荆州"真相

刘备就任荆州牧后，便将大本营常设于油江口，改名为公安县，即今湖北省公安县，这个地方也实在太小了，与荆州牧的身份不相符。

按道理说，刘备是荆州刺史部的最高长官，虽然曹操不会承认这一点，但孙权应该认账，那么孙权任命的周瑜等几个郡太守也应该认账，但在实力决定一切的情况下，刘备的权力也只限于公安一带了，刘备现在最渴望的是孙权能让出南郡的江北部分，让自己有一个真正的立足点。

周瑜现在就在离公安不远的江陵，但这件事跟周瑜没法谈，一来周瑜不会同意，二来周瑜也做不了主。刘备决定专程去见孙权一趟，当面提出请求，此时孙权已回到京口，即今江苏省镇江市。

对于刘备的这个想法，诸葛亮表示反对，诸葛亮并非觉得拓展地盘不重要，而是认为刘备前往京口太危险，诸葛亮建议再找其他办法突破眼前的困境，不能冒那么大的险。试想，如果刘备到了京口，孙权加害或扣留刘备，那么刘备辛苦拉起来的这支队伍将难以为继，诸葛亮为刘备规划的宏大蓝图也将成为纸上空谈。

但刘备仍然坚持去，因为舍此并没有太好的办法，而且刘备也相信，孙权如果是个有战略眼光的人，一定会认真考虑自己的建议，这件事虽然有风险，但成功的可能性也很大。

孙权接到报告说刘备想来京口，吃了一惊，孙权当然不能拒绝，刘备于是到了京口。

汉献帝建安十五年（210）冬天，刘备来到京口，见到了孙权，赤壁战火已熄，两大盟主才第一次相见。刘备开门见山地说出来意，孙权告诉刘备先不要着急，在京口好好休息休息、游玩游玩，他要与属下商量商量。

就此问题，孙权内部产生了分歧，一派意见以周瑜为代表，认为对刘备应该强硬，应拒绝刘备的请求；一派意见以鲁肃为代表，认为对刘备应该继续拉拢、利用，可以答应刘备的请求。

周瑜当时并不在京口，他还在南郡，听说刘备到了京口，马上写密信给孙权说："刘备是个枭雄，又有关羽、张飞这样的熊虎之将，不会久居人下。我建议把刘备留在吴地，给他修宫室，让他整天吃喝玩乐，使他与关张二人分隔起来，我趁机发起挑战，大事可定（分此二人，各置一方，使如瑜者得挟与攻战，大事可定也）。"周瑜还认为，如果割地给刘备，刘关张三人必然如"蛟龙得云雨"，一定不是池中之物。时任彭泽郡太守的吕范也建议孙权趁机把刘备扣留，不要放他走（范密请留备）。

但是，鲁肃反对这么做。据《汉晋春秋》记载，鲁肃建议把南郡的江北部分让给刘备，理由是给曹操树个对手，给自己添个盟友，这才是上计（多操之敌，而自为树党，计之上也）。鲁肃的考虑是，赤壁大败后，曹操把主攻方向放到了东线的合肥，目前正整顿人马以谯县、寿春、合肥等为基地向孙吴发起攻势，荆州虽然重要，但当务之急是全力以赴保东线，现在既无力量增兵荆州，又不能不考虑曹操会不会在荆州卷土重来的问题，所以无论如何不能与刘备闹翻，只要孙刘联盟还在，曹操就不能不有所忌惮，在荆州一线就得保持足够的兵力，同时也不敢轻易再来一场赤壁之战，如此一来东线的压力可以减轻不少。

孙权当然知道刘备是什么人物，吕布、袁绍、曹操都玩不转的人，他怎敢小瞧？但孙权同意鲁肃的看法，有曹操这个强敌在，对刘备就强硬不起来。最后，孙权同意了鲁肃的建议，决定撤出南郡的江北地区，把自己占领下的南郡让给刘备。

孙权让给刘备的是半个南郡，让地盘的事也只有这一次，这就是“借荆州”的由来。从战略上看，这的确是高明的一招，使孙刘联盟得以巩固，从孙权一方来说，由于受制于东线战事，目前占有整个荆州并徐图益州的时机并未成熟，与其荆州让曹操逐步蚕食，不如通过支持刘备给曹操制造一个强大的对手，对曹操进行制衡。据《三国志》记载，曹操听说孙权撤出南郡的消息时正在给人写信，这个消息让他吃惊不小，一紧张，手中的笔都掉到了地上（曹公闻权以土地业备，方作书，落笔于地）。

以上就是刘备“借荆州”的全部过程，需要注意的是，史书里对这件事一会儿说的是“给”“与”，一会儿又说“借”。例如，《三国志·鲁肃传》：“备诣京见权，求都督荆州，惟肃劝借之。”《三国志·吕蒙传》：“鲁肃后虽劝吾借玄德地，是其一短，不足以损其二长也。”《三国志·程普传》：“周瑜卒，代领南郡太守。权分荆州与刘备，普复还领江夏。”《江表传》：“周瑜为南郡太守，分南岸地以给备。”

“借”与“给”是不同的概念，“借”是要还的，但考察一下汉末三国的历史，“借地盘”的事似乎比较稀罕，更没有过“好借好还”的例子，从刘备一方来说，估计也没有过“借”的概念，地盘拿来也就归自己了。但孙吴方面肯定想强调荆州是“借”出去的，唯有如此，后来袭杀关羽、重夺荆州才有了说辞，所以在一些史书里开始出现了“借”的说法，《三国志》是集采众多史书写成的，因而在荆州的“借”与“给”上出现了矛盾。

但即使是“借”，当年“借”出去的也只是半个南郡，而后来孙权以此为借口，又从刘备手里夺回去了3个郡。在这桩历史陈案里刘备显然吃了大亏，最后竟然还落下信誉不好的名声，冤枉透顶。

而且，正如诸葛亮预料的那样，刘备在京口也并非安全无虞，他还真的差一点儿就回不来了。刘备办完事，想起诸葛亮的劝告，所以不敢在京口多留，赶紧动身回荆州。《江表传》记载，刘备要走，孙权携张昭、鲁肃等十多人乘坐飞云大船相送，又在船上举行宴会叙别。宴罢，张昭、鲁肃等出去，孙权单独与刘备密谈。

谈话之中，刘备故意叹道：“公瑾此人文武兼备，是天下少有的俊才，我看他志向远大，恐怕不是能久居人下之人（公瑾文武筹略，万人之英，顾其器量广大，恐不久为人臣耳）。”裴松之看到这里发出感慨，认为刘备此言有些不够地道，到人家那里做客，目的也达到了，还不忘挑拨离间一把（瑜威名远著，故曹公、刘备咸欲谮之）。《江表传》一向吹捧孙氏，所以把孙权写得很大度，同时暗讽刘备是个背后喜欢说别人坏话的小人。

但《江表传》也记载了刘备后来与庞统的一次对话，庞统投奔刘备后，刘备听说庞统那一阵正好在江东，了解一些内部情况，就问他：“我到京口，听说周瑜曾劝孙权把我扣下，有没有这事？”庞统回答：“有此事。”刘备听完，更加深感后怕：“当时情况很严峻，因有求于孙权，不得不亲自前往，没想到差点儿落入周瑜之手。天下智谋之士所见略同，当时孔明竭力劝我别去（时孔明谏孤莫行，其意独笃），担心的也是这个。我主要考虑到孙权最大的威胁在北面，还希望引我为外援，所以才敢去。看来这是一次冒险行动，不是万全之计。”

刘备在京口时的确处处充满了危险气氛，《山阳公载记》也记载，第一次与孙权会面后，刘备就对亲随说：“孙将军这个人，长得上身长、下身短，这样的人不可能居于人下，我可不想再见到他了（孙车骑长上短下，其难为下，吾不可以再见之）。”刘备决定早点儿离开京口，一出城，就让手下马不停蹄往回赶（乃昼夜兼行）。

“既生瑜，何生亮”

有人认为，诸葛亮一生有两个主要对手：前期是周瑜，后期是司马懿。司马懿的确是诸葛亮最重要的对手，是让诸葛亮头疼和无可奈何的人，但要说周瑜像司马懿一样与诸葛亮有过多次正面交锋且互为重要对手，却有些勉强。

诸葛亮应该见过周瑜，时间是赤壁之战前夕，地点在柴桑，但期间二人有过什么交往或交锋，史书没有记载，与二人有关的“草船借箭”“借东风”“三气周瑜”以及周瑜死后“诸葛亮吊孝”等都是小说中虚构的情节，周瑜临终说的“既生瑜，何生亮”也不存在。诸葛亮是刘备的主要谋士，周瑜是孙权的主要将领，二人虽各为其主，但在赤壁之战前后，孙权与刘备之间总体上是同盟的关系，尚没有太多的直接交锋。

而且，从二人当时的名气、地位看，诸葛亮与周瑜还有不少的差距，诸葛亮刚出山不久，尽管在荆州当地有一定名气，但主要集中在襄阳一带的士人圈里，而周瑜早已战功赫赫，是一位天下知名的将领，类似“三气周瑜”的事还不大可能发生，周瑜的死与诸葛亮没有关系，他是死于旧伤复发。

孙权让出南郡后，作为孙权任命的南郡太守，周瑜按理要撤出江陵，但他大概不愿意这样做，所以他回到京口，向孙权提出了一项建议：“曹操刚被打败，又忧内部不稳，暂时无暇与我们交战。这正是一个好机会，不如让我与奋威将军孙瑜一起攻取益州，得手后再攻汉中张鲁，之后留下孙瑜守备蜀地和汉中，与凉州的马超结好，我回来与您一道攻取襄阳，届时我们多路出击，北方可定。”

周瑜的这个战略规划可谓远大，与诸葛亮的隆中对策有异曲同工之妙，而且更加宏伟。诸葛亮提出两路出击北方，一路汉中，一路荆州，周瑜的计划则包括了汉中、益州、襄阳、合肥等地，从西、中、东三路同时发起总攻击，是全线作战的计划。如果这个计划最终实现，曹操定会傻眼，长期以来曹操虽三面作战，但很少几个方向同时开打，即便如此，曹操也顶多捞个平手，如果三线同时被攻，曹操准得泪奔。

孙权听完周瑜的计划，很高兴，立即予以批准。孙权让周瑜回江陵做好攻取益州的准备，以刘璋的实力、能力和益州内部的局势，周瑜如果此时出击益州，得手的可能性极大，孙吴抢先一步占领益州，诸葛亮为刘备做出的规划就将化为泡影。

但是，刘备又无法阻止孙权和周瑜的行动，既没有阻止人家的理由，更没有阻止人家的实力，刘备又不能央求人家带着自己一道去抢地盘，只能眼睁睁看着益州落到别人手里。如此，在天下争霸这出戏里，刘备连跑龙套的都算不上，只能做个观众，在台下看曹操、孙权俩人玩，没有自己什么事了。

但是上天帮了刘备一个大忙：周瑜突然死了。就在由京口回江陵的路上，走到一个叫巴丘的地方，周瑜去世，时年36岁。一般认为，周瑜的英年早逝与当初在江陵城外所中的那一箭有关。

在裴松之为《三国志》所作的注中，对周瑜临终之地有不同解释，认为此时的周瑜是孙权任命的中护军，同时还兼任江夏郡太守（领江夏太守），也就是说，孙权决定把“半个南郡”借给刘备后，周瑜就不再担任南郡太守了，已改任江夏郡太守，驻地也改在了巴丘，裴松之进一步注释：“瑜留镇之巴丘，为庐陵郡巴丘县，瑜病卒之巴陵，为晋荆州长沙郡巴陵县。”无论称巴丘还是巴陵，指的都是现在的湖南省岳阳市，这里不是周瑜返程中路过的一个地方，而是周瑜撤出江陵以后的驻地。

“鹰派”人物周瑜死了，让刘备、诸葛亮大大地喘了一口气，也让在赤壁丢了面子的曹操觉得好开心，但对孙权来说，无异于五雷轰顶。孙权听到周瑜去世的消息哀痛欲绝，亲自穿素服举哀，悲伤之情感动左右。灵柩还吴，孙权从京口亲自赶到芜湖迎接。

《三国志》载有周瑜病重期间写给孙权的书信：“当今天下并不平静，所以我夙夜忧心。现在北有曹操这个敌人，刘备又近在公安，边境地区也不安定，应该选良将来镇抚（今既与曹操为敌，刘备近在公安，边境密迩，百姓未附，宜得良将以镇抚之）。鲁肃的智慧和谋略足以胜任，请让他来接替我，那样我即使死了也没有什么牵挂了。”

《江表传》也有类似的一封信，大意相同，信中写道：“如今曹操在北方，战事未停，刘备寄居于公安，好像养虎，天下之事还未见分晓。”周瑜认为鲁肃为人忠烈，临事能当机立断，所以推荐鲁肃来代替自己（鲁肃忠烈，临事不苟，可以代瑜）。

于是，孙权任命鲁肃为奋武校尉接替周瑜。孙刘联军的统帅周瑜去世前担任的职务其实只是偏将军，算是“副军长”，鲁肃此时担任的校尉一职比偏将军还低，算是“师长”。就职务本身来说周瑜和鲁肃都不高，这与他们在军中的资历有关，但就实际职权而言，他们的地位又很重，负责孙吴在荆州前沿地带的一切军政事务。

鲁肃接任后没有去江陵，因为那里已让给了刘备，鲁肃把指挥部搬到江陵下游的陆口，即今湖北省蒲圻市西北。鲁肃在这里治理地方，发展军务，很有成效，所统率的人马由接手时的4000人左右发展到1万多人，后来孙权把自己占领的长沙郡以及周边一部分地区划出来，新设了一个汉昌郡，任命鲁肃为汉昌郡太守，军职升为偏将军。

鲁肃最能认识到孙刘联盟的重要性，与周瑜的鹰派观点不同，他是鸽派。在鲁肃主政期间，孙刘关系总体不错，为刘备不断拓展势力营造了良好的外部环境。

周瑜去世是在汉献帝建安十四年（209），在此前后，刘备的夫人甘氏也去世了。甘夫人是沛国人，刘备娶她是在豫州刺史任上。甘夫人为刘备生下了儿子刘禅，血战长坂时，全赖赵云拼死保护，她们母子才得以生还。跟着刘备，甘夫人整天担惊受怕，没有过几天安稳的日子，一到关键时刻就成了俘虏，甘夫人先后两次被吕布所俘，一次被曹操俘虏。

甘夫人去世后，刘备还有一位夫人，即麋竺的妹妹麋夫人，当时刘备没有称王称帝，麋夫人其实是妾。甘夫人去世后，把麋夫人扶为正室也是常事，况且麋夫人出生于富豪之家，也算大家闺秀。麋竺和麋芳兄弟俩对刘备的事业给过巨大支持，他们散尽亿万家财帮助刘备渡过难关，于情于理，麋夫人都应该成为刘备的正妻。可是，就在刘备还在忙甘夫人的丧事根本无暇考虑这些的时候，有人主动上门提亲，女方的来头相当大：孙权的妹妹。

甘夫人去世的消息传到京口，孙权灵机一动，他有个妹妹尚未婚嫁，于是主动提出把妹妹嫁给刘备，以进一步巩固孙刘两家业已存在的良好关系（进妹固好）。史书对这桩政治婚姻记载得相当模糊，《三国志》《汉晋春秋》《华阳国志》等略微提过几次，但这个孙妹妹叫什么名字无考。只有《汉晋春秋》说她叫孙仁献，这不太像女人的名字，后世书籍和其他作品中也有叫她孙仁、孙尚香的，都属附会。

女方主动提婚，又是孙权的妹妹，刘备没有拒绝。婚后，刘备将新夫人安顿在公安。刘备此时已 49 岁，孙权还不到 30 岁，他的这个妹妹自然只有 20 多岁，一对新人年龄相差一倍。但刘备却快乐不起来，因为他娶的不是娇妻，而是一个“野蛮女友”。

孙坚是有名的虎将，一生常在刀尖上行走，久经战阵，杀人不眨眼。虎父无犬子，孙坚的这个女儿在女人中算是相当另类，据《三国志》记载，孙妹妹虽然挺有才，但跟孙策、孙权等几个哥哥一样，作风泼辣刚猛，浑身透着男人气（才捷刚猛，有诸兄之风），随她而来的，还有100多名侍卫婢女，个个执刀弄枪。刘备每次去见孙妹妹，看到身边那么多舞刀弄枪的人，总会觉得心惊胆战（刘备每入，内常觉凛然惊惧）。据《云别传》记载，孙妹妹仗着是孙权的妹妹，平时骄横得很，她手下的那些人常横行不法（孙夫人以权妹骄豪，多将吴吏兵，纵横不法）。

有人揣测，孙妹妹到刘备身边来没准还肩负着某种特殊使命，必要时把刘备抓起来做人质都有可能，所以刘备见了才会害怕。这种可能看似小说家言，但其实颇有几分道理，后来发生的事也部分验证了这种推测。

但总的来说，这桩政治婚姻对双方而言都是利大于弊，联盟因此得以进一步巩固，可以让孙权放手与曹操在东线抗衡，不必为荆州的事务过多分心分力。对刘备来说，维护联盟也是当前重要的战略方针，如果与孙权闹翻，他占不到任何便宜。这段时间不仅是刘备的蜜月期，也是孙刘联盟的蜜月期，为了对付共同的敌人曹操，双方尽量搁置分歧，互相让步，让联盟不断巩固，他们知道只有这样才符合各自的利益。

老同学也来了

孙权主动撤出南郡后，刘备才算有了一小块自己的地盘，但是荆州有7个郡，刘备拥有南郡，不过七分之一。曹操已完全占领了北方数州，孙权除占着扬州的大部分地区以外，又及时在荆州扩大了势力范围。相比之下，刘备的地盘就小得可怜，如果这时候有人对他说现在已经是三分天下了，刘备自己都不信。

荆州的7个郡，江北有南阳郡、南郡、江夏郡，最北面的南阳郡一直是曹操的势力范围，曹操现在还占领着本属南郡的襄阳，往北发展可能性不大；江夏郡与江东相邻，孙权在那里任命了太守，俨然已把江夏郡视为自己的地盘，鲁肃目前驻军陆口，不宜向那一带发展。

诸葛亮为刘备分析了局势，认为当务之急是迅速壮大势力，抢占地盘，但要拓展势力只能向南，夺取长江以南的荆州四郡，这4个郡分别是武陵郡、长沙郡、零陵郡、桂阳郡，如果摊开地图看，这 4 个郡的面积广大，超过荆州的江北三郡，范围包括今湖北、湖南、广西、广东、贵州各一部。目前，武陵郡的太守叫金旋，长沙郡的太守叫韩玄，桂阳郡的太守叫赵范，零陵郡的太守叫刘度，他们过去都由刘表所任命，刘表死后他们曾短暂地归服于曹操，曹操撤走以后，这 4 个郡暂时陷入自治状态。

诸葛亮认为，刘备现在是荆州牧，至少孙权认可这项职务，而曹操鞭长莫及，正可以利用这一点“合法”地去接收地盘，如果这 4 个郡不听，那就武力解决。刘备于是分兵渡江，前往江南的这 4 个郡去“接收”。刘备打不过曹操和孙权，但对付这几个郡还是绰绰有余，除武陵郡外，其他几个郡一打就投降了。武陵郡太守金旋拒不投降，战败被杀。

在此过程中，刘备提拔赵云为偏将军，让他征讨桂阳，桂阳郡太守赵范投降，刘备任命赵云兼任桂阳郡太守（领桂阳太守）。赵范一心巴结赵云，他的嫂子樊氏长得很漂亮（有国色），而他哥哥已死，嫂子寡居。赵范想把嫂子嫁给赵云，被赵云拒绝了。

赵云不想伤赵范的面子，推辞道：“我和你同姓，你的兄长就好比我的兄长一样，怎能娶兄嫂？”也有人劝赵云接受，赵云说：“赵范是被迫投降的，心里怎么想还不知道（范迫降耳，心未可测）。天下女子多的是，不必着急。”赵云这个人看来很有头脑，因为后来赵范果然逃亡。

在收服长沙郡过程中，刘备得到了一员猛将，名叫黄忠。黄忠字汉升，荆州本地的南阳郡人。刘表曾任命他为中郎将，和刘表的侄子刘磐一块驻守在长沙郡攸县。荆州投降曹操后，曹操为拉拢黄忠，升他为裨将军，仍然驻守原地，归长沙郡太守韩玄指挥。韩玄投降刘备后，黄忠也投身到刘备阵营，他作战勇敢，战绩卓著，身为高级将领，但经常冲锋陷阵（忠常先登陷阵），逐渐成为刘备手下与关羽、张飞和赵云齐名的猛将。

除黄忠外，刘备的队伍里还增添了另一员猛将，名叫魏延。魏延字文长，荆州本地的义阳人，是一员悍将，但那时他的地位较低，直到刘备入蜀时，他也仅以部曲的身份随行。

在巩固江南四郡的同时，刘备也想加快向江北拓展。刘备升关羽为荡寇将军，兼任襄阳郡太守，驻扎在江北；升张飞为征虏将军，兼任宜都郡太守，后转任南郡太守。刘备任命的这些官职，包括任命赵云的偏将军，都是以左将军、荆州牧的身份表奏的，不太合法，但一样管用。

荆州没有一个襄阳郡，这是刘备的新发明。襄阳过去是个县，是南郡和荆州的治所，目前还在曹操手中。刘备置襄阳郡，时间和管辖范围不可考，想必应该是分南郡的一部而设，控制区是南郡的北部，与曹军相邻的地带。宜都郡也是刘备分南郡所设，治所在枝城县。

赤壁之战后的第三年，即汉献帝建安十五年（210）前后，荆州七郡的大体格局便确定了，在这 7 个郡里，曹操占有南阳郡和南郡一部，孙权占有江夏郡和其他一些地方，刘备占有大部分南郡以及零陵郡、长沙郡、桂阳郡和武陵郡，三家瓜分了荆州。

除刘备新设了襄阳、宜都等郡外，曹操也以南阳郡、南郡的北部为依托，新设了章陵郡、南乡郡，荆州的格局变得复杂起来，而这样的格局维持了相当长的一段时间。

在此期间，诸葛亮的同学庞统也来到刘备身边。周瑜死后，护送其灵柩回江东的是庞统，庞统在刘表手下任南郡功曹，赤壁之战后，南郡归孙权所有，周瑜任南郡太守，庞统成为周瑜的属下。

庞统到了江东，吴人也久闻凤雏的大名，纷纷与他结交，等他西还，大家齐会于昌门相送，陆勣、顾劭、全琮等江东名士都来参加了。等庞统回到荆州，南郡已归刘备所有，刘备命庞统以从事的身份兼任耒阳县令。据《三国志》记载，庞统在耒阳干得不怎么样（县不治），被免了官。鲁肃听说后觉得可惜，专门写信给刘备："庞士元非百里才也，最少也要让他任治中、别驾这样的职务，才能尽其所能（始当展其骥足耳）。"

诸葛亮也向刘备进言，推荐庞统的大才，这才引起刘备的注意。刘备单独与庞统交谈，谈完之后，刘备大为高兴，对他深为器重，升他为州政府的治中从事，对他信任的程度仅次于诸葛亮（亲待亚于诸葛亮）。《九州春秋》记载，在这次谈话中，庞统对刘备说："荆州已经残破，东有孙吴，北有曹氏，想以此为鼎足之计，已难实现。益州国富民强，人口上百万，兵强马壮，可以借以成大事。”

看来司马徽老师真的名不虚传，所教的诸葛亮、庞统这两个高徒都极具战略眼光，他们都一针见血地指出了益州在争霸天下中的重要意义。不过，刘备与庞统仅初次交谈，还不想聊得那么深入，所以刘备说：“我与曹操势如水火，他急，我宽；他暴，我仁；他诡，我忠。只有与曹操不一样，事情才能成功。所以，夺取益州难免失信义于天下，我不能取。”

庞统听后不以为然，说道：“现在是讲究权变谋略的时代，不是固执一面就能成就大事（权变之时，固非一道所能定也）。兼并弱小，攻取愚昧，这就是春秋五霸的事业。逆取顺守，推行善政，待大局已定，给原来的主人以优厚的待遇（事定之后，封以大国），又何妨于信义呢？如果不取，终落入别人之手。”庞统的这番见解与诸葛亮之前的说法也相同，可谓英雄所见，刘备听完，虽仍未明确表态，但进一步坚定了西取益州的信念。

军师中郎将

打跑了曹操，借来了南郡，拓展了江南，刘备的事业得到了大发展。刘备之前当过平原国相，那是公孙瓒任命的，说没就没了；当过徐州牧，那是地方势力推举的，说变就变了；当过豫州刺史，那是吕布一时不忍心送给他的，说完也就完了。

这一次，是实实在在的地盘，是拼了命打出来的地盘，所以刘备格外珍惜。每占一地，刘备都派自己信得过的人去管理和经营，这种感觉很踏实。

随着刘备集团的一步步壮大，诸葛亮也拥有了自离开隆中以来的第一个正式头衔：军师中郎将。在武职中，中郎将介于将军和校尉、都尉之间，如果说关羽的荡寇将军、张飞的征虏将军相当于“少将军长”，赵云的偏将军相当于“少将副军长”的话，这个中郎将相当于“大校师长”。

三国时代军职看似很乱，但不失基本的规范和规则，其中重要一条，就是因兵而设，有多少人马就设多大编制。刘备初到荆州，寄寓他人庭下，手中的人马并不多，设不设那么多将军意义不大。现在他的势力迅速扩大，关羽、张飞各领一军，自然是军长。赵云驻守在桂阳郡，手下可能还没有完整一军的人马，就以副军长的名义统领。

有人认为，军师中郎将的任命，正式明确了诸葛亮在刘备集团中军师的地位，其实此军师非彼军师，意义完全不同。一般意义上的军师是指统帅或君主身边的谋士智囊，是出谋划策的人。这一职务早有记载，从战国到两汉许多地方都记录了关于设立军师的地方，这个军师是君主或统帅的属官。

但诸葛亮所任不是军师，而是军师中郎将，意义就不一样了，这不是属官，而是主官。军师中郎将中的“军师”与“荡寇”“征虏”一样，都是军衔的别号，类似于部队的番号，以与兄弟部队相区别。中郎将是汉末常设的军衔，关羽、张飞升任将军前都担任过中郎将，它比将军低，所部人马不足一个军，相当于一个校尉或都尉所部，所以相当于“师长”。

刘备任命诸葛亮为军师中郎将后，并没有把他留在身边，而是让他驻扎在外地。据《三国志》记载，刘备让诸葛亮督零陵、桂阳、长沙三郡，重点是征调三郡的赋税，以备军用（使督零陵、桂阳、长沙三郡，调其赋税，以充军实）。

随着人马的迅速增加，如何保障后勤供应成为一大难题。新收的江南四郡面积广大，虽然相较于江北其农业生产尚欠发达，但如果管理得当，好好经营，未来的潜力不可小看。

之前诸葛亮曾提出游户自实的建议，在他看来赋税难收的一个重要原因是户籍登记制度不严格，大量人口不在编，因而不用交税，增加税赋要先从重新登记人口做起。这个问题到了江南各郡更显突出，如何解决这些问题，史书虽然未做进一步交代，但可以想见，诸葛亮到了江南之后，一定想尽办法发展当地经济，同时加强对人口的管理，打牢统治的基础。

《零陵先贤传》记载，诸葛亮到了江南，长驻临烝这个地方。湘水上有一条支流叫烝水，又称承水，其与湘水交汇之处即临烝，位置在今湖南省衡阳市附近。诸葛亮之所以选择驻扎在此地，是因为这里正好处在零陵、长沙、桂阳三郡交会处，方便联络。但是，此地距刘备常驻的公安很远，有1000多里，日常事务只能由诸葛亮临机处理了。

刘备夺取的江南四郡里还有武陵郡，为何不在诸葛亮所督范围之内？武陵郡在江南四郡的最西边，面积几乎相当于其他三郡的总和，但在当时这里更为偏僻落后，是所谓蛮夷之地。在刘备夺取江南四郡过程中，唯有在武陵郡遇到了抵抗。推测起来，刘备可能考虑到武陵郡情况的复杂和特殊，加上位置相对其他三郡更偏远，所以把武陵郡划出来单独管理，让诸葛亮专心处理其他三郡的事务。

诸葛亮在临烝总共居住了3年左右，有一种说法认为，刘备派诸葛亮到临烝不仅征调赋税，还直接管理这3个郡，这种看法是不准确的。

郡的直接上级是州，这3个郡直接归荆州牧刘备管理才对，诸葛亮不具备直接管理这3个郡的权力和职守。汉代的中郎将品秩为比二千石，即一年的薪俸为二千石谷物，这个级别相当于“省部级”。但二千石的品秩又分为三档，分别为中二千石、二千石和比二千石，同为“省部级”，有的是正的，有的是副的。郡太守通常是二千石这一档，相当于“正省部级”，中郎将的比二千石就是“副省部级”。所以，以中郎将的身份直接管理3个郡的太守，于体制不顺。

从军职上说，三郡之中桂阳郡驻有赵云所部，他的军衔已是偏将军，相当于“副军长”；长沙郡有黄忠所部，他的军衔已是裨将军，也相当于“副军长”。以诸葛亮的“师长”去指挥两个“副军长”，也不符合常情。所以，“使督零陵、桂阳、长沙三郡”中的“督”，尽管可以理解为督率、督统，但联系当时的具体情况，其意义应该是督察。

刘备远在千里之外的公安，为强化对三郡的管理，尤其是在征调赋税方面给予加强，才把诸葛亮派去协调和监督，诸葛亮也可以看作刘备给三郡派来的特派员。

在长达3年的时间里，诸葛亮以军师中郎将的身份来往于三郡之间，他既协调监督三郡的赋税征调，又对地方治理提出建议，为保证他的工作能顺利开展，在他常驻的临烝时，也应该有直属于他统率的一支军队。

这就是赤壁之战后的几年里，30岁左右的诸葛亮所从事的主要工作，他既不是常在刘备身边的军师，也不是统率江南的地方大员，他所做的是一些具体而实际的工作。至于诸葛亮的地位，确实还不如关羽、张飞、赵云等人高，甚至比不上新投降的黄忠。作为赤壁之战的重要功臣之一，刘备对诸葛亮仅做出了这样的安排，是不是意味着对诸葛亮的不信任和不重视呢？

恰恰相反，这说明刘备对诸葛亮很重视，也很信任，对于年轻的诸葛亮来说，中郎将的任命已经是破格提拔了。曹操手下的首席智囊荀彧出身于颍川世家，投奔曹操时比诸葛亮现在的年纪还大，曹操把他比作自己的张良，但在职务安排上开始也仅是个司马，相当于“团长”。周瑜是孙权兄长孙策的莫逆之交，辅佐孙权后屡立功勋，开始的职务也仅是个县长。从基层干起，一步一个脚印，不仅曹操、孙权、刘备这些群雄如此，而且他们身边那些左膀右臂更是如此，诸葛亮一参加工作就得到了中郎将的职务，放在哪里都不算低了。

更何况刘备把诸葛亮派到江南执行的是重任，这既是对他的信任，也是对他做进一步培养和锻炼。

延揽各方人才

诸葛亮在临烝长达3年，可惜的是，这段不算短的时间里诸葛亮做过的事，史书只是泛泛一说，对于其中的重要事件，史书没有更多记载。

民国时卢弼作《三国志集解》，穷搜广集，从各类图籍中集录出与《三国志》有关的记载，成为注裴松之以后注《三国志》的集大成者。《三国志集解》从《方舆纪要》及一些地方志中辑出了一组诸葛亮在临烝有关情况的记录：

耒阳县有侯计山，相传诸葛亮曾在此憩兵，故也称此地为侯憩山。

安仁县有相公山寨，相传诸葛亮曾在此屯兵。

黔阳县有诸葛营，相传诸葛亮在此招抚过绥谿洞诸蛮。

东安县有诸葛岭，相传诸葛亮曾在此地驻扎过。

在以上记载中，耒阳、安仁、黔阳、东安等地分属各郡，除耒阳距临烝稍近外，其他各地均较偏远分散，说明诸葛亮督察三郡期间活动范围很大。诸葛亮在此期间常带兵，也印证了前面的判断。

黔阳县位于零陵郡、武陵郡的交界处，那里有一些少数民族部落，当时统称蛮夷或诸蛮，诸葛亮曾率兵来此招抚他们，这为日后他实施更大范围的少数民族治理活动进行了探索。

总之，在江南的这 3 年时间里，诸葛亮做的工作不仅是收税征兵那么简单，还涉及民政和军务，在这两个方面诸葛亮都有了难得的锻炼。

在走出隆中前，尽管他读了很多书，思考了很多问题，但书本上的知识毕竟需要与社会现实相结合。由于史料欠缺等原因，人们对诸葛亮这 3 年的经历往往重视不够，但在其成才道路上，这段经历其实有着不可替代的作用。

不过，还有一点可以确认，那就是赤壁之战后的这段时间，诸葛亮还为刘备做了另一项重要工作：延揽各类人才。诸葛亮利用在荆州的人脉关系，向刘备推荐了不少人，除了之前已提到过的庞统外，还有向朗、马良、马谡、廖立、蒋琬、习祯、刘巴等。

诸葛亮的同学向朗大约就是在此期间加入刘备阵营的。向朗从司马徽那里毕业后到刘表手下做事，被刘表任命为临沮县长，在诸葛亮介绍下，刘备起用向朗，委他以重任，让他负责秭归、夷道、巫县、夷陵等 4 个县的军务和民政（先主定江南，使朗督秭归、夷道、巫、夷陵四县军民事）。这 4 个县包括了南郡的整个西部，是荆州的西大门，周瑜占据南郡期间，这里是孙吴重点经营的地方，吴军撤出南郡后，刘备加紧了对这一带的经营，为将来西进益州做准备。

马良、马谡、习祯也都在这一时期到了刘备身边，马良、马谡被任命为荆州从事，习祯职务不详。除了他们这几位老朋友，诸葛亮还不断发现其他新人，廖立和蒋琬则是诸葛亮在临烝期间发现的两个人才。廖立字公渊，武陵郡临沅县人，诸葛亮发现他很有才能，就推荐给了刘备，刘备辟他为从事，后擢升他为长沙郡太守，廖立当太守时还不到 30 岁。蒋琬字公琰，零陵郡湘乡县人，他少时好学，聪明过人，长得仪态轩昂，气度不凡，因为有才学而知名于当地，诸葛亮也把他推荐给了刘备。

诸葛亮对廖立和蒋琬二人十分看好，入蜀后对他们继续刻意培养，尤其对廖立，诸葛亮用心很多，可惜由于此人性情方面的原因，最后落了个悲剧的下场；而蒋琬则不同，经过诸葛亮的亲自栽培，最终成为诸葛亮事业的接班人。

还有一位诸葛亮十分看好的人，名叫刘巴，诸葛亮想把他也争取到刘备身边来，却没有成功。

刘巴字子初，零陵郡烝阳县人，荆州世家出身，他的祖父刘曜曾任苍梧郡太守，父亲刘祥曾任江夏郡太守、荡寇将军，刘巴天赋极高，少时便知名。不知道什么原因，刘表有点讨厌刘祥，借故把刘巴抓了起来，要杀他，后来又不知道出于什么原因改变了主意，不仅没杀刘巴，反而任命他为郡里的署户曹史，当时刘巴仅 19 岁。

刘巴官不高，在荆州的名气却不小。据《零陵先贤传》记载，刘备曾经派一个叫周不疑的人到刘巴那里求学，刘巴很不给面子，拒绝了。周不疑是何人？刘备为何派他去拜刘巴为师？这些均不详。但此事让刘备对刘巴的第一印象严重不好。据《三国志》记载，刘备占有江南，大批荆州士人纷纷投奔（荆、楚群士从之如云），但刘巴独北上投奔了曹操，曹操征辟他为丞相掾，相当于丞相府里的处长，由于他是江南人，曹操便派他回老家招纳长沙、零陵、桂阳三郡。

刘备完全占有了三郡，刘巴无法完成曹操交付的使命，于是打算远走交州避难。据《零陵先贤传》记载，刘巴知道诸葛亮在临烝，于是给诸葛亮写了封信，信中道：“我虽乘危历险，无奈此地到处是秉义之民，承天之心、顺物之性不是我能劝动的。如果已经道穷数尽，我将托命于沧海，不再回荆州了。”从这封信推断，刘巴奉曹操之命来江南，似乎曾试图说服诸葛亮归顺曹操，刘巴也因此与诸葛亮相识。无奈诸葛亮意志坚决，刘巴觉得无望，便向诸葛亮告辞。

诸葛亮认为刘巴是个人才，想争取他为刘备效力，就写信劝他道：“刘公雄才盖世，据有荆土，莫不归德，天意人事该何去何从，应该能看清了（天人去就，已可知矣），先生干吗还要去别处？”刘巴不肯，回复道：“我接受任务而来，不成自然得回去，这是理所当然的事，先生何必多此一问（足下何言邪）？”

这件事让刘备知道后，对刘巴印象更差了（深以为恨）。但是，山不转水转，刘巴先去了交州，后又辗转到了益州，终于来到了刘备的手下，这是后话。

第八章

留镇荆州

一次秘密访问

说到“虎踞龙盘”，再答一个地名，一般人都知道，指的是南京。“虎踞龙盘今胜昔，天翻地覆慨而慷”，这里面显然有典故，一般认为这个典故的出处是诸葛亮。

据说，诸葛亮曾到秣陵，也就是今天的南京，看到紫金山山势险峻，像一条盘龙环绕着，石头城很威武，像老虎蹲踞着，禁不住赞叹道：“钟山龙盘，石头虎踞，此帝王之宅！”民间传说，诸葛亮能掐会算，会布八卦阵，能借东风，看个风水自然不在话下，诸葛亮给南京城看了回风水，留下“虎踞龙盘”的佳话。

但也有个问题：在诸葛亮的一生中曾到过南京吗？查《三国志》《华阳国志》《江表传》等几部主要史书，是没有的。有人说不对，诸葛亮去过江东，江东那边还劝诸葛亮跳槽，诸葛亮不干。这件事确实有，就是之前提到过的张昭把诸葛亮推荐给了孙权的事，但这件事应该发生在柴桑，即诸葛亮赤壁之战前缔结孙刘联盟的那一次，当时军情紧急，孙权、张昭、周瑜、鲁肃等人都到了柴桑，诸葛亮不可能单独再去趟南京。

还有一点，孙权的大本营一开始在京口，也就是镇江，据《三国志》记载，汉献帝建安十六年（211）孙权接受张纮等人的建议迁治于秣陵，即南京，从那时起才在此建石头城。诸葛亮如果真的说了“虎踞龙盘”那样的话，也应该是在汉献帝建安十六年（211）即赤壁之战的 3 年后才合理，而赤壁之战结束不久诸葛亮就被派到荆州的江南几个郡收税去了，行迹全部可查，如果期间过去江东，史书应该记下来。

除非诸葛亮擅自离岗或者想叛逃，否则要去江东都要得到刘备的批准，而且必须是发生了什么大事。

史书没有直接的记载，似乎说明诸葛亮去南京的可能性不大，那么“虎踞龙盘”的典故也只能是后人附会的了。

但是，如果再详细考察一下在此前后发生的大事，似乎这个结论也不能轻易就定下，比如，有什么特殊的事曾需要诸葛亮秘密前往江东的话，史书也许不会记载。这种可能性有吗？分析起来还真有，这就是发生在诸葛亮以中郎将身份驻防临烝期间的雷绪事件。

雷绪是庐江郡人，早在袁术占领扬州刺史部期间，雷绪已拥兵数万，后周旋于袁术、曹操、孙权之间，成为一股相对独立的地方势力。曹操不止一次讨伐过雷绪，其中汉献帝建安十四年（209）派夏侯渊将雷绪击败。《三国志》记载，刘备开始拓展江南时雷绪率部曲数万人表示归顺，推测起来大约是在汉献帝建安十五年（210）前后。

庐江郡属扬州刺史部，当时应是孙权的势力范围，是孙权赖以与曹操在东线抗衡的主要支点，与荆州刺史部江夏郡相邻，赤壁大战后三分荆州，江夏郡也为孙权所有。雷绪愿意投奔刘备，看起来是件好事，却给刘备出了个大难题。

这是因为，刘备与雷绪之间还隔着孙权，如果接纳雷绪，形同支持反叛孙权的武装在背后闹事，无疑是对孙刘联盟的严重破坏。《三国志》仅记载了雷绪愿意投降刘备的内容，至于刘备是否接受了投降、接受以后如何又做出了什么安排都没有记载，这同样让人疑惑。有人认为，雷绪投降刘备后被任命为偏将军，但遍查史书均不见出处，诸葛亮此时仅为中郎将，雷绪一来就当偏将军似乎也不合理。

如果雷绪此时真的加入了刘备阵营，作为与当时的张飞、关羽军职相当的重要人物，也不可能在后面不再作任何交代，推测起来刘备应该没有接受雷绪的“归顺”。

如果把这件事与诸葛亮秘密出使江东联系起来，就合理了，可以这样推测：雷绪事件发生后刘备没有接受他，但也担心孙权就这件事对他产生怀疑，认为雷绪是他策动的，所以必须派个孙权十分信得过的人去江东做解释，当然只有诸葛亮去最合适。

诸葛亮的这趟出使应该是成功的，所以公事之余诸葛亮才有心情登山赏景，说了那样一通赞叹秣陵的话。还有一种可能，是孙权主动邀请诸葛亮去看看他正在施工的石头城，诸葛亮发出了那样的赞美。

因为执行的是秘密任务，诸葛亮此次南京之行史书均没有记载，只有一本叫《吴录》的书提到过这件事。《吴录》是晋人张勃所撰，以记载吴地山川风物、人情逸闻为主，有点儿地方志的性质，所以把诸葛亮赞美南京的话当逸闻雅事而无意中记录了下来。

这件事还可以通过《江表传》的一个记载作印证。《江表传》说，孙权曾亲自做工作想劝诸葛亮跳槽，孙权对诸葛瑾说："你与孔明同父同母，弟随兄才于义为顺，为什么不劝说孔明留下来？孔明若愿意留下来，我可以给刘备写信解释。"诸葛瑾回答："我弟弟在刘备手下，他已将身心相托，与刘备之间情分已定，在道义上不存在二心。他不会留下，就像我不会去刘备那里一样。"

过去认为，孙权的这段话与《袁子》里张昭劝诸葛亮的话大致相同，都是在柴桑说的，但现在看来孙权倒更像在秣陵说的。一方面，赤壁之战前诸葛瑾是否在柴桑，史书并未明确记载，而诸葛瑾即使在柴桑，当时的军情那么紧急，孙权有没有心思亲自去挖人，也不好说。另一方面，孙权在柴桑是第一次见到诸葛亮，对诸葛亮的了解还有个过程，在秣陵孙权再次见到诸葛亮，对他已有了更多的了解，之前张昭大力推荐过，而此时刘备只给了诸葛亮一个中郎将的职务，孙权觉得挖人的时机成熟了，所以才让诸葛瑾去做工作。

领兵驻守南郡

如果诸葛亮确实有一次赴江东的秘密之行，且发生在汉献帝建安十六年（211）的话，那么诸葛亮回到荆州后的不久就离开了工作了3年的临烝，因为这时荆州的形势发生了新变化。

这一年夏天，曹操经过长期准备发动了关中战役，亲率主力进兵关中，与马超、韩遂等相持于潼关，最终打败马超，平定了关中，此战改变了北方格局，最受震动的是汉中的割据势力张鲁以及益州的刘璋。

张鲁知道，关中既平，曹操的下一个目标一定是他。刘璋也知道，张鲁若败，曹操将从汉中进攻益州。他们也都知道，凭本身力量要做到自保根本不可能，为求生存，他们都在努力地找办法、找出路。只是，他们二人的想法并不一样，张鲁倾向于投降，刘璋倾向于抵抗。

投降好办，人家来了你不打，插个白旗出来就成，而要抵抗，谈何容易。刘璋、张鲁二人忧心忡忡，而他们旁边的两个人却虎视眈眈，这就是刘备和孙权。

孙权想起周瑜临终前当面向自己提出的建议，觉得现在进军益州正是个好机会，于是他旧话重提，派出使者到公安，给刘备送来一封信。刘备接信后急召诸葛亮回公安，就此事进行商议。孙权的这封信收录在《汉献帝春秋》里，孙权在信中说：“张鲁据有巴郡、汉中郡为王，为曹操作耳目，妄图吞并益州，刘璋不武，无法自守，如果曹操占据蜀地，则荆州危矣。现在我想先攻取刘璋，之后进讨张鲁，使首尾相连，一统吴、楚。如此，即使有十个曹操来，也没什么可担心的了（虽有十操，无所忧也）。”

孙权的用心刘备当然心知肚明，他还是想借道伐蜀的事，这种要求哪能答应？但如何回复孙权，又是个棘手问题，为此刘备把诸葛亮紧急召回公安，商议对策。

诸葛亮建议用拖的办法对付孙权，为此以刘备的名义给孙权写了封回信，这封信也保存在《汉献帝春秋》中，信中写道：“益州百姓富强，土地险阻，刘璋虽弱，足以自守。张鲁为人虚伪，未必肯忠于曹操。现在如果骤然用兵，人马军需将运转于万里之间，要取得成功，吴起、孙武在世也不敢保证（此吴起不能定其规，孙武不能善其事也）。曹操虽有无君之心，但是有奉主之名，听说曹操失利于赤壁，现在已无远志。如今天下三分，曹操据其二，他的想法是饮马于沧海、观兵于吴会，怎么肯去攻打汉中、益州？我们之间不应互相猜疑、攻伐，那样就会让曹操有机可乘，非长久之计。”

信里面的意思是，益州也罢，汉中也罢，都不是那么好打，吴起、孙武都办不成的事你孙仲谋难道有办法？而且，曹操根本没把汉中、益州放在眼里，他盯着的是你们江东，如何保全自己，你还不好好想想，到时候还得我来帮你，你哪有机会去攻打别人。

孙权看到刘备的回信，生气之状可想而知。盛怒之下，孙权决定单干，他让孙瑜率水军出夏口，正式知会刘备，要经过荆州去攻打益州。

由夏口溯江而上去益州，中间要经过公安、江陵、夷陵、秭归等要地，这些地方如今都在刘备手中，如果刘备不同意，孙瑜根本过不去。

孙瑜急了，非要过。刘备也急了，向孙瑜发下狠话："你如果强行通过攻取蜀地，我就披发入山，决不在天下人面前失去信义（汝欲取蜀，吾当被发入山，不失信于天下也）！"刘备的这几句话也记载在《汉献帝春秋》里，而在《三国志》里，刘备写给孙瑜的信是这样的："我刘备与刘璋同为宗室，凭借先人的英灵匡扶汉朝。今天刘璋得罪大家，我深感竦惧，不敢听闻，希望阁下对他能加以宽贷，如不准，我将披发归于山林。"《华阳国志》也记载了这封信，与《三国志》大致相同，说明这封信十分重要。

表面上看，刘备在信中着力为刘璋开脱，希望孙权不要为难刘璋，但这些话都包含了一层意思，就是他坚决不会同意有人经过他的防区去攻打益州，如果强行通过，那就不惜一战。刘备满嘴仁义，把孙权弄得没话说，最终只得放弃了攻打益州的计划。不过，后来刘备却抢先率兵入蜀，孙权闻听后大怒："这小子竟然敢对我使诈（猾虏乃敢挟诈）！"

孙权此时没有蛮干，倒也不只是因为刘备的这两封信，而是考虑到荆州的实力对比。论总体实力，刘备此时仍无法与孙权相比，但孙权的地盘很大，核心势力范围仍在东边的江东地区，在荆州虽然掌握一些地盘，在鲁肃的经营下荆州也拥有一定实力，但就荆州这个战场而言，孙权相比于刘备，却并不占优势。

赤壁之战后，刘备抓住机会，迅速扩充了地盘，江南、江北连成一体，手里切切实实地有了几个郡，人马也增加了不少，战场经验丰富的武将也有好几位，关羽、张飞、赵云、黄忠、魏延，个个都很生猛，此时的刘备已不再寄人篱下。

而且，就荆州归属的话题挑明立场后，刘备迅速对荆州的防务也做了调整，刘备让关羽屯江陵，张飞屯秭归，诸葛亮屯南郡，刘备自己驻扎在孱陵，4 支人马沿长江一字排开，布下重重防线，防备江东的人马硬闯。

这样一来，诸葛亮就不再回临烝了，而以军师中郎将的身份率一部人马守备在南郡。与江陵、秭归、孱陵不同，南郡并不是一座具体的城池，而是一个郡的名称，推测起来，诸葛亮率军驻扎的地点应该是南郡下辖的公安。公安是刘备的大本营，刘备亲自驻防孱陵后，公安也得有人看守。与在临烝主要的工作是征调赋税、协调关系不同，这次诸葛亮完全是以军事将领的身份统兵一方，这对他来说又是一个新的锻炼。

看到刘备这边严阵以待，孙权知道益州是没法去了，与刘备的这笔账也只能以后再算，孙权只好命孙瑜回来。

天上掉馅饼

为了益州，荆州这边剑拔弩张，而益州那边的刘璋也整日如坐针毡，看到曹操在北面大兵压境，刘璋比张鲁还着急。

刘璋不想投降曹操，但如何化解即将到来的危机，一时也想不出太好的办法。如果没有荆州作为前车之鉴，刘璋或许也会投降，但刘璋看到刘琮投降曹操后荆州立即陷入多路势力的争夺中，多少年来两代人辛苦经营的基业瞬间被战火摧毁，曹操对刘琮等人的安排更让刘璋寒心，他感到曹操现在是个很冷血的人，投降没有出路。

束手就擒刘璋更不甘心，毕竟益州地方很大，他们父子在此经营多年，有一定的势力和基础，还有与曹操周旋的可能。

张松很了解刘璋的心态，他觉得现在正是一个好机会。上次出使荆州归来，他对刘备便产生了好感，内心里希望刘备能来益州主持大局，当然这个想法现在还不能公开。张松反复劝说刘璋，说只有邀请刘备来益州才能增加益州的防卫力量，既可以打败张鲁，抢在曹操之前拿下汉中，又能对抗曹操，让曹操不敢窥视益州。张松认为刘备有两大优势，一个是他是刘汉的宗室，跟刘璋是本家，另一个是他与曹操之间有深仇，在抗曹这件事上刘备比谁都坚定。

张松的想法不是他一个人的观点，在益州还有几个人也坚定地支持把刘备请来，他们主要有法正、孟达、射援、上官胜等人，他们刚好都是关中地区的扶风郡人，姑且称之为扶风派。

益州的政治格局很有意思，这里距离朝廷挺远，但政治派别却不少，有益州的本土派，也有随刘璋父子入川的所谓东州派，而在这两大派系之外，还有一些人既不出身于本土，也与刘璋父子没有太深渊源，比如扶风这一派。刘璋父子依靠东州派对本土派时拉时打，而对扶风派的这些人，基本上没有放在眼里。扶风派人单力薄，历来不受重视，随时会被边缘化，但他们个个都是人才，很有智谋和想法，总想找机会改变现状。

在对待引进刘备这件事上，本土派主流想法是反对，来了个刘焉、刘璋，已经把他们搞得很不爽，再来个刘备，岂不更受气？而东州派还没拿定主意，不过内心里倾向于有个外人来帮忙，既能对付曹操，也能弹压本土不服的势力。扶风派则强力支持，刘璋不行，换个人来总是多了次机会。

张松是益州本地人，但他与扶风派的法正、孟达关系很好，政治上和他们是一路人。在法正、孟达等人的策划下，经过张松不断地向刘璋建议和施加影响，刘璋最终拍板：请刘备来。

这么大的事，得派个使者先探探路，刘璋问张松谁合适，张松顺势推荐了老朋友法正。法正字孝直，扶风郡郿县人，此时大约 35 岁，他的祖父法真有清节高名，《三辅决录注》上有法真的记载，说他活了 89 岁，知名于世，号称玄德先生，其号与刘备的表字相同。法正的父亲叫法衍，当过司徒掾、廷尉左监。大约在建安初年，长安动荡加饥荒，法正和好友、同郡人孟达一起入蜀依附刘璋，刘璋不善用人，没有发现法正的才能，过了很久法正才当了个新都县令。法正怀才不遇，又常遭当地人的排挤诽谤，十分苦恼。

法正和担任益州别驾的张松是好朋友，常在张松面前感慨自己的遭遇，有时也发发牢骚，认为刘璋不是个能成大事的人。在张松推荐下，刘璋命法正前往荆州商谈刘备入益州之事，为了不引起刘璋的疑心，法正还假模假样地推辞了一番（正辞让，不得已而往），之后受命出使。

这是个秘密行动，但消息还是透了出来，刘璋身边一些人立即炸了锅。刘璋的主簿黄权劝刘璋说一国不容二君，希望刘璋慎重考虑。有个叫王累的人做得更绝，据《华阳国志》记载，这位仁兄为了劝说刘璋，不惜自吊于州官府大门外，想来个尸谏，希望刘璋能够警醒，但刘璋不为所动。

之前逃到交州的刘巴此时也在益州，据《零陵先贤传》记载，刘巴到了交州，改姓张，想重新开始自己的人生，无奈与交趾郡太守士燮不合，于是经牂牁道来到益州，到了益州郡又被人拘拿，太守要杀他，幸亏郡里的主簿看他气度不凡，没有杀，主簿请命，亲自送刘巴到成都，见到刘璋。刘巴的父亲刘祥当太守时曾举荐过一个孝廉，此人就是刘璋的父亲刘焉，因为有这层关系，刘璋待刘巴很尊重，每有大事都向他征询意见。刘巴也认为，刘备不是能屈居于人下的，把他弄来必然是引狼入室（备，雄人也，入必为害，不可纳也）。

但是刘璋心意已决，仍然命法正成行。法正一行沿路而下，走了近2000里的路，在孱陵见到了刘备。当着众人的面，法正办完公事，等四下无人时，法正立即向刘备把话挑明，道出了夺取益州的具体计划（正既宣旨，阴献策于先主）。法正对刘备说："以将军的英才，应该乘刘璋的懦弱而有所作为。张松在益州是个重要人物，他可以从里面响应您（张松州之股肱，以响应于内），得手之后就拥有了益州的殷富以及天府之国在地理上的险阻，以此成就大业易如反掌！"

对刘备来说，居然有人如此会意于他的心思，知道他对益州正在千思万想，所以白送给他。这已不是困了有人送枕头那么舒坦，而是捂着18床被子也做不出来的春秋大梦！

刘备确信法正没有使诈后，又与他密谈了后面的一些细节。

看护大本营

法正走后，刘备火速把诸葛亮、关羽、张飞、庞统等人召来，商议前往益州的具体事宜。

成都那边，法正回去后向刘璋报告了荆州之行，自然进一步劝刘璋速下决心，请刘备来益州助战。刘璋虽然没有改变主意，但也不说具体什么时间请刘备来。大概法正一走，刘璋也冷静了许多，那些不同意刘备来益州的人趁机反复劝说，刘璋还想再考虑考虑。法正很着急，张松也着急，但这事着急没用，在刘璋面前他们还得装得淡定，以免惹猜疑。

恰在这时，有人帮了刘备的大忙，这个人竟然是曹操。这年夏秋之季，曹操结束了关中战役回到邺城，临行前任命自己的挚友、大书法家钟繇为司隶校尉，负责关中事务。钟繇刚上任不久，就接到曹操的命令，要他攻取汉中，这个节奏大大快于刘璋的预计，刘璋原本以为，曹操刚刚结束了一场大战，需要一段时间的补充和调整，之后才可能发动汉中战役，没想到曹操如此心急。

刘璋不知道，曹操心急是因为刘备。赤壁之战后这几年刘备的势力发展迅速，令曹操十分吃惊和担心，他一向认为这个世界上只有自己对刘备看得最清最透，在他看来，刘备的生命力异常顽强，只要一有机会他就会快速成长，最终成为自己的终极对手。

曹操认为，刘备正在打益州的主意，为了抢在刘备的前面，他必须先攻下汉中。刘璋父子与张鲁有扯不清的关系，汉中与益州曾一度为盟友，刘璋对张鲁也很了解，知道此人抵抗意志十分薄弱，随时有投降的可能。张松见状，给刘璋顺手加了把火，让刘璋更加坐卧不安。

张松密报刘璋："现在得到消息，庞羲、李异等人听说时局将变，他们现在很活跃，正密谋私通外敌（欲有外意），如果不赶紧请刘豫州前来，敌人攻其外，他们攻其内，必然失败！"张松提到的庞羲原是朝廷的议郎，和刘璋父子有通家之好，刘焉当年曾密令其子刘范私通马腾袭取长安，事情败露，刘范被杀，庞羲召募勇士解救了滞留在长安的刘范的几个儿子也就是刘焉的孙子，之后把他们带到益州，受到刘焉的感激和器重。后来，刘焉让庞羲率兵攻打张鲁，庞羲势力遂因此逐渐坐大，被任命为巴西郡太守。刘璋继位后，发生了地方实力派赵韪的反叛事件，有人说庞羲也参与了其中，但没有证据，刘璋对庞羲渐生疑心。

张松提到的李异为何人不详，史书上确有一个名叫李异的人，但那是孙权手下的将领，参加过夷陵之战，应该不是张松提到的这个人。张松说的李异,想必也是益州的地方实力派,与庞羲一样,对刘璋并不忠心。

张松的话让刘璋很受触动，本来，请刘备来益州的表面目的确实是打张鲁，但刘璋内心里的隐秘目的是对付地方实力派，对于庞羲、李异等人，刘璋一直感到很头疼，他又没有力量制约这些人，所以想引入一个强人来压一压这些“蛇”。于是，刘璋不再犹豫，正式向刘备发出了邀请。

在荆州，刘备接到报告大喜。此次刘璋仍派法正来请刘备，随法正一同前来的，还有扶风派的另一位干将孟达。刘璋为表示诚意，还让他们率数千人马，拨归刘备指挥（送兵数千助先主守御）。刘璋现在反而特别担心刘备不来，所以不惜血本。

法正、孟达还私自献给刘备一份大礼。据《吴书》记载，刘备之前与张松、法正谈得很投机，谈话之中刘备多次寻问蜀中情况，尤其关心军事部署及山川地理情况（兵器府库人马众寡，及诸要害道里远近），张松等一一回答，此次又画了地图，标示各种重要事项，将益州的虚实全部列出，献予刘备。

这就是“张松献地图”的由来。但一般认为，这条记载不可靠，因为张松和刘备还没有见过面。张松之前曾出使过荆州，但他见到的是曹操，那时候刘备已逃至夏口，不可能与他见面。其实这并不要紧，张松、法正、孟达等人既已私心于刘备，他们一定会将所掌握的情报在刘备面前毫无保留地献出，知无不言、言无不尽。

只是以法正和孟达的地位，平时接触的重要情报不会太多，张松不一样，作为益州别驾，相当于副州长，是刘璋的主要助手，知道的东西肯定很多，行前把一些重要内容写成书面材料或画成图，让法正、孟达捎给刘备，是完全可能的。

最近以来，刘备一直驻守在孱陵，法正、孟达到达后，刘备赶紧回到公安，在这里他召开了军事会议，对入蜀以及荆州的防务进行布置。刘备决定带步卒数万入益州，这已占了他所能集合起来人马的一大半。益州广阔，情况复杂，此行任务艰巨，不是几个月就能办完的，人马带少了不行。但是，对于关羽、张飞、赵云等将领，刘备决定一个都不带，之所以做出这样的安排，刘备有他的考虑。

一来，荆州是大本营，不能有丝毫闪失，曹操不可怕，他近来的战略重心是东面的合肥和西面的关中，连续几场大仗下来，从荆州方向发起大规模攻击的可能性小。但盟友孙权必须时刻提防，自从上次孙瑜借道伐蜀未成，孙权对他这个妹夫已有怨气。如果听到他抢先一步带兵入蜀，孙权肯定更为恼火，说不定会做出什么过激之事来，留下关羽众人在，不怕江东生变。

二来，此次入益州打的是助战的旗号，夺取益州只能相机行事，时机不到不能轻举妄动，在此之前一切应该低调，不能引起刘璋和益州士人们的疑心。世人皆知关羽、张飞等是出了名的猛将，也是他的左膀右臂，没带他们来，说明没有别的想法。

关羽、张飞、赵云虽然英勇，但智谋尚欠缺，自己走后，一旦突发大事，益州、荆州之间千里阻隔，难以及时通达信息，如果处理不当，势必会误大事。考虑到这些，刘备决定把诸葛亮也留下。诸葛亮处理问题周到细密，虽然年轻但临危不乱，赤壁之战他立了关键一功，战后这两三年里他前后奔忙，为拓展和巩固荆州发挥了重要作用，他又和江东方面关系不错，尤其是和江东负责荆州方向防备的总指挥鲁肃私交甚好，把他留在荆州，刘备才能放心。

至于益州那边，刘备倒也不担心，因为卧龙去不了还有凤雏。刘备把庞统带在身边，帮助出谋划策。庞统上次主动提出攻取益州的建议，正符合刘备的心意，对于益州他也多有研究，此去有他在身边，正好弥补诸葛亮不在的遗憾。刘备提拔庞统为军师中郎将，所任职务与诸葛亮相同，让他随军听命。除庞统外，刘备还带上了简雍、黄忠、魏延、廖立等人。

安排好这一切，刘备一行就在法正、孟达的陪伴下，率领大军，浩浩荡荡地沿长江西进了。

维护孙刘联盟

刘备走时，交代荆州的防务由诸葛亮、关羽、张飞、赵云等人负责，至于谁负总责，史书上却没有明说。《三国志·先主传》说刘备留下诸葛亮、关羽等据守荆（先主留诸葛亮、关羽等据荆州），没有提张飞和赵云，看样子是诸葛亮、关羽共同负总责。《三国志·诸葛亮传》与此说法相似，说刘备离开后，诸葛亮和关羽镇守荆州（亮与关羽镇荆州）。而《三国志·关羽传》却说，刘备临走前，交代由关羽对荆州的事务负总责（先主西定益州，拜羽董督荆州事）。

论职务，诸葛亮此时只是军师中郎将，低于关羽、张飞，甚至低于赵云，但之前说过，还不能用职务高低来说明一切，诸葛亮出色的能力和独特的作用决定了他可以负起整个荆州的责任。加入刘备阵营以来，诸葛亮比较注意处理好与关羽、张飞等将领的关系，关、张二人早期的不满情绪已不存在，关羽和张飞对诸葛亮的能力和重要性也认识得比较清楚，尽管诸葛亮比较年轻，职务也低，他们倒并不反对接受他的领导。

所以，史书虽然没有明确，可以推断刘备不在期间，荆州事务是由诸葛亮负总责。至于拜关羽董督荆州事务，那应该是后面的事，发生在诸葛亮也领兵去了益州之后。诸葛亮当时应该驻守公安，关羽、张飞应该驻守在江陵、秭归等要地，据《云别传》记载，刘备特意任命赵云为留营司马，协助诸葛亮负责大本营的日常事务。

刘备之所以做出这样的安排，是考虑到他走之后还留下了一件麻烦事，那就是他的那个新夫人孙妹妹。这个孙妹妹一向无法无天，刘备在时尚骄横不法，如果刘备不在跟前，还不知道会闹出什么动静来。诸葛亮办法虽然多，但毕竟是文人，遇到不讲理的人，尤其是不讲理的女人，只怕也没办法。《云别传》记载，刘备认为赵云平时比较威严，能压得了阵，所以让他掌管内务（先主以云严重，必能整齐，特任掌内事）。

这个安排还真对了，孙权听说刘备西征，一方面气愤不已，认为之前刘备那些大话都是搪塞自己的，是耍无赖；另一方面，决定把妹妹接回江东。孙权也不跟这边商量，便直接派大船来接人。孙妹妹要回娘家，谁也拦不住，诸葛亮不好说去益州请示完刘备再放行，只好让她走。

可是，这个孙妹妹不仅自己走，还要把刘备最要紧的一样东西带走，那就是幼子刘禅（夫人内欲将后主还吴）。刘禅此时 4 岁，他的亲生母亲甘夫人已经病故，平时可能就由年轻的继母孙妹妹带着。谁也没有料到孙妹妹会使出这一手，仓促之间刘禅竟然被她抱到了船上。

如果把刘禅丢了，诸葛亮得后悔一辈子，幸好得到消息后，诸葛亮赶紧命赵云、张飞分别从陆路去追。骑马总比坐船快，赵云率先赶到孙夫人前面，勒兵截江，才把刘禅抢了回来。这是赵云第二次救幼主，前一次血战长坂，正是赵云的拼命相护，刘禅才得以生还。

刘备率领大军进入益州后，一开始倒也顺利，在涪城受到刘璋的盛情款待，法正、庞统都劝刘备借此机会一举将刘璋拿下，益州很快可以得手。

但刘备拒绝了："才入益州，恩信未立，不能这么做。"相对于夺取一州的地盘，刘备更在乎的是人心。人们都知道他是受邀而来，刘璋又如此盛情厚义，他对益州没有任何建树，却趁机发动政变，即使得手，也会让益州百姓心寒。

益州要取，但必须到了火候再说。应该说，张松、法正以及庞统的考虑是战术层面的，是如何实现眼前的目标；刘备考虑的是战略层面的，是着眼于目标实现后如何确保长远目标也能实现。为此就不能操之过急，需要忍耐和等待。

在涪城欢娱了百余日，刘璋回了成都，按双方约定，刘备将率所部加上刘璋增拨的兵马向北进攻汉中。《三国志》称，此时刘备的总兵力超过 3 万人（先主并军三万余人），手握重兵，如果现在向成都杀个回马枪，刘备仍有胜算，但刘备仍不着急。

刘备率部由涪城向北进发，一直到了葭萌，才不走了。葭萌是广汉郡辖下的一个县，在古白水之上，介于今四川省剑阁与广元之间。其境内有白水关，是益州北御张鲁的最后一道防线，刘璋在此设白水军督，相当于一个边防军区，所辖各部称为白水军。白水军督名叫杨怀，副手叫高沛，刘璋下令，他们都归刘备指挥（令督白水军）。刘璋对刘备是彻底地信任和倚重，他希望刘备能抢在曹操之前拿下汉中，解除益州的北部之忧。

刘备却不着急，到了葭萌，就在这里住了下来，不提北进的事。刘备来葭萌是汉献帝建安十六年（211）的 12 月，离开这里的时候已是次年的年底，也就是说，刘备在此一住就是一年。在这一年里，刘备没有向北方用过一次兵，对外他只做了一件事：厚树恩德，以收众心。刘璋父子治蜀，精力都耗在了上层斗争方面，对于百姓关心不够，刘备兵精粮足，不用管别的事，要收买人心那还不容易？况且对刘备来说，这些正是他的强项。

在荆州方面，这一段时间局势相对平静。诸葛亮和关羽等人丝毫不敢大意，时刻关注着北面曹操和东面孙权的一举一动，防备他们借刘备分兵于益州之际来进攻荆州。让诸葛亮颇为欣慰的是，曹操这段时间把用兵的重点放在了关中地区，那一带一直由十多路割据势力所分治，被称为关中诸将。在关中诸将的后面，还有凉州的马超和韩遂，曹操想解决他们。这是一场战役，一旦开始没有一年半载便无法结束，看来曹操暂时无力南下。

对孙权这边主要是搞好关系，巩固同盟。孙权接妹妹回江东事件发生后，双方闹出了不愉快，但也没有因此撕破脸。江东在荆州方向的总指挥是驻扎在陆口的鲁肃，他也是诸葛亮的老朋友，是孙刘联盟的坚定支持者，在他们的共同努力下，孙刘双方关系处得还算好。

这段时间，诸葛亮与鲁肃、孙权都保持了经常性的书信往来，在《诸葛亮集》中保存了诸葛亮与孙权在此期间一封信的片段，根据这项资料判断，孙权曾给诸葛亮写信，询问谁在刘备跟前出谋划策。孙权大概觉得，刘备入益州应该把诸葛亮带上，诸葛亮竟然没有去，别人他就不熟悉了，因而询问。

诸葛亮写信告诉孙权，现在刘备身边出谋划策的主要是庞统和廖立，他们二位都是楚地的俊才，有能力辅佐刘备复兴汉室大业（庞统、廖立，楚之良才，当赞兴世业者也）。这封信表明，刘备虽然抢在孙权的前面去了益州，惹得孙权不高兴，但孙权也只好默许了，他只能继续维持孙刘同盟的存在。

在这种情况下，江东对荆州的威胁暂时可以不作为考虑的重点，可以让刘备在益州放手大干一番了。

“卧龙”失“凤雏”

刘备到葭萌后，刘璋一开始还在等，希望前方有好消息传来，但左等右等不见动静，他有点急了，但也不好问，只好耐着性子继续等下去，直到这时，他仍然相信刘备会履行诺言，替他攻打张鲁。这是一件很奇怪的事，在历史上恐怕也是绝无仅有的一例，一方想拓展地盘，但觉得自己实力不够，就出钱出人请另一方帮自己去实现梦想，问题是请来的这一方实力比自己强，请神容易，怎么送神?

刘璋到现在还没弄明白，刘备不是雇佣军，刘备是不折不扣的枭雄。在葭萌期间，刘备也在思考着如何进攻刘璋。庞统认为，葭萌不可久留，必须早日确定行动计划（若沉吟不去，将致大困，不可久矣）。为此，庞统制订了 3 个方案：第一个方案是，悄悄选派精兵，昼夜间行，直接袭取成都，刘璋实力不强，防备力量不足，大军如果突然发起攻击，定然能一举将其拿下；第二个方案是，杨怀、高沛是刘璋的大将，倚仗有强兵据守白水关头，听说他们多次秘密向刘璋报告，建议把我们遣送回荆州。现在可以告诉他们，说荆州那边有事，要回荆州救急，之后做出要回去的样子，这二人既惮于将军的威名，又高兴将军现在离去，必然会轻骑来见，到时候一举将其擒拿，进而攻取成都；第三个方案是，暂不用兵，退回白帝城，与荆州相连，益州之事徐图缓进。

庞统把这 3 个方案分别称为上、中、下三策。刘备经过认真思考，他觉得上策虽然可以出其不意地攻取成都，在军事上是胜算最大也是最有效的方案，但是不明不白地突然反戈一击，势必造成极大震动，益州即使可以夺取，人心仍然无法收服，为治理益州留下后患。至于下策，退回自己的地盘，那就等于这一年来白忙活了，退容易，再来就难了，刘璋怕是不会再请自己了，这个方案刘备根本不考虑。刘备最终拍板，采用中策。

汉献帝建安十七年（212）10 月，刘备等来了机会，曹操率部征讨孙权，目标是孙权在长江北岸的要塞濡须口。孙权有点顶不住，向刘备求援。刘备不关心孙权的死活，但他要的机会来了。

接到孙权的求救，刘备即刻向刘璋写信，信中写道：“曹操征吴，孙权那边快顶不住了（曹以征吴，吴忧危急）。我和孙权是联盟，唇齿相依。而且，曹操还派乐进在青泥进攻关羽，如不相救，关羽也危险了，乐进必然大举进攻荆州。张鲁虽然要打，但现在荆州那边更危险（其忧有甚于鲁）。张鲁毕竟是守在那里的敌人，不足为虑。”

乐进与关羽是否有青泥之战，没有其他史料作为旁证，但并不证明这条信息是刘备瞎编的，为配合曹操东线战场的行动，守在襄阳的乐进此时主动向关羽发起进攻，这种可能性是存在的，不过有诸葛亮、关羽、张飞等人严密防守，乐进不可能突然总攻荆州，那是刘备在夸大其词。刘备向刘璋提出，请求增加一万人马以及相应的军需物资（从璋求万兵及资实），自己回荆州救急。

刘璋接到刘备的来信，愤懑之情可想而知，等了一年，好吃好喝好招待，又是给人，又是给钱，血本都投进去了，没有任何回报，现在要走人？刘璋有点后悔没听黄权等人的话，但现在说后悔也没有用了。如果一气之下与刘备翻脸，刘璋没有这个勇气，更没有这个把握，刘备现在拥数万之众，动起手来，刘璋自觉不是对手。

可气的是，刘备得了好处抹嘴走人不说，还再要一万人马及大批军需物资，这不是欺负人吗？但是如果不给，又让这小子得了口实，刘璋又气又急又犯愁，想了半天，给刘备回了封信，同意刘备先回荆州去救急，一万人马太多，只能凑齐 4000 人，其他军需物资，按照刘备所列清单一律减半供给。

应该说，刘璋还是真够意思，但刘备以此为借口，于汉献帝建安十七年（212）12 月在葭萌起兵反击刘璋。刘备先设计解决了白水关的守军，之后率大军南下，向益州北部重镇涪城攻击。刘璋急了，派刘璝、冷苞、张任、邓贤诸将率各部人马向涪城增兵。益州毕竟多年不打仗了，战斗力太弱，刘备指挥手下人马一举将刘璋派来的各路将领击败，攻入涪城，刘璝、张任等人率残兵退守绵竹。

此时已经到了汉献帝建安十八年（213）初，刘备进入涪城，在此休整。正在这时，刘备突然接到报告，说诸葛亮派马良从荆州来了。刘备闻报吓了一跳，荆州难道出了什么大事？他赶紧把马良叫过来详细询问。

马良见到刘备，汇报说荆州并没有什么大事，还在正月里，曹操便集合起大军进攻孙权的濡须口，曹军对外号称 40 万，孙权只得倾其所有前去应敌，结果连吃败仗，江北大营被击破，都督公孙阳被擒。孙权却不敢退缩，害怕曹操一鼓作气真的打过长江去，便依托长江防线与曹操周旋，眼下这双方杀得难解难分，都无暇顾及荆州。这么一说，刘备放下心来，看来现在正是一个袭取益州的好时机，是上天对自己的又一次眷顾。

马良说，诸葛亮派自己来益州，一方面是汇报荆州的情况，请主公放心；另一方面是捎来一封信，请主公过目。马良呈上诸葛亮的来信，刘备认真看完，对其中一段话看了半天，却看不出头绪来。这段让刘备费解的内容收录在《诸葛亮集》中，下面引用的是其原话："亮夜算太乙数，今年岁次癸亥，罡星在西方；又观乾象，太白临于雒城之分，主于将帅，多凶少吉。"翻译过来就是：我推算了太乙星的情况，今年木星处在天干星的第十位，地支的第六位，北斗星斗柄指向西方；又观看天象，发现太白星处在雒城的上空，此天象主宰将帅，一定凶多吉少。

用星相占卜吉凶在那时是常做的事，刘备出师前也经常问卜于术士。诸葛亮擅长百家，对《易经》、道家也多有涉猎，说他会占星，没有什么可大惊小怪的。从此信的内容来看，是提醒刘备注意可能将会有不测的事发生，具体位置在雒城，这大概是诸葛亮派马良不远千里来益州的重要原因。

在涪城经过了 2 个多月的休整，到了 5 月，刘备率军继续南下，直取成都。涪城大败，让刘璋乱了阵脚，不知该如何应对。

刘璋最后决定主动出击，他制定了一个两路夹击的战略。刘璋派扶禁、向存率一万多人马由阆水北上，围攻葭萌。阆水即今嘉陵江，刘备南下后留霍峻率部驻守葭萌，如果霍峻被攻破，刘备确实面临前后被夹击的局面。霍峻的兵力十分有限，不足敌人的十分之一，刘备此时全力向南进攻，无力分兵去救霍峻，一切只能靠他们自救。但霍峻很顽强也很有经验，他坚守葭萌不出，扶禁、向存无法得手。霍峻真不简单，一口气守了整一年，其间还伺机出击，选精锐向敌人发起突袭，把敌将向存斩杀，刘璋两面夹击的计划落空。

另一路，刘璋把手里的其他精锐全部派上阵，分别由刘璝、泠苞、张任、吴懿、邓贤、李严、费观等将率领，阻击刘备于成都以北的广阔地区。战斗的结果是，刘璋手下众将皆败，中郎将吴懿首先率部投降，被刘备当即拜为讨逆将军。中郎将上面是偏将、裨将、副将，吴懿连升了三级。榜样的力量无穷大，吴懿之后，刘璋的护军将军李严、参军费观在绵竹也率部投降，都被刘备拜为裨将。也有宁死不降的，一次在雒城外雁桥交战中，刘备将张任生擒。刘备素闻张任在益州军中威望很高，希望能劝说他投降。张任慷慨激昂，高呼："老臣终不复事二主！"刘备无奈，把他杀了。

刘璋仍然做拼死一搏，他下令由儿子刘循统一指挥残部退守雒城，此地在今四川省广元以北。若再下雒城，成都将不攻自破，刘备率重兵将其团团围住。不过，刘备想起诸葛亮信中的话，对雒城这个地方不禁心生不安。

果然出事了，在一次攻城战中，庞统中了冷箭，结果竟然不治身亡，死时仅36岁。刘备痛失股肱，悲伤不已，一连多日只要一说话就流泪（言则流涕）。

有个叫张存的，南阳郡人，以荆州从事的身份随刘备入蜀，此人估计也有些才学，但平素最不服庞统，看见刘备对庞统如此叹息称赞，在一旁道："庞士元虽说尽忠可惜，不过却有违大雅之义（统虽尽忠可惜，然违大雅之义）。"张存说的"大雅之义"从字面上看有些含糊委婉，推测起来可能有两个意思：一是暗讽庞统以军师中郎将的身份跑到最前沿攻城，死得不值；另一个是说庞统出谋划策袭取刘璋，生得光荣，死得却不伟大。

在领导身边工作，说话做事一定要特别长眼色，遇到高兴的事往往需要藏起来，自己偷着乐就行，该说的话说，不该说的别说，不然要吃亏。刘备正为庞统之死悲伤，听张存这么说，不禁勃然大怒："庞统已杀身成仁，你还在说什么风凉话（统杀身成仁，更为非也）？"

刘备当即下令罢了张存的官。要说刘备还算脾气好的，换成袁绍、袁术、曹丕那样的领导，张存的脑袋今天就得搬家。不过，这也把他吓得够呛，该同志不久便得病而死。

庞统的家人还在荆州，刘备让人回去表奏庞统的父亲为议郎，以后又升为谏议大夫。庞统的弟弟庞林、儿子庞宏后来都在蜀汉担任过太守。消息传到荆州，诸葛亮也悲痛不已。庞统不仅是他的故友也是他的亲戚，诸葛亮亲自到庞统家中祭拜（亲为之拜）。

第九章

西进益州

指挥三路大军

庞统意外身亡，不仅让刘备蒙受了巨大损失，而且似乎也改变了刘备之前一帆风顺的局面，在此后围困雒城的战役中刘备频频受阻，使尽了各种办法，雒城仍然未能攻克。

这是很危险的事，正如郑度向刘璋建议的那样，坚守不出、坚壁清野，敌人再强大也撑不了多久。而且，益州还有一些郡有一定的实力，比如东部的巴西郡、巴东郡和巴郡，号称“三巴”，其范围大体相当于现在的重庆市，其实力不可小视，而刘备在此寸土未占。还有南部的几个郡，汉昌郡、益州郡、越嶲郡，他们多持观望的态度，表面服从刘璋，实则保持中立。在此情况下，一旦久攻雒城不下，被刘璋趁机反攻得手，这些人肯定会一哄而上，等到那样的局面出现就无力回天了。

看到这些情况，刘备急了，赶紧写信给诸葛亮，让他火速率兵增援。诸葛亮接到刘备来信是在汉献帝建安十九年（214）5月，刘备信中做了大致的安排，诸葛亮走后荆州交由关羽镇守，诸葛亮率张飞、赵云等率部迅速开赴益州。

接到刘备的命令，诸葛亮立即进行了部署，他命张飞率一部人马先行，赵云率部与自己在后面跟进，两支人马约定在江州会合。诸葛亮留下马良、麋竺、麋芳、廖化等人协助关羽镇守荆州，之后随赵云所部一起沿长江而上，向益州进发。

这是诸葛亮第一次单独指挥数万人马的军事行动，这一年他34岁，正式职务仅是军师中郎将。论年龄，赵云、张飞都比他大；论职务，赵云和张飞也比诸葛亮高。但是刘备仍然把这支大军的指挥权交给了诸葛亮，这既是对诸葛亮能力的充分肯定，也是对诸葛亮的信任。据《三国志》记载，诸葛亮还把刘备的养子刘封带上，这一年刘封20岁左右。

张飞在前面开路，首战巴东郡，将其攻克。再往前，一路顺利，直抵巴郡的郡治江州，却遇到了顽强抵抗。之前说过江州即今重庆市，是益州东部重镇，刘璋的巴郡太守是严颜，他一向反对引刘备入益州。经过一番激战，张飞攻破了江州，并将严颜生擒。《三国志》记载，张飞抓住了严颜，斥责道："我大军已至，你怎敢不投降而拒战？"严颜不惧，答道："是你们不讲理，侵占我们的土地（卿等无状，侵夺我州），我州只有断头将军，没有投降将军！"张飞大怒，命左右将严颜拉下去砍头。严颜脸色不变，对张飞道："砍头就砍头，发什么火（斫头便斫头，何为怒邪）？"张飞被严颜凛然之气所感动，下令把他释放，尊之为宾客。张飞"义释严颜"成就一段历史佳话，说明张飞不是一个只会冲锋陷阵的粗人，也有心细的一面。

诸葛亮携赵云一行随后也赶到了江州，在这里稍作休整。据《太平寰宇记》记载，江州附近有一山，高 3 里，合今 1000 米左右，诸葛亮、张飞、赵云等入蜀至此，分定诸县，百姓用牛、酒犒劳大军，诸葛亮于是下令在此大会将士，此地由此得名为会军堂山。

之后，诸葛亮决定分兵三路向益州腹地进发：第一路，由张飞率领，由垫江向北，收服巴西郡，之后折向西南，去德阳等待会合；第二路，由赵云率领，继续沿长江而上，攻占江阳、犍为等战略要地，之后迂回至成都东南方向；第三路，由诸葛亮自己率领，由江州直接西进，攻占德阳，与张飞会合后直赴成都。

巴西郡的郡治是阆中，即今四川省阆中；江阳即今四川省泸州，犍为是益州的一个郡，郡治武阳，即今四川省彭山；德阳属广汉郡，即今四川省遂宁。这些地方都是益州的战略要地，诸葛亮的战略是，不急于去雒城支援刘备，而是先肃清成都外围，从南、北、东三个方向包围成都。

诸葛亮制订这样的作战计划，考虑的是刘璋的主力已被刘备吸引至雒城方向，撤不能撤，打不敢打，现在只要继续保持对雒城的压力，就可以腾出手来一一将其收服，到那时即使雒城仍不破，刘璋也无计可施。雒城不破，缘于城池高大，易守难攻，而不在于攻城部队的多寡，现在几路人马即使全部云集于雒城，也未必能马上将其攻破。而且，即使攻破了雒城，益州各地的战略要地也要一一去占领，不如先做这些事。

除此之外，诸葛亮还有一层考虑，那就是夺取成都的方式。如果成都是第二个雒城，麻烦就大了。雒城无关大局，成都却举足轻重，如果刘璋不肯投降，再围成都数月，攻守相还，死尸遍地，把城池打烂，有人逼急了再给城里放几把火，那成都即使拿下，也废了。

杀人总是凶事，攻城之日，如果死伤巨大，终不吉祥。按照诸葛亮替刘备做出的规划，今后将以益州为根本，成都就是成就王业的基础，此城不能硬攻，最好让刘璋出城投降。现在三路分击的方案正是断绝刘璋的后路和希望，迫使他出降。

三路大军分头行动，进展都很顺利。张飞一路进军巴西郡，严颜给了很大帮助，巴西郡功曹龚谌投降，巴西郡很快被占领。张飞按照之前与诸葛亮的约定，留下一部分人马防守，自己率部前往德阳与诸葛亮会合。赵云也顺利地平定了江阳、武阳等地，之后向成都方向进军。

三路大军之中，相对而言诸葛亮率部攻击德阳这一路遇到的抵抗最大。刘璋帐下司马张裔顽强抵抗，与诸葛亮战于德阳附近的柏下，经过激战，张裔被打败，退回成都。

张裔字君嗣，是成都本地人，也是一名学者，长于春秋，博涉史籍，受到大名士许靖的赞赏。刘璋举荐他为孝廉，让他当县长，又任命他为帐下司马。这是个能文能武的人才，虽然被打败却给诸葛亮留下了深刻印象，张裔随刘璋投降后，诸葛亮对他刻意培养和重用。

终于攻入成都

诸葛亮率三路大军来增援，并且连连得手，这让成都的刘璋坐卧不安，刘璋原来还指望坚守一阵子让刘备知难而退，现在看来这一切都不可能了。

汉献帝建安十九年（214）夏，在诸葛亮、张飞、赵云等各路有生力量的策应下，刘备终于将雒城攻破。之后刘备率军进抵成都，诸葛亮等几路人马也完成了各自任务，先后到达成都城外，在此会师。

事已至此，刘璋却仍不愿投降。可见人都有一种本能，这与求生的本能类似，是对权力的渴望。直到这时刘璋才更加清醒地意识到，权力是个多么宝贵的东西，而他即将失去这一切。更可怕的是，刘备会怎么处置自己，刘璋不知道。是像袁绍对待韩馥那样，还是像曹操对待刘琮那样？人家韩馥、刘琮还都是主动让权的，而自己把事情弄成了现在这样，结局肯定不如他们。刘璋越想越害怕，索性豁出去，干脆来个闭门不战也不降。

这时发生了一件事，压垮了刘璋集团的最后一点斗志，这就是马超主动投奔刘备。马超是凉州军阀马腾之子，赤壁之战后，马超联络了一些反对曹操的势力，在关中起兵，曹操亲征关中，双方打了一场潼关之战，马超大败，先逃往凉州，后来又被赶到了汉中。这些年，马超一直寄身于汉中的张鲁。张鲁任命马超为都讲祭酒，张鲁祖孙三代居汉中，以五斗米教治国，所有官职都带有宗教色彩，其最高职务是大祭酒，由张鲁本人担任，有人认为都讲祭酒仅次于大祭酒，但缺乏史料依据。不管怎么说，张鲁对马超还是相当不错的，甚至想把女儿嫁给马超（欲妻之以女），这时有人劝阻道："如果连自己的亲人都不爱，怎能去爱别人？"

马超在关中起兵时，留在邺县的父亲马腾及全家上百口人被曹操所杀，外界多不批评曹操的残暴，反而对马超做事鲁莽置家人于死地而很有看法，这是因为凡事讲因果，马超起兵在先，而一家人被杀在后，对此马超也无法争辩。此外，马超由于虑事不周，还致妻子杨氏及儿女都死在了凉州，所以有人提醒张鲁，跟着马超没有好结果。

张鲁想想，打消了收马超为婿的念头。此后，马超在汉中其实很难受，不受重视，备受猜忌，身边又没有多少亲人。马超有一个姓种的妾，这个妾有个弟弟在关中，后来到了汉中投奔马超，过年时别人家都在团圆，马超身边只有这个小舅子陪他。小舅子为他祝酒，马超悲从中来，捶胸痛哭，以致吐血（搥胸吐血），马超痛苦地对他的小舅子说："一家上百口人死于一旦，仅剩咱们两个，还有什么可贺的呀（阖门百口，一旦同命，今二人相贺邪）？"

孤独、悲痛还好说，忍着就行，但马超在汉中的处境很不妙，张鲁手下过去最得势的人是杨昂，他担心马超威胁自己的地位，所以对马超很不友好，还有一个将领叫杨白，也忌妒马超的才能，想害他。

马超有些害怕，不敢在汉中待下去，找了个机会跑到了汉中郡西边的武都郡，又从那里逃回氐中，但曹魏的雍州刺史部设立后，包括陇西在内的昔日凉州刺史部所有地方都已成了曹操的控制区，马超根本无法立足。天下之大，竟然没有一代名将马超的立身之所，思来想去，马超觉得只有刘备有可能收留自己，于是辗转到了益州。

马超来得很是时候，刘备大喜过望，忙派人去迎接。马超此行应该没带几个人，他在汉中新纳的妻子董氏以及儿子马秋还在张鲁手里，他的爱将庞德也没有随行，总之来得很匆忙，或者说有点狼狈。诸葛亮认为这都无所谓，现在要的是马超的名气，有这一点就够了。没有兵好办，诸葛亮建议悄悄给马超增兵，对外说是马超带来的，让他们屯驻于成都城北，然后宣称马超带着凉州兵前来助战。

成都城内原本物资储备充足，粮食吃两年都没问题（谷支二年），而大家都愿意死战（吏民咸欲死战）。但现在听说名将马超和勇猛异常的凉州军来了，斗志终于彻底瓦解。就连刘璋父子一向十分敬重的名士许靖都想到了投降，许靖此时担任蜀郡太守，该郡是益州第一郡，成都就在其管辖之下。许靖虽然是个知识分子，但为了逃生也有惊人的勇气和体力，他逃跑的方式很勇敢，就是翻城墙逃出去投降刘备（将逾城降）。不过到底是知识分子，智则智矣，力有未逮，许靖被发觉，让人抓了起来。刘璋倒也没生气，也没杀他，因为刘璋知道此城已危在旦夕，他要是许靖，也会这么做。

刘璋终于想到了投降，对左右说："我们父子在益州 20 多年，对百姓没什么恩德，却给大家带来 3 年的战乱（父子在州二十余年，无恩德以加百姓，百姓攻战三年），百姓饥荒露宿，死于道途，这些都是因我而起，让我何以心安？"

刘璋决心投降，派张裔出城，作为自己的谈判代表去见刘备。刘璋的条件很简单，只要保证自己及一家人的安全，他愿意和平让出成都。张裔就是在柏下与诸葛亮有过一战的那个人，刘备和诸葛亮见了他很高兴，强攻只能把成都打烂，尸横遍野只能在士民中增加仇恨，刘备更看中益州的未来，对于刘璋提出的条件他都答应，向张裔表示，只要刘璋出城投降，一定会对他充分尊重并做出适当安排（礼其君而安其人）。

刘备命简雍随张裔一道进城，向刘璋当面重申自己的承诺。简雍在刘备手下，对重大决策发挥的作用一般，但他风度翩翩，谈吐不凡，很适合担任大使一类的角色。刘璋见到简雍，悬着的心放下了一半，他下令即刻出城，向刘备请降。刘璋请简雍与自己同乘一车（璋遂与雍同舆而载）出城，刘璋的手下见此情景，不禁流下泪来（群下莫不流涕）。

刘备兑现了自己的承诺，把刘璋及其家人迁往南郡的公安居住，归还其财物，其中包括振威将军的印绶。振威将军是曹操以汉献帝名义任命刘璋的职务，刘备归还其印绶，意思是承认他仍然挂着振威将军的头衔。刘璋有两个儿子，长子刘循，次子刘阐。刘璋曾多次命刘循率兵抗拒刘备，但他又是庞羲的女婿，庞羲在益州势力很大，刘备占有益州，也得与庞羲合作，故而把刘循留了下来，让刘璋只带刘阐去了公安。刘备后来继续重用庞羲，并任命刘循为奉车中郎将。刘璋带着小儿子刘阐到公安过起了寓公生活，虽然没有自由，倒也生活得平静。

刘备的赏赐

自汉献帝建安十六年（211）底进入益州，到汉献帝建安十九年（214）夏天将成都攻破，历时近 3 年，刘备终于如愿以偿地得到了益州。

刘备的大军进了城，有人欢喜有人忧。欢喜的如许靖，投诚被发现，虽然暂时保住了一条命，但谁知道后面的结局呢，现在好了，刘备来了，自己的性命算是无忧了。那些本来就亲刘备的人，或者与法正、孟达等人一向交好的，也都盼着刘备早点进城。

还有一部分人抱着无所谓的心态，老板随时换，干活还得他们这些人，谁来掌管益州，对他们来说其实无所谓。也有吓得要命的，比如那些说过刘备坏话的，或者在与刘备交战中比较卖力的，都担心刘备会秋后算账，这其中，刘巴就是最紧张的一个。

之前说过，刘巴曾经是刘备赏识的人，也被诸葛亮所看好，但他一次次拒绝了刘备、诸葛亮的盛情，又在刘璋面前再三说刘备的坏话，现在刘备来了，刘巴很紧张。据《零陵先贤传》记载，刘备大军进城，刘巴对外宣称自己有病，闭门不出（闭门称疾）。但诸葛亮没有忘记这个老朋友，在诸葛亮的建议下，刘备专门向军中下达命令，谁都不得找刘巴的麻烦，有违抗的诛其三族（有害巴者，诛及三族）。

诸葛亮仍然希望刘巴能为刘备效力，所以再次向刘备积极推荐，在诸葛亮的安排下，刘巴最后还是见到了刘备，交谈之后，刘备十分高兴，也认为刘巴是难得的人才。

此时，对于已经53岁的刘备而言，现在迎来了他人生中的另一个高峰。起兵近30年来，刘备几乎年年都在打仗，过着刀尖上行走的日子，其间历经坎坷和挫折，几次濒临绝境。

自从7年前在隆中与诸葛亮一番晤谈后，竟神奇般地改变了刘备的一生，先是与孙权联手战胜了曹操，继而又占据了荆州大部，第一次拥有了亲手打下的一块地盘，之后发展势头不减，与曹操、孙权有了平起平坐的权利。夺取益州虽然中间历经波折，但目的最终还是达到了，而且过程也基本满意，不仅掠了地，而收了心，凭着耐心的等待，一点点分化和瓦解敌人，初步树立了自己的威信，为下一步治理益州奠定了一个好基础。

刘备认为，这一切的成功都得益于诸葛亮当初为自己制定的那套清晰可行的战略方案，所有的事都是在这个方案指导下进行，当初的预言，都一个一个地兑现了，对于下一步更加宏伟的目标，刘备也充满了信心。在进入成都城的那一刻，刘备望着一旁与自己策马同行的诸葛亮，对于这个30多岁的军师中郎将，他心里充满的一定是信任、敬佩和爱惜。

根据史书的记载，刘备大军进入成都的那一刻，却是一片混乱不堪的景象。本来城里的人已放下了武器，下面要干的就是做好接收工作，军队、府库、官衙、房产、档案，这些都是重要部门和物资，所谓百废待兴，一切从头开始。

但是，刘备发现正需要大家各司其职做好这些工作的时候，大部分人却找不到了，上街一看，气坏了，原来不少人一进城就急着跑到府库去抢那里的财物，结果乱了套。刘备很生气，但左右提醒他，这怪不得大家，因为这是他自己曾下过的一道命令。刘备怎么会下这种奇怪的命令呢？据《零陵先贤传》记载，在围攻成都时，刘备与众人约定，如果成都攻破，府库里面的东西都归大家，他自己不要（若事定，府库百物，孤无预焉）。

刘备鼓励大家好好攻城，只要成都攻克，所有东西该拿就拿，能拿多少就拿多少，有了这样的命令，谁还关心正事？有时候真怀疑这条记载有误，以刘邦那样的匪气和流氓习性，攻破咸阳之际尚知道约法三章，以不失民心，刘备向来以仁义自许，怎么可能下达这么缺心眼儿的命令？

但仔细一想也并非不可能。都知道刘备的性格特点是有韧力，能忍耐，喜怒不形于色，十分成熟和沉稳。但这样性格的人往往也容易有轻浮和任意的一面，因为性格中的忍耐意味着克制和压抑，有某种特定情况下，比如喝多了，或者特别高兴、特别愤怒的时候，往往有意想不到的言行发生。看刘备的一生，这种状况出现得还真不少。

成都近在眼前，梦想即将实现，为了确保走好这最后的一步，某次喝完酒后刘备一兴奋，顺口下达了那样的命令，不是不可能。刘备虽然出身小商贩之家，但他公认的长处是豪爽。豪爽之人，视钱财如粪土，有福共享，有难同当，是他们吸引众人拼死追随的地方。

对于这样的命令，诸葛亮也不好阻拦，因为反对它不仅有损刘备的威望，也是和大多数人过不去，未来事业的路还很长，益州的情况也很复杂，还需要大家团结一心，所以恐怕想了想也就算了。只是，这造成了刚入成都时的短暂混乱。据《零陵先贤传》记载，将士们都放下武器，奔向各个官府仓库，自行拿取那里的财物（士众皆舍干戈，赴诸藏，竞取宝物）。好在抢占的是官府财物，而不是老百姓，这总算让刘备手下的这支队伍与真正的土匪保持了距离。

稍稍安定下来后，刘备在成都举行了盛大的庆祝活动。据《华阳国志》记载，当时蜀中十分富有，刘备命令置酒大会，犒劳三军将士。刘备下令，拿城中百姓的金银颁赐给将士，把谷物布帛还给百姓（取蜀城中民金银颁赐将士，还其谷帛）。这条记载很奇怪，从老百姓那里把金银弄来赏赐给将士，难道连老百姓也抢了吗？又把谷物布帛还给百姓，更把人弄糊涂了，到底是抢还是给呢？

对照一下《三国志》这个问题就明白了，《三国志》记载，刘备置酒大飨将士，取蜀城中的金银分赐给将士，把谷物布帛还给老百姓（取蜀城中金银分赐将士，还其谷帛）。在原文中，《华阳国志》是“取蜀城中民金银”，《三国志》是“取蜀城中金银”，《三国志》少了一个关键的“民”字，这一少就好理解了，刘备颁赐给将士的是官府里的金银，而非老百姓的。与之前《零陵先贤传》的记载相对照，可见刘备入城后，不仅将士们自行拿取了原刘璋官府中的财物，刘备也拿了一部分，并把它们分赏给了有功将士。

为什么又还其谷帛呢？之前提到，成都城破之时，粮草尚够吃一年，大概刘璋为保城，实行了“战时经济政策”，把城里老百姓家的谷物、布帛这些重要物资都集中起来，由官府统一调配，刘备进城后，把这些东西分别还给了百姓。用城里官家的金银赏赐将士，把本属于老百姓的谷物布帛还给大家，这符合当时的情况，也符合刘备既豪爽仁义又不侵害百姓的一贯性格，在对史料的分析上，关键要看有没有那个“民”字。

但是并非所有的历史学家都这样理解，元人胡三省在注《资治通鉴》时说道：“凡是城里所有公家、私人的金银，都全部拿来分别赏赐给将士，至于谷物布帛，则各自归还其原来的主人（凡城中公私所有金银，悉取以分赐将士，至于谷帛，则各还其主也）。”按照胡三省的理解，刘备不是一般的差劲了，简直就有点混账了。公家的金银好办，都在金库银库仓库里，有封条有登记，用多少拿多少。老百姓家里的金银呢？挨家挨户去征、去抢吗？

有人认为，这与谷物布帛一样，不是刘备下令征抢的，是刘璋原来命人从百姓那里集中起来的。这种说法的可能性较小，一来缺乏史料支持，二来刘璋没必要那么做，围城守城，粮食、布帛是命根子，金银再多也没用，要集合城中官民的士气，到人家家里拿金子银子，既没有那样的道理，更没有这样的必要。

刘备这次大赏群下，出手极为阔绰。据《三国志》记载，刘备赏赐按功劳大小分成不同等级，享受到最高一档的有 4 个人，分别是诸葛亮、法正、张飞和关羽，赏赐的标准是黄金 500 斤，白银 1000 斤，钱 5000 万，锦缎 1000 匹。

这是一大笔财富，用巨款来形容都嫌不够，它大抵相当于多少钱呢？两汉法定货币是所谓的“钱”，也就是那种铜铸的“孔方兄”，多少钱就是多少枚铜钱，曹操的父亲曹嵩曾花 1 亿钱买了个太尉当，就是用了 1 亿枚铜钱。在汉代，黄金是比较珍贵的，也可作为货币流通，秦汉初年 1 斤黄金值 15000 钱左右，王莽时期 1 斤黄金约值 1 万钱，以后金价虽有起伏，但大体保持在 1 万钱至 15000 钱之间的水平。500 斤黄金，相当于 500 万至 700 万钱。至于银的价格，目前国际市场上约是黄金的五十分之一的水平，但中国古代普遍缺银，汉代金银比价约为 5 倍，即 5 斤银相当于 1 斤黄金，1000 斤白银，相当于 200 斤黄金，折合 200 万至 300 万钱。

通过以上折算，刘备赏赐给诸葛亮等 4 个人的东西，不算锦缎，大约折合 6000 万钱，从购买力的角度，这些钱又合现在大约多少钱呢？据东汉《食货志》记载，汉桓帝时 1 石米价格是 50 钱。《汉书》中明确，汉代 1 石为 4 钧，30 斤为 1 钧，1 石即 120 斤。根据对汉代出土的各种“权”也就是秤砣进行考证，汉代的 1 斤相当于如今的半市斤，1 石即相当于现在的 60 斤。现在 1 斤普通的米约 2.5 元人民币，按照平价理论推算，汉末的 50 钱相当于如今 150 元人民币的购买力，汉末每 1 钱与现在人民币之间的“汇率”约为 1∶3。也就是说，6000 万钱相当于如今 1.8 亿元人民币。诸葛亮等人转眼成为“亿万富翁”，其他众人受到的赏赐虽然没这么多，想来也不会很低（其余颁赐各有差）。

从刘备制定的赏赐标准看，他没有按照职务高低、资历大小或跟随自己的时间长短来排定，在享受最高标准的 4 个人里，法正虽不是旧部，但他是谋取益州的功臣，不用多说；诸葛亮的职务虽然不是最高，但他和张飞、赵云一道出了大力，也不用说；关羽没来益州，但他镇守荆州有功，也应该。

如果张松还活着，受到最高标准赏赐的将不只是 4 个人，而是 5 个，下面的赵云、黄忠、魏延、孟达以及所有为平定益州出过力的人，也都按照一定标准领到赏赐。

化解“金融危机”

富贵来得有点突然，跟随刘备一路披荆斩棘的将士个个兴高采烈，可有人还嫌不过瘾，提出了宏伟的想法。据《云别传》记载，有人跑到刘备那里提出建议，说成都城里还有不少官家的房产地产，城外还有许多公家的园地桑田等，不如把这些也分赐给诸将（欲以成都中屋舍及城外园地桑田分赐诸将）。

分了钱不说，还要分房地产，看来富贵如毒药，可以让一个人的胃口变得越来越大。一般来说这种建议都会受到大伙儿的欢迎，刘备也没有马上拒绝，赵云听到了表示反对："霍去病当初说匈奴未灭、无用家为，现在的国贼何止是匈奴，还没有到求安稳享乐的时候。只有到天下平定的那一天，大家各返故乡，再谈享受才合适（须天下都定，各反桑梓，归耕本土，乃其宜耳）。益州士民初罹兵革，遭受战乱之痛，田宅都应归还其主人，令其安居复业，然后制定差役、赋税政策，这样才能让大家安心。"

革命尚未成功，先别谈论享受。哪天事业告成，一个个荣归故里，到那时再过荣华富贵的生活不迟，现在还远不是时候。刘备有时会冲动，但他绝不傻，他当然采纳了赵云的建议，只是赵云做了回恶人。

益州被称为"天府之国"，"天府"本为周代所设官职的名称，掌管钱财米粮、金银珠宝、图书文册等，在那个时候，这些东西都是一国精华，"天府之国"指的就是充满了这些宝物的地方，是人间最富有的地方。

"天府之国"一词最早语出《战国策》，指的却不是蜀地，而是关中。苏秦当年忽悠秦王，说秦王如何如何强大，如何如何富足，田肥美、民殷富，有战车万乘、精兵百万、沃野千里、蓄积饶多、地势形便，苏秦为了让秦王增加印象，于是总结道："关中就是所谓的天府，是天下最牛的国家（此所谓天府，天下之雄国也）！"秦占关中统一了天下，然而未能休养生息，而是修长城、征徭役，又耗费巨大国力修建了阿房宫、始皇陵，这些超级工程动不动要征发民夫几十万，严重破坏了生产力，汉兴秦亡，关中于此式微。与此同时，第二任蜀郡太守李冰在成都平原修建都江堰，奖励农耕、发展生产，成都平原的经济获得极大推进，成为朝廷主要粮食基地和赋税来源，加之易守难攻的特殊地理位置，避免了战争的破坏，新的天府之国由此诞生。

成都地形舒缓，东部是广阔平原，西部众山拱卫，河流纵横，沃野千里，气候湿润，风景秀美，被李白称赞为“九天开出一成都，千门万户入画图”。蜀地行政中心自确定于此后，2000多年来始终没有发生过变迁，这在其他地区没有出现过。益州被称为“水旱从人、不知饥馑”，粮食素来旱涝保收、稳产高产，稻米经常外运。汉末中原地区亩产10斛即为良田，而据《华阳国志》记载，刘焉、刘璋治蜀期间，绵竹、雒县一带亩产稻谷30斛，更有高达50斛的。

东汉的益州辖汉中郡、巴郡、广汉郡、蜀郡、犍为郡、牂牁郡、越嶲郡、益州郡、永昌郡、广汉属国、蜀郡属国、犍为属国、巴东属国等12个郡国，共计118个县，治所成都。辖境相当于今四川、云南、贵州等省大部，以及陕西、甘肃、湖北的一小部，在东汉13个州里面积排在前三位。根据《后汉书》地理志记载，汉顺帝永和五年（140），益州所辖郡国总户数为1517319户，总人口数为7204877人，对照《晋书》地理志所载，公元236年曹魏的总人口只不过443万，可见益州在鼎盛时期的人口数字是非常巨大的。

总算得到了富饶的益州，但一开局就遇上了麻烦事，而且是经济问题。据《零陵先贤传》记载，入城前刘备一高兴下达了糊涂命令，让大家进城以后“各取所需”，事后又拨出巨款厚赏群下，结果造成了严重的财政困难（军用不足）。

刘备搞政治行，打仗也还行，但抓经济是外行。他问诸葛亮该怎么办，诸葛亮趁机向他推荐了刘巴，诸葛亮对刘巴一向器重，认为他是不可多得的人才。在诸葛亮刻意保护下，并经刘备专门下达不许侵害刘巴的命令，刘巴总算度过了一劫。但是，到了刘备手下刘巴很不开心，大家知道这个人脾气有点怪，而刘备又不待见这个人，加之其一向清高孤傲，尤其看不起带兵打仗的人，所以平时大家对他也不太礼貌，据《零陵先贤传》记载，有一次刘巴跟张飞在一起，整个过程中刘巴一直保持沉默，不搭理张飞（不与语），张飞特别生气。这件事让诸葛亮知道后，诸葛亮专门找刘巴谈心。

诸葛亮对刘巴说："张飞虽是武人，但他一向敬慕先生。主公现在聚合文武精英，共谋大业，先生虽然天性清高，但也应稍稍注意一下自己的态度（足下虽天素高亮，宜少降意也）。"刘巴虽然知道诸葛亮的好意，但他一贯耿介，不肯屈服："大丈夫处世，当交四海英雄，怎能与一介武夫交谈呢（如何与兵子共语乎）？"

刘备看在诸葛亮的面子上一直对刘巴隐忍，但刘巴的这个态度让刘备越来越不忿。刘备生气地对诸葛亮说："我欲平定天下，但这小子是专门来捣乱的（而子初专乱之）。他心里的真实想法还是想去北方投奔曹操，不过是借道这里罢了，哪里是帮我成就事业呀！"不搭理人，是态度问题，在刘备眼里，这又升级成了政治立场问题，要被刘备这么定了性，刘巴就危险了。

诸葛亮赶紧替刘巴解释："要论运筹于帷幄之中，我远远比不上刘巴（运筹策于帷幄之中，吾不如子初远矣）！如果论提桴擂鼓、集会军门、召集百姓这些事，那就另当别论了。"干事情需要人才，干大事需要顶尖人才，在诸葛亮眼里，无论战略还是智慧，刘巴都是最顶尖的人才，是现在正需要的人。只要他有本事，就别介意那些琐事，对刘巴这样的人，该尊重的还是要尊重，该忍耐的还是要忍耐。

刘备见诸葛亮如此坚持，也不好再说什么，但刘备曾经对人说："刘巴这个人，确实才智绝伦，不过也只有遇到我才能用他，如果不是我，他难以获得任用（子初才智绝人，如孤，可任用之，非孤者难独任也）。"忍这种臭脾气，也就是我了，刘备此话像是自我表扬，也像是自我解嘲。

在诸葛亮的一再推荐下，刘备请刘巴过来商量如何破解当前遇到的经济难题，这是刘巴的强项，加上他来益州多时，对于本地情况比较了解，刘备提出的难题在他看来并不是什么大事，刘巴说了两个字："容易（易耳）！"刘备问刘巴，具体又该怎么做呢？刘巴给出了4个字的建议："平诸物贾。"

简单地说，物贾即物价，平诸物贾就是平抑物价。当时益州经济受到的是暂时性破坏，物价飞涨，百姓怨气很大，要收回人心，就先要平抑物价。刘备当然认为正确，但这是目标，不是措施，刘备要的是如何做。

刘巴进一步提出了具体措施，其实也很简单：铸造新的货币，一枚新货币等值百钱（当铸直百钱），然而以行政手段强制推行（令吏为官市）。

通货膨胀意味着货币贬值，一种解决办法是增加供应量以平抑物价，使商品价格回归理性。另一个办法是默认贬值，不增加供应量，而增加货币投放量，建立新的物价秩序。前一种办法解决问题比较彻底，但需要时间；后一种办法解决问题比较快速，但治不了根本。在当前局面下，突出的问题是钱不够用，那就干脆发行新钱，解决军用不足难题当立竿见影，刘巴的经济学是后一种模式。

刘备采纳了刘巴的建议，下令由官府专断发行大面值货币，增加货币供应量。据南宋洪遵所著《泉志》考证，刘备下令铸造的这种新钱又称蜀钱，形制有三种：一是 4 铢重量、面值百钱；二是 8 铢重量、面值 150 钱；三是 5 铢重量、面值百钱。据《南史》记载，为推行货币新政，刘备下令收集旧钱和铜铸造新钱，他自己身体力行，把帐子上的铜钩都捐了出去（取帐钩铜铸钱，以充国用）。

货币贬值的直接后果是现有财富的缩水，受冲击最大的当为现有财富的拥有者，这其实是一种变相的财富掠夺，但由于有强力的军政手段做后盾，这一措施收效最快也最明显。据《零陵先贤传》记载，新措施推行后，也就短短几个月时间，财政困难便化解了（数月之间，府库充实）。

第十章

得力助手

署理左将军府

刘备一入成都，即开府治事。刘备的头衔现在已经不少了，有汉献帝正式任命的左将军、豫州刺史，有群下推举的荆州牧，有刘璋表奏的大司马、司隶校尉。据《三国志》记载，刘备进入成都后，“复领”益州牧。“复领”的意思是再次兼任，意味着之前已经担任过该职。这个说法是错误的，刘备从未担任过这个职务。

但这又不像是陈寿的笔误，推测起来，有可能陈寿也不知道该怎么写更好，上一次在荆州被手下人“推举”，已经很没面子了，现在如果再来一次，其合法性将受到更大的挑战。“复领”与其说是误记或错别字，不如说是装一次糊涂。

在上面所有职务中，刘备认为有两个是实的，其他都没用。一个是左将军，一个是益州牧。开府，就是组建左将军府和益州牧府，一个主武，一个主文，是两套班子。

刘备的这个左将军，相当于“大军区司令”，论军衔比四征将军还要高，按照朝廷制度可以开府治事，组建自己的办事机构。根据《汉官仪》，左将军府中可以设长史、司马各一人，长史主行政相当于“秘书长”，司马主军事，他们二人品秩都是一千石。再往下，设掾属 29 名，另有从事祭酒、从事中郎等。掾相当于各处的“处长”，掾属是掾的副手，相当于各处的“副处长”。

作为“大军区司令”，左将军可以管辖各将军及部曲、校尉。之前，在刘备以下已有荡寇将军关羽、征虏将军张飞两位有名号的将军，黄忠、赵云、魏延等人的军衔介于偏将军、裨将军、校尉等之间，诸葛亮的军衔是军师中郎将。刘备对他们的军衔重新进行了一番调整，马超新附，其在军中的资历、影响力都远远高于关羽、张飞等人，刘备拜其为平西将军。如果左将军相当于“西南军区总司令”，平西将军就相当于“副总司令”。

他们二人之下，关羽、张飞的军衔已经是将军，此次未变，其他人的军衔得到了擢升。赵云被提升为翊军将军，黄忠之前是裨将军，此次被提升为讨虏将军。魏延之前的身份是“部曲”，由于入蜀后作战勇敢，被提拔为牙门将军。

诸葛亮此前是军师中郎将，刘备升其为军师将军。中郎将之上还有裨将军、偏将军、副将军等，刘备对诸葛亮的任命，是一次越级提拔。此次进入益州作战，诸葛亮独当一面，指挥张飞、赵云等部，但他的军衔并不高，经过越级提拔，在名号上诸葛亮已与关羽、张飞等人同列。

诸葛亮不仅受到破格提拔，而且左将军府的日常事务刘备也交给诸葛亮来处理（署左将军府事），这进一步体现出刘备对诸葛亮的重视。

在诸葛亮建议下，刘备还任命许靖为左将军府长史，此人是豫州汝南郡人，跟袁绍是老乡。当年他跟堂弟许劭在家乡主持“月旦评”，品评当世人物，名气特别大，当年还没有出道的曹操都慕名前去拜访，希望他们能为自己说几句好话。那句“清平之奸贼，乱世之英雄”的著名评价，就是许劭给曹操的。在目前的益州，论知名度无人出许靖之右，把他请出来到左将军府任职，而且还不是闲差，可以为刘备树立一个求贤若渴的好榜样。

担任左将军司马的是庞羲，之前说过，这个人很不简单，是绝对的地方实力派，是个连刘璋也忌惮三分的人物。因为护送刘焉的孙子入蜀有功，庞羲深得刘焉的信赖，手握重权，是刘焉的“托孤重臣”之一。庞羲的女儿嫁给了刘焉的长子刘循，他们还是儿女亲家。庞羲此人一向居功自重，刘璋上来后对他并不信任，但也拿他没办法。刘备征庞羲为司马是一着好棋，既解除了庞羲的兵权，又利用了庞羲在益州的影响力。庞羲自到刘备手下后便偃旗息鼓，不再生事。

左将军府的长史、司马类似于“秘书长”的角色，以下是左将军府各曹，相当于各个“处室”，其中西曹因职掌人事而最重要，刘备任命刘巴为西曹掾，相当于左将军府“人事处处长”，这项任命一来出于对刘巴为化解经济危机立下功劳的回报，二来可能出自诸葛亮大力推荐。刘备尽管承认刘巴是人才，但内心里还是不怎么喜欢他。不过，刘巴脾气不好也不尽是坏事，对于人事工作来讲，不愿意得罪人很难干好，请刘巴负责人事，倒也正符合他的个性。

其他担任左将军府各曹的掾及掾属者无法细考了，只知道有一个是马良。马良与诸葛亮关系一向密切，上次诸葛亮曾派他给刘备送信。马良本在荆州，雒城攻克后，马良曾给诸葛亮写信说："听说雒城已拔，此乃天意。尊兄应接受上天安排，辅佐圣君，光耀国家。"从这封信里，可以看出马良和诸葛亮之间无话不谈。对于未来如何治国，马良也有自己的一番思考，他向诸葛亮建议一要广泛征集人才，二要加强国家治理，营造一个安定的局面，建立盛事。

左将军府还设从事祭酒、从事，类似于"高参""顾问"的角色，初期担任过此职的有何宗、秦宓、伊籍等。何宗字彦英，是益州蜀郡人，汉朝司空何武之后，少时拜益州本地人任安为师学习《诗》《书》以及图谶、天文推步之术，刘璋时曾任犍为郡太守，刘备任命他为从事祭酒，相当于"参谋处长"。秦宓字子敕，益州广汉郡人，少有才学，州郡征辟皆称病不去，刘备听说他的名声，又加上当地太守的推荐，任命他为从事。伊籍字机伯，他既不是益州人，也不是荆州人，他的祖籍在兖州的山阳国，早前追随刘表，后依附于刘备，《华阳国志》视其为麋竺、简雍一类的人物，现在担任从事。

总的来说，刘备以左将军的身份统一领导军务，稍下是军职略低一些、更多在于名义的马超，再下是关羽、张飞、赵云、黄忠、诸葛亮等一批有名号的将军。刘备的军事指挥机构是左将军府，平时的日常事务由诸葛亮负责，许靖、刘巴、马良、何宗、伊籍、秦宓等人是诸葛亮的助手。

兼任益州郡太守

除了军队建设，行政管理也很重要。东汉的益州有 12 个郡国，在选择郡太守、国相方面刘备动了一番脑子，不仅选派一批有行政才干的人才到地方任职，也留任或提拔了一批本地的人才。

益州最重要的有 2 个郡：蜀郡和益州郡。蜀郡太守任命了法正，一来法正很有才干，此次夺取益州他又立下首功，二来他对益州的情况很熟，交给他比较放心。法正还有一个身份叫扬武将军，除了让他当太守，也让他领兵，说明法正此时已得到刘备的完全信任。

益州郡太守任命的是诸葛亮，该郡名为益州郡，位置其实很偏，郡治在滇池县，即今云南省滇池东南，辖区主要位于今云南省的东部，距成都上千里。刘备可能觉得，诸葛亮虽以军师中郎将的身份锻炼了几年，毕竟还没有担任过地方行政负责人，所以安排他兼任益州郡太守，算是弥补这方面的不足。诸葛亮负责左将军府的日常事务，不可能远赴益州郡上任，担任这个职务只是一个挂名，或者顶多定期抽时间去益州郡一趟，处理一下郡太守的事务。

其他相对重要的郡国里，张飞兼任巴西郡太守，费观为巴郡太守，李严兼任犍为郡太守，江阳郡太守是刘邕，朱提郡太守是邓方。李严之前已提及，他字正方，荆州南阳郡人，很有行政才干，刘表曾任命他为秭归县令，秭归是荆州的西大门，反过来也是益州的东大门，曹操南下，秭归有一段时间没人管，李严弃官跑到益州投奔了刘璋，刘璋觉得他是人才，任命他为成都县令，在任上李严获得了能干的名声。刘璋后来让李严任护军，在绵竹一带拒刘备，李严投降，被刘备任命为裨将军，这件事之前已经说过。刘备觉得李严的特长还是在行政方面，他在益州又有名望，便任命他为犍为郡太守。

年轻时就与诸葛亮关系密切的向朗被任命为牂牁郡太守，霍峻守葭萌有功，刘备干脆任命他为位于益州北部的梓潼郡的太守。还有早年便跟随刘备的刘琰，被任命为固陵郡太守。

刘备入主益州后，对益州的行政区划不断做出调整，郡国的数目持续增加，最多时增加到了 27 个，有更多的人有机会担任郡太守。跟随刘备从荆州过来的人中，陈震担任过汶山郡太守，廖化担任过宜都郡太守，马谡担任过越嶲郡太守，邓芝担任过广汉郡太守。

马谡就是马良的弟弟，他年轻有为，刚入成都时，刘备任命他为成都县令，成都是益州的首府，在此任县令可谓重任在肩，马谡不负重托，取得了良好的业绩，被提拔为郡太守。

从郡太守的任命来看，有一大半是随刘备从荆州过来的人，而益州府衙的主要官员多用的是本地人。州牧的主要属官有别驾、治中从事、功曹等，别驾相当于“副州长”，治中从事相当于“高级参议”，功曹相当于“人事处长”。

刘备请王谋来当别驾，王谋字元泰，益州汉嘉郡人，是益州本地大族，史称其有容止、重品行，刘璋时任巴郡太守、治中从事，是益州官场上的重量级人物。

担任益州治中从事的有黄权、彭羕等人。黄权字公衡，益州巴西郡人，年轻时为郡吏，后任刘璋的主簿，之前说过，他曾劝谏刘璋不要迎请刘备，因此被刘璋降职为县长。刘璋失败后，黄权投降刘备，由于他在益州也有相当影响力，被刘备任命为治中从事，同时还被拜为偏将军。彭羕字永年，益州广汉郡人，容貌魁伟，但性格高傲，对一般人多轻视不睬。这样的性格，很难在官场上吃得开，彭羕在益州之前只不过做了个书佐一类的小官，但也被人在刘璋面前所诽谤，刘璋罚他做苦役。

适逢刘备入益州，彭羕主动去拜访刘备，先见他的是庞统。庞统与他无旧交，当时有其他宾客在座，就没怎么理他，彭羕径直到庞统坐榻边躺下，对庞统说：“等客人走后，我与您好好聊聊。”客人走了，庞统再找彭羕聊，彭羕不聊，要庞统先跟他一起吃好东西，再谈话。吃完，时间也晚了，当晚彭羕便留宿在庞统那里，二人谈了一夜，次日又谈了一天。庞统大为高兴，认为彭羕有才。法正之前也很了解彭羕，他也向刘备推荐，这样刘备对彭羕便格外看中。

州府的功曹品秩虽不高，却是个重要的位置，刘备任命了益州本地人李恢，有部史书说，刘备曾派李恢去联络马超，促成了马超来投，立下大功。

刘焉、刘璋父子治蜀，深知本土势力的强大，所以不得不跟他们合作。刘备来到益州，也面临着如何对待本土势力的问题，益州旧部们都在拭目以待。

在刘焉父子的旧人中，许靖的影响力无疑最大，远在中原的一些名士，如王朗、华歆、钟繇、陈群等人，还时常给许靖写信，向他问候致意。刘备开始并没有打算重用许靖，原因是成都破城前，许靖曾试图投降，刘备认为许靖在气节方面有亏欠，诸葛亮劝刘备："天下往往有一些人，有虚名但无其实，许靖就是这样的人。不过，主公始创大业，有些道理不可能挨家挨户去向大家说明（天下之人不可户说），许靖的浮名早已播流四海，如果不能以礼待之，天下之人就会认为主公不尊重人才。对许靖应当敬重，显示给远近之人，就像燕王当年对待郭隗那样。"昔日，燕昭王重用谋士郭隗，给了他很高的地位和待遇，从而吸引到乐毅、邹衍、剧辛等大批人才的到来。

刘备认为有理，这才厚待许靖。诸葛亮对许靖更加尊重，许靖的主要职务是左将军府长史，与诸葛亮日常来往颇多，诸葛亮比较注意在平时交往中对许靖保持尊敬，许靖当时已 70 多岁，诸葛亮每次见到他，都向他施大礼（皆为之拜）。

诸葛亮还提拔了许靖的族孙陈祗。陈祗是许靖哥哥的外孙，从小父母双亡，在许靖家长大，许靖对他十分疼爱。陈祗很有才气，史书说他严谨而有风度，又很有本事（矜厉有威容，多技艺）。诸葛亮对他有意识地观察和培养，使他成为日后蜀汉政坛的风云人物。

除了尊重和重用许靖，前面提到，刘备还重用了李严、黄权等一批有影响力的益州旧人，算是对本土势力的回应。

发掘本土人才

但刘备知道，只用几个人还远远不够。除了左将军府和益州府之外，刘备还有一个头衔，就是刘璋所表的大司马，诸葛亮建议刘备，不如给大司马也保留一个名义，挑选一位在益州德高望重的人士署理该府事宜。刘备请诸葛亮物色这样的人选，诸葛亮推荐了董和。

董和字幼宰，祖上为益州巴郡人，早年在刘璋手下任牛鞞县长、江原县长，后被刘璋任命为成都县令。当时蜀地富裕丰实，难免滋生奢侈浪费的流俗，尤其那些大商巨贾，流行穿公侯贵族服饰、吃珍奇美食，成都作为益州首府，是达官显贵、豪商大贾聚集地，董和作为父母官，大力推行俭朴风气，他带头节俭，穿粗衣、吃粗食，令社会风气明显改善，受到百姓的敬畏，董和离任时，官民数千人相携而出乞留，刘璋破例准董和留任两年。

董和后升任益州郡太守，该地远离成都，属中所谓的南中地区，汉夷杂居，民风彪悍，董和清廉简约，与当地的少数民族和睦相处，以诚相待，受到当地人的爱戴和信任。在诸葛亮看来，董和不仅有才干，而且为人正直，为官清廉，深得民望，重用他可以为益州官场树立榜样。刘备于是任命董和为掌军中郎将，让他署理大司马府事务。

董和在任 7 年后去世，作为诸葛亮治政的主要助手之一，董和积极建言献策，提出合理化建议。诸葛亮日后向群下颁布过一篇教文，提倡大家充分发表不同意见，举的例子就是董和。诸葛亮说，董幼宰在任 7 年间，遇到不同看法可以往返 10 次阐述自己的意见（董幼宰参署七年，事有不至，至于十反，来相启告）。诸葛亮与董和还建立了深厚的友谊，对董和的儿子董允非常器重，以后多次授他以重任，《出师表》中对董允也有所提及。

受到诸葛亮重视的还有巴郡太守费观，他是刘璋的女婿，也是刘璋旧部中有影响的人物。

费观字宾伯，祖籍荆州江夏郡，是当地大族，费氏家族与刘焉家族世代交好，刘焉的正妻是费观的族姑，刘焉把女儿又嫁给了费观，他们是双重的亲戚关系。费观深具文才武略，办事精明强干，为官条理清晰，为人刚直，擅于辩论，常以钱财资助他人，讲义气又有原则，受到大家的尊敬与爱戴。

费观曾作为李严的参军，与李严据守绵竹，后随李严一起投降。刘备先任命费观为裨将军，后升任巴郡太守、振威将军。费观有一个族子名叫费祎，也深得诸葛亮的信赖，和董允一起列名于诸葛亮的《出师表》中，是蜀汉后期的又一位风云人物。

除了费观，还有一个吴壹，算起来也和刘璋有亲戚关系。吴壹字子远，族父是何进当年的部将吴匡，吴匡与刘焉有旧交，因为这层关系吴壹来到益州，在刘焉父子手下效力。吴壹的妹妹嫁给了刘焉的儿子刘瑁，之前说过，刘瑁有精神病，是个废人，说起来这门婚姻也非常不幸，但因为有这层关系，吴壹也深得刘璋的信任，被刘璋任命为中郎将，率兵在涪陵一带抗拒刘备，后投降。

当初刘焉为儿子娶吴壹的妹妹，是听了相面人的话，说她面相很好，日后必有大贵。大约在刘备进入成都前刘瑁就死了，吴氏一直寡居。此时，甘夫人已经去世，孙夫人回了江东，众人便劝刘备聘吴氏为妻（群下劝先主聘后）。刘备开始还有点儿犹豫，不是因为吴氏是寡妇，而是觉得自己跟吴氏的前夫刘瑁都姓刘，怕人说闲话（先主疑与瑁同族），法正一句话解除了刘备的疑虑，法正说："要论亲疏，怎比得了晋文公和子圉的关系呢？"法正说的这件事记录在《史记》里，子圉是晋文公的亲侄子，他在秦国做人质，在那里娶妻，后单独逃回晋国，秦国又把他的妻子嫁给了晋文公。

刘备听后，便纳吴氏为夫人，即刘备后来的穆皇后。吴壹也因此被任命为护军、讨逆将军等要职，以至最后升任蜀汉的车骑将军。吴壹的从弟吴班，也就是吴匡之子，也在蜀汉军中任职，与吴壹不差上下，最终官至骠骑将军。

宋代以后理学盛行，按照理学家的标准，刘备与吴氏的这桩婚姻便有问题，一来娶了寡妇，二来娶的是同族的孀妻，因而受到了批评。《三国志旁证》的作者清人梁章钜就说："法正误导刘备逾越礼法，刘备开始犹豫最后还是做了，君臣都有过失（法正导君以非礼，先主始疑而终遂之，君臣俱失）。"梁章钜不仅批评了刘备和法正，还顺便批评了诸葛亮，认为诸葛亮应该在此事上对刘备进行提醒和劝阻，但他没有尽到责任，至于为什么会这样，梁章钜自己也想不明白（诸葛亮亦不匡正，何也）。

按理说，刘备续正室可选的人应该很多，不至于非娶同族的寡妇，而他最后之所以选了吴氏，其中的原因或许有三：一是吴氏长得很漂亮，刘备自己先看上了；二是吴氏的面相确实太好了，谁娶谁富贵，为了今后事业兴旺，大家确实希望刘备娶她；三是按照当时的伦理观，寡妇再嫁也是一件平常事，至于刘备和刘瑁同族，那已是300年前的事了，不必太计较。

除了以上这些上层人物，在刘璋旧部里的中下级官员中，诸葛亮协助刘备也注意广泛发掘人才，对他们刻意培养，以为今后的重用。

前面提到过的何宗、秦宓、李恢、王谋、彭羕等人，都是刘备、诸葛亮重用的人才。除此之外，受诸葛亮特别留意的还有张裔、杨洪等人。

张裔曾奉刘璋之命在德阳拒诸葛亮、张飞，虽然被打败，却给诸葛亮留下了深刻印象，张裔随刘璋投降后，被任命为巴郡太守。

杨洪字季休，益州犍为郡人，曾在刘璋手下的多个郡中任职，刘备任命李严为犍为郡太守，李严聘杨洪为功曹，后来李严推荐他到蜀郡太守法正那里任从事，杨洪便从家乡来到了成都，有机会接触到诸葛亮。诸葛亮发现杨洪对基层事务很了解，遇到一些具体问题经常向他请教。后来法正离任，诸葛亮干脆向刘备建议，任命杨洪为蜀郡太守。

总的来说，刘备进入成都后，在诸葛亮协助下很注意做好各派势力的平衡，并不是随他从荆州来的人都受到了重用，益州本地的人才都受到贬抑。

简雍、糜竺、孙乾等人长期追随刘备，来到成都后简雍任昭德将军，糜竺任安汉将军，孙乾任秉忠将军。史书称，他们所任的将军都是空衔，他们享受着很高的礼遇，平时主要工作是向刘备进行讽谏而已（皆雍容风议，见礼于世）。

在用人方面，和刘备、诸葛亮过去关系密切的人也并非都受到破格提拔和重用，诸葛亮在临烝期间十分看好的人才蒋琬一开始只不过担任县长、县令。

蒋琬先担任的是广都县长。一次，刘备到广都视察，发现蒋琬众事不理，又爱喝酒，不禁大怒，准备治蒋琬的罪，甚至准备杀他。诸葛亮替蒋琬求情："蒋琬是社稷之器，非百里之才。他为政以安民为本，不搞面子工程、形象工程（不以修饰为先），请主公再考查考查他。"刘备一向尊重诸葛亮（先主雅敬亮），就没有治蒋琬的罪，但是免了他的官。

蒋琬回去之后做了个梦，梦见一牛头在门前流血不止，醒来心里不舒服，就去找一个叫赵直的占梦师占梦。赵直说："所谓见血，表示事情已经分明。牛角和鼻子，像一个'公'字，你将来官位将至三公，此梦是大吉之兆。"后来蒋琬复出，不过也只是被任命为什邡县令。

协调各方关系

这一时期，诸葛亮作为刘备的主要助手，参与了入主益州后的人事安排，诸葛亮的许多建议都得到了刘备的支持和采纳。因此，诸葛亮也不得不面对许多头痛的事，需要他用智慧去处理。

马超被拜为平西将军，论地位仅次于刘备的左将军，成为刘备集团在军中的“二把手”，别人倒也说不出什么来，却惹恼了远在荆州的关羽。陈寿称关羽为“万人之敌”，是“虎臣”，但同时指出其性格上存在明显的缺陷，即刚愎自用、自高自大（刚而自矜）。诸葛亮离开荆州后，关羽以荡寇将军、董督荆州事的身份坐镇荆州，在这一轮人事调整中，大多数人升了职，而关羽、张飞的职务未变。如果说左将军刘备是“西南军区总司令”的话，平西将军马超就是“副总司令”，而关羽不过是正、副总司令下面的一个“军长”，关羽想不通。

关羽给诸葛亮写了封信，信中故意问马超是个什么样的人，可以与谁相比（问超人才可谁比类）。如果说关羽不知道世上有马超，那是不可能的。作为那个时代最知名的猛将之一，马超成名很早，潼关一战虽然大败而归，但也曾打得曹操狼狈不堪。要论在天下的知名度，关羽未必比得上马超。

诸葛亮明白关羽一向不喜欢别人比他强（亮知羽护前），就给关羽回了一封信，诸葛亮在信中写道：“马超文武双全，雄烈过人，是一世之杰，属于黥布、彭越一类的人物，可以与益德不差上下，要论起与美髯公比起来，还差那么一点（当与益德并驱争先，犹未及髯之绝伦逸群也）。”《三国志》有记载，说关羽留着一副大胡子，看起来很漂亮（羽美须髯），所以诸葛亮在信中称呼他为“美髯公”。

诸葛亮算是用心良苦，为了让关羽心情好，不惜贬低马超，还顺便让张飞无辜受伤。诸葛亮明白，关羽不一定非要争职位高低，但心里无法咽下不如人的这口气，所以他给自己写信，而没有直接去问刘备。关羽写来这封信，某种程度上也有责备诸葛亮的意思，因为关羽知道益州的人事安排诸葛亮是主要的参与者。所以，对关羽的不满诸葛亮不能置之不理，又不能太认真，只能哄着他。

诸葛亮的回信让关羽很满意，关羽把这封信给周围的人看（省书大悦，以示宾客）。诸葛亮是想让关羽自己看了气顺就行，没想到关羽把信公之于众，关羽倒是心情舒畅了，但这事如果传到马超和张飞那里，又该埋怨诸葛亮了。

让诸葛亮头疼的还有一个人，法正。法正此时深得刘备的信任，是刘备的“谋主”。他以蜀郡太守、扬武将军的身份手握重权，地位与诸葛亮相当。但《三国志》认为，法正有个缺点，就是气量太小，哪怕睚眦之怨，也必定报复。谁要是对法正不满，或者做出不利于法正的事，法正就利用手中的权力给予打击，有多名诋毁法正的人都被他杀了（擅杀毁伤己者数人）。

有人向诸葛亮报告此事，说法正在蜀郡太过骄横，请他向刘备汇报，对法正作威作福的行为予以抵制（抑其威福）。问题摆到了诸葛亮面前，让诸葛亮很为难。诸葛亮最后回答大家：“想想不久之前主公还在公安，北有强敌曹操，东有孙权之逼，近又有孙夫人随时生变于肘腋之下，局势可以说进退不得，正是有法孝直为主公的辅翼，才使主公幡然翱翔，开创了现在的局面，对于法正不应该进行限制。”

这段话在后世为诸葛亮招来了众多批评，《魏氏春秋》的作者孙盛就认为，诸葛亮的这番话实在有违于法律（诸葛氏之言，于是乎失政刑矣）。其实，让诸葛亮阻止法正的不法行为有点难为他了。诸葛亮的身份是军师将军、益州郡太守，法正与他平起平坐，法正并不归诸葛亮管。

让诸葛亮向刘备去汇报，也是难为诸葛亮的事。诸葛亮深知刘备特别信任法正（亮又知先主雅爱信正），对法正言听计从，如果由他出面说法正的坏话，一定会引起刘备的猜疑，认为诸葛亮是忌妒。所以，考虑再三，诸葛亮只能违心地说了那番话，表面上是为法正开脱，其实是他内心无奈的反映。

除了关羽、法正这些最重要的人物，益州政坛素来为派系所困扰，不仅存在本土和外来的派系之争，而且各派内部也互有不服。益州有两位著名的学者，一个叫许慈，一个叫胡潜，当时学术荒废，刘备就命他们收集典籍，整理学术文化，建设文化事业。但文人的毛病是相轻，这二位互相不服，见面就掐，互相诽谤。

许慈和胡潜都认为自己是学术上的老大，不肯向对方屈服，不仅遇到问题争得脸红脖子粗，而且工作中互不配合，想互相借本书看也都说没有，还时不时拎根小棍互相打来打去（书籍有无，不相通借，时寻楚挞，以相震撼）。

刘备知道他们都是文人，斗来斗去也就是一个面子，但又不能不平息他们这种无休无止的争斗，就想了一个办法。一次，大宴群下，许慈、胡潜二人也在场，酒酣耳热之时，刘备命伶人扮成他们俩，模仿他们平时争吵斗殴的样子，先以言辞互相刁难，后以刀杖让对方屈服，演得活灵活现，以此助乐。

为了调和矛盾，让大家保持团结，刘备已经辛苦到自己亲自当导演、排小品给大家看的程度了。

而在这时，发生了彭羕事件，把马超都牵涉其中，成为震动成都政坛的一桩大事。彭羕本是刘备和诸葛亮都看好的本土人才，刘备提拔彭羕担任治中从事。彭羕此人白手起家，一朝大权在握，颇为自得，说话做事流露出嚣然之态，诸葛亮经过观察，发现彭羕此人不可重用，于是向刘备进言，说彭羕心大志高，放在重要岗位难保不会做出什么不好的事来。

在人事安排上刘备主要听取的是诸葛亮的意见，对于诸葛亮的建议刘备一般都给予支持，刘备于是决定把彭羕调任为江阳郡太守。彭羕听说自己远调，很不高兴，私下里跑去见了马超。

彭羕是如何与马超相熟的不得而知，对于彭羕的遭遇，估计马超顶多也只能客气地安慰他几句。谁知彭羕心里的气越来越不顺，最后竟然对刘备破口大骂："这个老东西做事无理，给他有什么好说的（老革荒悖，可复道邪）？"马超闻听吃了一惊，不敢再说话。彭羕没完，继续道："你在外，我居内，天下怎能不定（卿为其外，我为其内，天下不足定也）。"前面还只是发发牢骚，现在就要造反了，性质变了，马超内心翻腾不已。

其实，马超自来到益州后日子也并不好过，内心一直小心谨慎（羁旅归国，常怀危惧）。《山阳公载记》记载，马超开始跟刘备还挺自然，他也是朝廷正式拜过的高级将领，算起来跟刘备是同僚，所以见刘备一般直接玄德玄德地叫（与备言，常呼备字），刘备没觉得什么，关羽听着不舒服，认为不敬，建议刘备杀他，刘备说："人家没有出路来投奔我，你们不高兴，就以呼我的字这点儿事杀他，何以服天下？"张飞说："那就教教他如何懂礼法（示之以礼）。"次日大会，马超进来一看不见关羽、张飞的座席，回头一看，关羽、张飞仗刀直立于刘备身后，马超大惊，从此不敢再直呼刘备的字了。

对于《山阳公载记》的这条记载，大家多认为不可靠，因为关羽一直镇守荆州，从未来过成都。不过，出现这样的记载，加上之前关羽给诸葛亮写信询问马超是何人，说明马超在益州的日子并不好过。

一个小小的彭羕就能推倒刘备，马超的脑子里就是进满了水也不会相信。马超是个经历过各种复杂斗争的人，他知道今天的事不能装聋作哑，于是把情况写下来，向刘备书面举报了彭羕。刘备大怒，让有关部门把彭羕抓起来。到了监狱里，彭羕才认真反省了自己，为了保住性命，他给诸葛亮写了一封长信，表示反省悔过，又说自己之所以脱口而出"老革"那样的话，是酒喝多了（颇以被酒）。还辩解说，他给马超说"卿为其外"的话，本意是促请主公起用马超，让他到北方建功立业（欲使孟起立功北州，戮力主公，共讨曹操耳）。

彭羕是庞统生前看好的人，他知道诸葛亮与庞统关系很好，于是在信中回忆起他与庞统的交往，希望以此打动诸葛亮。这封信到了诸葛亮手上，他思考再三，站在惜才角度也想保彭羕一命，但仔细想了想，觉得彭羕不能留。

因为彭羕辱骂的不是一般人，而是刘备，这是很严重的事，有当事人的举报，彭羕自己也承认，尽管有辩解，但那比较苍白。最关键的是，他拉拢马超，试图造反，此事触碰了刘备的红线。于是，诸葛亮建议刘备将彭羕处死，以儆效尤。彭羕死时，仅 37 岁。

大力发展经济

益州初定，诸葛亮异常繁忙。除了协助刘备安排人事布局，协调各方面的关系，还要忙于发展经济和社会治理。

刘巴提出铸造大面值新币的办法虽解一时之急，但这仅是权宜之计，不能解决经济发展中的根本问题。益州要想长期稳定繁荣，国力要保持强盛，还得从基础做起。

在此用兵之时，也必须有强大的经济实力做后盾，在这方面刘备的体会最深。整个三国时代，或割据，或纷战，靠的是手里的兵马，兵强马壮才能胜出。而要兵强马壮，需要有充足的粮食，有大量的钱财。有些时候，有钱就能拉起队伍，有吃的就能召来人为你去打仗，刘备深知其中的道理。刘备把这些艰巨任务交给了诸葛亮，让他统一考虑，提出规划。诸葛亮经过对益州民情的深入考察，又与益州本地一些熟悉实际情况又有才干的人士深入交谈，首先提出了“较盐铁之利”的经济政策，这项政策通俗地说就是实施盐铁官营。

生活中谁都离不了盐，在古代，盐不是佐料，而是一项大宗商品，是财富的重要来源。蜀地盛产井盐，根据近代以来的研究认为，古代蜀地东起云阳、西至邛崃、北到汶川、南至西昌的广大地区，分布着丰富的井盐产区。秦朝在蜀地设立盐官，全面管理井盐生产和交易。修建都江堰的蜀郡太守李冰，曾修建了广都的盐井和许多制盐的陂池。西汉有个叫王孙的人，以冶铁煮盐而致富，《史记》中描述此人非常富有，家财数千万，家中有童仆上千人。

由于官方的介入，盐业生产技术也以蜀地领先。当时一般是一灶五锅，而蜀地可以达到一灶十四锅，据《太平寰宇记》记载，当时还有两灶二十八锅的，一天一夜，可以生产盐四石，色白如霜，质量上乘，是优质产品。《华阳国志》记载，临邛县有一口“火井”，夜里此井能发光，照亮周围，人们要想得到这种光，先以火投入其中，过一会儿，下面会发出雷声，火焰便出，能照耀数十里。有人甚至用竹筒把井里面喷出的东西盛起来，可拿着走而终日不灭。火井旁边还有一口有水的井，取井火煮井水，一斛水可得 5 斗盐。不过，要是用普通的火去煮，就得不到多少盐了（家火煮之，得无几也）。所谓火井、井火，就是天然气，蜀地不仅遍布盐井，还有丰富的天然气资源。晋人刘逵为《蜀都赋》作注时说，煮井水还得用井火，一斛水可以煮出四五斗盐，用普通火煮，只能得两三斗。

至于冶铁，是与制盐业并重的另一项重要产业。蜀地有丰富的矿产资源，冶铁也是蜀地的一项传统产业。据《史记》记载，西汉时蜀地卓氏、程郑在临邛冶铸，成为亿万富翁。汉文帝时把蜀地严道的铜山赐给邓通，邓通便专门经营铸造业，成为富翁。

铁不仅是生产资料，更是冷兵器时代最重要的战略物资。兵器最早的材料是青铜，但这种材料比较软，不够坚韧，铁和钢的出现，提高了兵器的技术含量。汉武帝以后蜀地盐铁主要还是官营，至东汉中后期，官营渐解，据《后汉书》记载，东汉和帝时，撤销了盐铁官营鼓励民营资本进入煮盐和冶铁（罢盐铁之禁纵民煮铸），这两项重要的产业逐渐被一些大地主、大商人所垄断，他们个个富可敌国，生活奢侈，政府反倒财政吃紧。

在诸葛亮建议下，刘备下令把盐铁两项收归官营，设立司盐校尉、司金中郎将两职负责盐铁事务。这是两个非常重要的职务，必须选熟悉基层情况又懂经济的人去担任。

诸葛亮向刘备推荐的司盐校尉是王连。刘备在葭萌起事，进军梓潼，时任该县县令的王连闭城不降，刘备无奈绕城而走。刘璋投降后，王连也归顺了刘备，被任命为什邡县令，又转任广都县令，皆有政绩（所居有绩）。刘备升王连为司盐校尉，此是武职，说明其管辖权不在州郡，而归军方的左将军府。司盐校尉下面设有典曹都尉等职，校尉的品秩通常为二千石，与郡太守同级，都尉的品秩稍低，也有比二千石，这说明司盐校尉是一个很大的机构。王连推荐了吕乂、杜祺、刘幹等人为典曹都尉，在各地推行盐业专营。这些人都很能干，取得了丰厚利润，极大地改善了益州的财政状况（利入甚多，有裨国用）。

在盐业官营中诸葛亮也发现了一批人才，王连、吕乂、杜祺、刘幹等人由于政绩突出，后来都受到了诸葛亮的重用（终皆至大官）。其中王连以后担任蜀郡太守、兴业将军，但仍然兼管盐政（领盐府如故），诸葛亮担任丞相后，调王连为丞相长史。吕乂后来升任巴西郡太守、汉中郡太守等职，他长于经济事务，善于做保障后勤工作，是诸葛亮北伐期间负责军需粮草供应的主要官员之一，受到诸葛亮的称赞。

与盐府相同，司金中郎将也是一个重要的职务，诸葛亮推荐的人是张裔。柏下一战诸葛亮对张裔确实留下了非常好的印象，此时的张裔已被诸葛亮推荐为巴郡太守，诸葛亮觉得司金中郎将一职需要派一个干才去担任，张裔是非常合适的人选，就建议改任他为此职。郡太守的品秩为二千石，中郎将的品秩为比二千石，由太守改任司金中郎将品秩等于降低了，但张裔愉快地接受了任命。

张裔的任务是负责经营制作农用和军用的器具（典家战之器），其实是把冶铸业全部纳入官营，任何私自铸造都属于违法，政府不仅可以由此获利，而且控制了民间武器的制造。在诸葛亮的领导下，蜀汉的冶铸业非常发达，史书虽然没有这方面的系统记述，但从许多零星史料里可能看出当时的冶铸规模和水平。

《打箭炉厅志》记载，诸葛亮曾率军渡泸水西去，在鱼通铸造兵器，有一个名叫郭达的匠人，一夜打箭 3000 支，称为神手，被封为将军。

《四川通志》记载，在成都以南 13 里的地方有条铁溪河，流入白水河，诸葛亮曾在此冶铁。

《元和郡县志》记载，始建县东南 70 里有一座铁山，出铁矿，诸葛亮取之为兵器，其铁质刚利，可用作贡品。

《读史方舆纪要》记载，崇宁县以西 6 里有铁钻山，诸葛亮曾铸铁于此，以造兵器。

《周地图》记载，蒲亭县有铁山，诸葛亮取之以铸刀剑，封宇文度为铁山侯。

在这些记载中，所提到的每件事情未必都是由诸葛亮亲自去组织实施的，但这项工作他抓得很紧，并且经常亲力亲为，所以记载才会如此多而具体。

在《太平御览》等史籍里，还记载了蒲元为诸葛亮制刀的事。蒲元是蜀地一名精通铸造的高手，他曾在成都为刘备造刀 5000 口，每口刀都刻有“七十二炼”的字样。

所谓“七十二炼”，就是钢铁被反复锤打72道。蒲元后来又在汉中的斜谷为诸葛亮制刀3000口。据说蒲元在冶炼金属、制造刀具方面的做法与常人不同，钢刀制成后，为检验钢刀的锋利程度，他在竹筒中装满铁珠，举刀猛劈，结果竹筒豁然断成两截，而筒内的铁珠也被一分为二。

蒲元的制刀技艺称绝当世，他所制的钢刀称为神刀。唐人虞世南编著的类书《北堂书钞》里记载了一个故事，蒲元铸刀，钢铁锤锻至白亮时，按理需要马上淬火，他没有用近旁的汉水，而专门派人去成都取蜀江水。大家感到惊讶，蒲元解释道：“汉水弱，不合适淬火；蜀江水爽烈，适合淬刀。”派人将水从成都取回，蒲元一试便说：“此水中掺杂了涪水，不能用。”取水的人想抵赖，说没有掺杂其他水。蒲元当即用刀在水中划了两下，说道：“此水中掺进了8升清水，还敢说没有？”取水的人赶忙叩头认罪，道出实情。原来，当他从成都返回行至清津渡口时，不小心摔倒，把水洒出去一些，他挺害怕，情急之中取了八升清水掺在其中，怎么也想不到被蒲元识破了。

故事有点玄虚，但蒲元在淬火工艺方面的丰富经验确实已经到了炉火纯青的地步，不同水质对淬火的影响，也被那时的人们所掌握。

还有一本唐人所著叫作《洞玄子》的书中，也记载了一件事。有一天蒲元在一农户家发现一把很独特的废剑，蒲元认出，这把剑是用一种从没有见过的材料制成的，经过协商，蒲元以一件经过48道工序才制成的元胚交换了那柄废剑。

除盐铁之外，诸葛亮还大力提倡发展蜀锦，把它的重要性提高到战胜敌人的重要产业（决敌之资）来看待。

锦是中国古代的一种丝织品，代表了丝织物的最高水平。蜀地农业与蚕桑业十分发达，种植和应用天然色素植物的历史悠久，形成了一套自成特色的染织工艺体系。蜀锦多用染色的熟丝线织成，用经线起花，运用彩条起彩或彩条添花，用几何图案组织和纹饰相结合的方法织成。秦灭蜀后，便在成都夷里桥南岸设锦官城，置锦官管理织锦刺绣。到了汉朝，成都蜀锦织造业已经十分发达，朝廷在成都设有专管织锦的官员，成都自那时被称为锦官城，简称锦城；环绕成都的锦江也因有众多织工在其中洗濯蜀锦而得名。

诸葛亮充分发挥益州在织锦方面的优势，大力发展织锦业。据《华阳国志》记载，诸葛亮设立锦官，负责组织和管理蜀锦的生产，使蜀锦业在这一时期有了突飞猛进的发展。左思在《蜀都赋》中描绘道："专门生产蜀锦的人家，常常有多达上百间织锦房，织机之声交响应和（技巧之家，百室离房，机杼相和）。"南朝李膺在《益州记》中也记述道："成都南有锦城，在笮桥以东，流江的南岸，这里是蜀汉时故锦官所在地，号锦里，城墙现在还在（锦城在益州南，笮桥东，流江南岸，昔蜀时故锦官处也，号锦里，城墙犹在）。"

蜀锦生产改善了蜀汉的经济和财政状况，据《太平御览》记载，蜀锦成为益州的特产和专有产品，魏吴两国都跑来购买（魏则市于蜀，吴亦资西道），这无疑改善了益州百姓的生活，也进一步巩固了蜀汉的政权。

第十一章

夺取汉中

劝降“神秘教主”

占领了成都，继而又陆续占领了益州的大部分地区，基本实现了诸葛亮为刘备规划的跨有荆益的目标。但是，这一步还没有走完，因为益州还有一块重要的地方没有占领。

这就是汉中，从行政建制上说，汉中是益州北部的一个郡，从地域上说，汉中是益州与关中之间一大块广阔的地带，其重要性又远非一个郡所能比。汉中地处秦岭和大巴山之间的谷地，由于地理位置的原因，自古以来往往自成一体，受外界影响较小，在中原、关中一带战事不断的情况下，也有不少人跑到汉中来避难，推动了当地社会经济的发展。

近几十年来，汉中被一个名叫五斗米教的宗教集团所控制，事实上是一个脱离朝廷也脱离刘璋父子管辖的政教合一的独立王国。五斗米教的创始人叫张陵。据《后汉书》记载，他于汉顺帝时入蜀，学道于鹤鸣山中，善作符书，向百姓传教。凡受道的门徒，需出五斗米，故被称为五斗米教，而官府称之为米贼。据《典略》记载，光和年间有一个叫张脩的人跑到汉中传播五斗米教，其传教的方法与黄巾教的张角相同，即以教人治病为手段扩充组织，治病方法有饮符水、让病人处静室中思过等，门徒众多，影响力越来越大，号称五斗米师。

有人说张脩是张陵的儿子，但没有这方面的确切记载。再后来，张陵的孙子张鲁袭杀张脩，成为第三代五斗米教主。张鲁传道很有一套，他吸收改进了张脩在汉中传道的做法，教入道者修所谓义舍，以米肉置其中供行人使用。又教习教者自隐，犯下小过错的治道赎罪，治道也就是通过修路，一般义务修路百步即可除罪。张鲁自称师君，初来修学道者叫鬼卒，学道较久又虔诚者叫祭酒，祭酒之上，设治头大祭酒。就这样，张鲁建立起一个庞大的组织，控制了政权。

作为益州牧的刘焉有义务对张鲁的这个宗教集团进行镇压，但他采取了另一种策略：合作。刘焉私自授予张鲁一个督义司马的官职，并且派人协助张鲁攻击自己的下属、汉中郡太守苏固，让张鲁名正言顺地占领了汉中。张鲁在汉中郡完全站住脚后，进一步推行道教主张，加强了控制，名义上受刘焉节制，但有很大的独立性。

张鲁在汉中不置官吏，以祭酒管理各地的政务，民众也是教徒，张鲁以宗教领袖的身份教导大家不得作恶，不得欺诈，凡有过错者自首其过，对犯法者可宽宥3次，如再犯才加惩处。又依照《月令》行事，规定春夏两季不得屠杀，禁酗酒。中原及关中地区连年战乱，百姓大量逃亡，一部分人逃到了相对稳定的汉中，据《后汉书》记载，曹操征马超、韩遂，关西地区一次就由子午谷逃来难民数万家。巴夷一带的少数民族首领杜濩、朴胡、袁约等也支持张鲁，使张鲁成为雄踞汉中的一支举足轻重的重要力量。

汉中郡是益州的北部屏障，要进入益州，必须先进入汉中，然后越过数重极险要的关隘才能到达。关中和汉中之间是巍峨的秦岭山脉，在高山峡谷间仅有数条险峻的小道可以通行，在最险要的地方，只能靠人工修筑的栈道通过。刘焉密令张鲁烧掉秦岭山中的那些栈道，这样就切断了益州北面的出入口。益州的东面是大巴山和长江三峡，南面是尚未开化的少数民族地区，西面是荒无人烟的高原，在这个四面封闭的世界里，刘焉找到了做皇帝的感觉。

一开始刘焉对张鲁挺放心。据《后汉书》记载，张鲁的父亲叫张衡，当然不是本朝那位著名的物理学家，而是另一个人，张衡死了，而他的妻子、张鲁的母亲很懂得养生，年龄挺大但面容仍然像少女一样，而且很会装神弄鬼（兼挟鬼道），经常到刘焉家做客，一来二去就跟刘焉好上了。刘焉已经把张鲁当成半个儿子看待，所以放心。但是到后来，张鲁更希望独立发展，受成都方面的控制越来越少。刘璋掌权，于公于私都不容张鲁，于是跟他翻脸，杀了张鲁的母亲，张鲁也彻底断绝了与成都的往来。

曹操当时的注意力在北面和南面，无力顾及汉中，为拉拢张鲁，就以朝廷的名义拜张鲁为镇民中郎将，把汉中郡改为汉宁郡，让张鲁当太守。一次，有人从地下挖到了一颗玉印，大家认为是吉兆，想推张鲁为汉宁王。张鲁的功曹阎圃劝他不要树大招风，暂时别称王，张鲁接受了建议。

曹操发动关中战役，打跑了马超、韩遂及关中诸将，其目标不仅是关中，还有汉中，当时的局势已经很清楚了，曹操很快就会发动汉中战役。汉中既是益州与关中的中间地带，也是抗拒曹操攻击的缓冲区，汉中如果被曹操占领，对益州来说相当于脑门上被人顶了一把刀；而如果能掌握在自己手中，又好比给自己戴了一顶钢盔。

对刚刚在益州站住脚的刘备来说，这顶钢盔很重要。在《诸葛亮集》中保存着一封诸葛亮写给张鲁信件的片段，只有短短的几句话："灵仙养命，犹节松霞，而享身嗜味，奚能尚道？"大意是：神仙养身益寿，还要节制餐松饮霞，而你却追求享受，哪里还能尊崇道规呢？

餐松饮霞指食松实、饮霞光，有时也称餐松饮涧，是道教传统的养生方法，意指清心寡欲，好好修行。看诸葛亮这封信的意思，对张鲁似有指责之意，由于信的其他内容已佚失，不了解其背景，故不好推测诸葛亮为何这么说。

不过，从这封信可以看出，刘备、诸葛亮已经与张鲁那边建立了联系，如果能说服张鲁归顺，不战而拿下汉中，那自然是上策中的上策。

然而，张鲁却倒向了曹操。汉献帝建安十九年（214）10月，曹操在合肥跟孙权打了一仗，对曹操来说这一仗打得马马虎虎，因为他听说刘备在益州得手，心里很急，故不恋战，而是草草退了军，留下张辽、乐进、李典三人守合肥，却只给他们7000人马，因为曹操想把兵力集中起来，到西边打一场大仗。次年4月，61岁的曹操亲自率重兵来到关中西部的大散关。他命令张郃率5000步兵在前面开道，魏军主力向南越过秦岭进军汉中。汉中郡的首府是南郑县，南郑的西大门是阳平关，7月，曹军前锋抵达阳平关。

听说曹操亲自来了，张鲁知道自己根本不是对手，打算立即就投降，却遭到其弟张卫的反对。张鲁于是派张卫、杨昂等人率兵数万，在阳平关前横向筑石城10多里，拦住曹军的进攻。曹军大约有10万，张鲁大约有3万人，但在这样的地理条件下，人多并不是最有利的因素，由于地势险要，易守难攻，曹军死伤惨重。曹操感叹道："打了30年的仗，还没有这样受制于人的（作军三十年，一朝持与人，如何）。"曹操竟然决定撤兵。

如果曹操真的就这样撤了，张鲁在历史上的地位将加重，张卫也将成为一代名将，而后面的局面恐怕会更加复杂。可是奇迹发生了。据《魏名臣奏》记载，曹操下令夏侯惇、许褚所部退兵，但在他们撤退过程中夜里误入敌人兵营，敌人不知究竟，还以为曹军攻营得手，居然四散败走。《世语》也记载，说两军决战的关键时刻，突然不知从哪里蹿出来数千只麋鹿，冲入张卫大营，张卫军营夜惊，恰在此时，曹军高祚等部离此不远，高祚吹响鼓角，召集其他友军，张卫大惧，以为这都是曹军预谋好的攻营战术，于是投降（卫惧，以为大军见掩，遂降）。

曹操一生打过无数的仗，有胜仗也有败仗，可是像这样稀里糊涂说胜不胜、说败不败的仗还是第一回。不过，阳平关总算被攻下了。在南郑的张鲁见已无险可守，还想投降，阎圃劝他投降可以，但不要这么轻率。阎圃认为："现在就这么投降了，必然没有什么分量（今以迫往，功必轻）；不如先投奔杜濩、朴胡，然后看情况再说，到那时再投降功劳也大些。"张鲁于是带领一部分人进入汉中以南的大巴山区。临走前，左右建议搞些破坏，把仓库等设施烧毁，不留给曹操。张鲁不同意，他说："本来打算归顺朝廷，现在离开是暂避锋芒，没有恶意，仓库里的东西都归朝廷所有。"张鲁让人把府库里的东西清点好，一一贴上封条，然后才走。

曹操进入南郑，对张鲁的做法很满意，他知道张鲁有归降的本意，就派人到巴郡寻找张鲁，劝他投降。9月，巴郡地区的部族首领朴胡、杜濩率部出降，曹操下令分巴郡为巴西郡和巴东郡，任命朴胡为巴东郡太守，杜濩为巴西郡太守，都封为列侯。11月，张鲁率家属从大巴山出来投降，曹操以天子的名义拜张鲁为镇南将军，封阆中侯，食邑一万户，封张鲁的5个儿子以及阎圃等人为列侯。《典略》说，当初马超逃往益州，没有来得及带上妻子董氏以及儿子马秋，现在董氏和马秋都到了曹操手上，曹操把董氏赐给阎圃为妻，把马秋交给张鲁处理，张鲁很恨马超，亲手把马秋杀了。

张鲁亲手杀马秋，还有向曹操表示忠心的意思，说明他与马超已成不共戴天的仇人，让曹操放心。马超走时部将庞德也留在了张鲁处，张鲁失败后，庞德率部投降，曹操早就听说庞德作战勇猛，便拜他为立义将军，封关门亭侯，食邑 300 户。

关于汉中的争论

汉中被曹操占领，尽管在意料之中，但当消息传到成都时，整个益州都震动了。据《傅子》记载，曹操占领南郑 7 天后，有从蜀地投降过来的人说蜀中听到汉中被占，一天之内数十惊，刘备虽然杀了不少人也平息不了局面（蜀中一日数十惊，备虽斩之而不能安也）。《傅子》的说法是否夸张不太好说，但张鲁败得那么快，确实大大地出乎了众人的意料。

就在张鲁南下进入大巴山的时候，偏将军黄权向刘备建议："如果失去汉中，则巴郡不可保，等于失去了益州的一条臂膀。"刘备于是任命黄权为护军，督率邻近的各路人马前往巴郡迎接张鲁，可是晚了一步，张鲁投降了曹操。黄权攻击曹操新任命的太守朴胡、杜濩等人，曹操命张郃率部赶往巴中进行支援，刘备也派张飞支援黄权，张郃与张飞战于巴中，这场仗打了 50 多天，张飞打败了张郃，张郃撤回南郑。

这一场胜仗其实很关键，因为它暂时打退了曹军的连胜势头，保住了汉中以南的巴西、巴中和巴郡这"三巴"地区，使益州北部的局面归于对峙。曹操的丞相主簿司马懿向曹操建议："刘备以骗术取得益州，蜀人未必肯服，此时他们与孙权为荆州的事相争于江陵，这是一个机会。如今攻克汉中，益州震动，进兵攻之，益州必然瓦解。圣人说过，做事不违背天命，但也不能失去时机呀。"司马懿的建议并非没有道理，刘备得益州后，孙权趁机索要借出去的南郡等地，孙刘联盟出现了裂痕，现在攻打刘备，正是个机会。

曹操的另一位谋士刘晔也建议，攻克汉中后益州震动，如果倾尽全力南下，正是一举攻占益州的最好时机。如果失去这个机会，必然给今后留下难题。但是曹操迟疑不决，汉中之得有很大的偶然性，如果不是天佑曹魏，说不定此次也是无功而返。这次行动的目标是汉中，既然目标已经实现就应该退兵了。

曹操的脑海里应当划过赤壁之败的那一幕，那一次就是为占领荆州去的，因为太顺利，所以顺手去攻打刘备和孙权，这一额外的任务致使局面反转。曹操最后没有接受司马懿和刘晔的建议，而是说了一句很有名的话："人哪，最怕不知足，不能既得到了陇地，又奢望蜀地啊（人苦无足，既得陇，复望蜀邪）！"

这就是"得陇望蜀"典故的由来，曹操的决定是否正确，这一直是历史学家争论的话题，有人认为他白白丧失了一次好机会，其失误不亚于赤壁之败；有人认为他的决定是正确的，因为在当时局势下根本无法确保能顺利夺取益州，贸然进兵恰恰再犯了赤壁之战那样的失误。裴松之认为，曹操不用刘晔之计，失去了统一益州的好机会（由不用刘晔之计，以失席卷之会）。元人胡三省认为《傅子》所说未可全信，蜀中不可能一会儿出现那么大的震动，一会儿能立刻安定下来，刘备那边的准备还是很充足的（备之守蜀有不可犯者）。

而从张郃和张飞在巴中地区交战的情况看，曹军如果即刻南下，在局面上未必占优，先不说汉中、巴中初定，人心不稳，单就战争准备、熟悉道路等方面，也不是仓促就能完成的。关中攻汉中不好攻，因为有秦岭；汉中攻益州腹地也不好攻，因为有大巴山，还有剑阁、白水关、江油关等关隘。

曹操任命夏侯渊以都护将军的身份率张郃、徐晃所部留守汉中，派丞相长史杜袭以驸马都尉的身份负责处理汉中的政务。汉中郡之前已被刘焉改为汉宁郡，曹操下令恢复汉中郡，将汉中郡的安阳、西城等县分出来设置西城郡，将锡县、上庸县等分出来设置上庸郡，分别设置了太守、都尉。西城县就是今陕西省安康市，上庸县在今湖北省竹山县附近。由汉中郡西去，经西城郡、上庸郡可抵达荆州的襄阳，只是道路十分难走。

曹操一回到邺城，就着急忙慌地给自己弄了顶魏王的大帽子戴在头上，此后一段时间里，曹操的精力完全放在了魏国内部事务上，汉中这边只求维持现状。

在这种情况下，诸葛亮、法正等人都主张主动出击占领汉中。法正还向刘备进行了详细分析和策划，法正说："曹操一举收服张鲁，占有汉中，没有借此势头进图巴、蜀，只是留下夏侯渊、张郃屯守，自己率军北还，这并不是他战略目光短浅，也不是他力量有所不及，必然是他的内部出现了问题（此非其智不逮而力不足也，必将内有忧偪故耳）。现在看，以夏侯渊、张郃的才略还无法胜任帅才，如果率大军前往征讨，必能攻克。攻克汉中后，在那里发展农业，积蓄粮谷（广农积谷），然后寻找机会，上可以彻底打败敌人，重振汉室；中可以蚕食曹魏的雍州、凉州，广泛开拓境土；下可以固守于要害，与敌人展开持久战。这正是机不可失，时不再来呀！”

诸葛亮和法正现在既是刘备的左膀右臂，又是刘备的主要智囊，诸葛亮更多的精力用在处理政务方面，而法正在战略层面的思考更多些。法正就汉中问题提出的上、中、下三策，与诸葛亮隆中对策中的核心思想是一脉相承的，只是根据现在的局势，把它更加系统化、具体化了。按照法正的构想，此时曹操的精力主要放在处理内部事务上，这正是天赐良机，进攻汉中比较有把握，一旦得手，进可以攻，退可以守，即使出现了下策里说的情况，也是得分的。

但是法正没有说明一个问题，那就是一旦进攻汉中，曹操本人亲率大军增援，到那时还有几成胜算？大概法正认为，曹操已被内部事务所缠身，又顾忌东线战场的孙权，不会来救汉中吧。但这样的假设，未免过于大胆。

刘备也许看到了这个问题，他跟曹操打了半辈子交道，深知一着不慎满盘皆输的道理。在攻取汉中的大方向上，他与诸葛亮、法正的想法一致，但现在是不是进攻汉中的最好时机，他有些犹豫。刘备担心的是内部是否就此能达成统一，益州新定，人心思安，尤其是益州本土出身的人，也许会有不同意见。

果然，有两个人这时候跑来劝刘备千万不要进攻汉中，一个叫周群，一个是张裕。

周群字仲直，益州巴西郡人，他的父亲周舒年轻时向益州著名的方术师杨厚、董扶、任安等学习方术，当时有一句叫“代汉者当涂高”的谶语，大家都不知何意，周舒认为涂高就是魏，这句预言的意思是替代汉室的将是曹魏。周舒要在曹操手下，曹操一定厚赏他，但他在益州，说这样的话是很冒险的。

周群从小跟父亲学习方术，他擅长占星，在院里造了一座小楼，家里的奴仆轮流在上面值班，发现有异常就通知周群，周群再亲自登楼观望。这相当于私人出资办的天文台，不知道算不算历史上的头一个，据说他根据星象变化得出的很多预言大都应验了。刘璋挺相信周群，召他为师友从事，相当于私人顾问，凡有重大决策都事先向他询问。刘备入主成都后，看中周群在社会上的影响力，任命他为儒林校尉。儒林校尉看起来像是武职，但管的是文事，类似于"文化局长"，这是刘备发明的一个官职，从中可以推测刘备把大大小小的事都尽可能集中在左将军府中，以左将军的总名号统领军事、行政、财政以及文化事业。

刘备听说周群善卜，就是否出兵汉中秘密向周群询问，周群回复刘备说："本来应该攻取汉中之地，但无法得到汉中的百姓。如果非要出师不可，必然不利，还是应谨慎行事（当得其地，不得其民也。若出偏军，必不利，当戒慎之）！"刘备听了周群的预言，有点泄气，心里也有点不舒服。

这时张裕也来劝他不要出兵。张裕曾在刘璋、刘备办过的涪陵大会上当面给刘备难堪，但此人也精通方术，水平比周群还高（天才过群）。张裕也劝刘备不要出兵汉中，但他的话更绝："千万不能出兵汉中，否则必定不吉利（不可争汉中，军必不利）！"在刘备看来，周群的话还算委婉，而张裕就有点儿别有用心了，他的话分明就是诅咒。刘备想起涪陵大会上的事，对张裕来了气。

有关部门又秘密报告说，张裕向人传播谣言，胡说什么"岁在庚子，天下当易代，刘氏祚尽矣。主公得益州，九年之后，寅卯之间当失之"。庚子年是汉献帝建安二十五年（220），张裕此话的意思是，到那时天下将易代，刘汉王朝算是终结了，刘备取得益州也不能长久，9年后就死了。

当然，事实证明一切都如张裕所预言的那样，汉献帝建安二十五年（220）曹丕禅让建立魏朝，汉室灭亡。刘备攻入成都是在汉献帝建安十九年（214），9年后刘备驾崩于白帝城，那一年的干支是癸卯。有没有那么神？不知道，《三国志》就是这样记载的。

刘备接到报告，大怒，下令处死张裕。周群、张裕反对出兵汉中，这并非他们个人的意见，应该代表了相当一部分益州本土人士的想法。一直以来，本土出身的人都希望保境安民，不希望出去惹事，能不能兴复汉室、统一天下对他们来说实在微不足道。然而一旦对外用兵，即使能打赢，也需要耗费巨大的人力物力，为保障前线供应，必然在各地加税征兵，苦不堪言。周群、张裕作为益州本地有影响力的人物，反对向汉中出兵是可以理解的，或者说他们只是代言人，是大家推举他们二位向刘备进言的。

诸葛亮觉得，益州新定，对外用兵固然重要，保证内部安定也是大事，对于张裕这样有一定影响力的人，可以惩戒，但不宜处死，于是向刘备书面请求减免其罪过。对诸葛亮提出的事，无论人事安排还是军政民政事务，刘备一向言听计从，但这一次刘备是真生了气，他没有答应。刘备对诸葛亮说："芳香的兰花要是生在大门口，也不得不锄掉它（芳兰生门，不得不鉏）！"

诸葛亮明白，刘备不喜欢张裕是一个方面，更重要的是他想借张裕的人头，彻底堵住反对出兵汉中的那些人的嘴，于是也不好再说什么。刘备下令把张裕处死，且公开进行（弃市）。

"尽时人之器用"

汉献帝建安二十三年（218）春天，刘备决定出兵汉中。刘备命诸葛亮留守成都，负责后勤供应和补充兵员，自己率主力北上。

这次出征，与上一次夺取益州一样，刘备身边的"谋主"仍然是法正，说明法正的谋略被刘备所赏识，法正又对攻取汉中有过深入的思考，有一套系统的方案，所以要带在身边。这是否意味着刘备对法正的信任程度超过诸葛亮呢？其实不是，这是由诸葛亮和法正二人在刘备身边不同的角色定位所决定的。《三国志》称，刘备定成都后，诸葛亮的定位是"股肱"，法正的定位是"谋主"，而关羽、张飞、马超等人的定位是"爪牙”。股是大腿，肱是胳膊，股肱就大腿和胳膊，也就是最重要的助手，而谋主是智囊，是参谋。

此次远征，后方的事也很重要，要随时保证大军的粮草、武器供应，还要及时征调补充兵员，更重要的是，不能让人趁主力远征之际在后方兴风作浪，能完成这些艰巨任务的人，只有才干不行，还要有魄力，必要时可以临机决断；还要有威望，能镇得住局面；还要对自己绝对忠诚，不然成都这一大摊子交出去也不放心。

刘备认为全部符合这些条件的只有诸葛亮。张飞够忠诚也有胆识，但缺乏智谋；马超有声望也有魄力，但忠诚度不能让刘备放心；让法正留下来，他的弱点更多，比如他在荆州来的这些人里缺乏威望和领导力，群众基础远远不够。

所以，刘备没带诸葛亮去汉中说明他对诸葛亮更为重视，不存在厚待法正而轻视诸葛亮的问题。

刘备把大军分成东、西两路：东路由自己亲自率领，包括法正、赵云、黄忠、魏延等部，由成都北上直取汉中；西路由张飞率领，包括吴兰、雷铜等部，向西攻击汉中的侧翼，目标是曹军在汉中以西的重镇下辩。吴兰、雷铜是刘备的部将，但有关二人的史料很少，更多情况不得而知，也许是刘璋的旧部。下辩即今甘肃省成县一带，是汉中郡的西邻，现在属曹魏武都郡，那一带羌族人聚居，考虑到马超在羌人中有很大影响力，刘备让马超随张飞行动。

负责镇守汉中的夏侯渊得知消息后，赶紧向远在邺城的曹操报告。曹操不敢怠慢，立即派出了援军。这支援军由老将曹洪率领。曹洪是曹军中公认的福将，言外之意此人能力一般，只靠运气好才打过一些胜仗。曹操也考虑到了这一层，所以给他派了个能打的助手曹休。

曹洪是曹操的兄弟辈，曹休是曹操的子侄辈，随着曹休、曹真、曹彰、曹纯等曹家新生代将领的崛起，曹军正在面临着一轮新旧交替。到了后期，史书上多次提到曹洪一家如何富贵、如何有钱，在曹操眼里曹洪已经不是原先那个曹子廉了，但他在曹军中的资历很高，让他领兵可以服众，而让曹休掌握实际指挥权，可以锻炼这个被看好的晚辈。曹休之前一直在虎豹骑任职，此次被任命的职务不过是个骑都尉，相当于骑兵师长，曹操命他担任曹洪的军事参谋，临出发前，曹操私下对曹休说："你名义上是参谋，实际上是统帅（汝虽参军，其实帅也）。"这不大像是曹操说的，但确实记录在《三国志》里。

曹操命曹洪、曹休增援下辩。此时，刘备西路军已攻入下辩，占领下辩的是张飞的手下吴兰、雷铜。曹洪、曹休率军赶到，把他们围了起来。刘备、法正及时调整作战方案，让张飞亲自率兵屯驻于固山，这个位置在下辩的北方，扬言要断曹洪和曹休的后路。曹洪召集众人商议，大家争论不休，有人主张放弃下辩回师，否则有被包抄的可能。曹休认为："敌人如果真想断我方后路，肯定会悄悄进行，现在这么大张旗鼓，中间肯定有文章。我们应该别管这个，趁他们人马没有集齐之际抓紧攻打吴兰，吴兰一破，张飞定会撤兵。"

曹洪已经把军权交给了曹休，就由曹休去安排。结果，曹军不仅不撤，反而猛攻下辩，吴兰、雷铜均被打败，二人逃出下辩后被氐人部落首领抓住杀了，将首级送到了曹营。张飞、马超见状退到了汉中郡境内，西路军发起的武都战役以失败而告终。

西路军虽然进攻遇阻，却没有动摇刘备进攻汉中的决心。此时刘备以法正为军师，率黄忠、赵云、魏延等部已经到达阳平关，这里是汉中谷地的最西端，刘备与张飞、马超等在此会合，做出攻打汉中郡的态势。夏侯渊不敢大意，一边与张郃、徐晃等移军阳平关一带阻挡刘备的进攻，一边再次向曹操报告，要求进一步增援。这一年的7月，曹操调集兵马，亲自增援汉中。曹操觉得自己老了，所以临出发前专门颁布了《遗令》，对后事进行了交代。以前每次出征，曹操总想方设法鼓舞大家的士气，而这次却发布了自己的遗书，是一次特殊的战前动员，表明自己誓死取胜的决心，还是冥冥之中感应到了什么？

汉中那边，夏侯渊指挥张郃、徐晃等部挡住刘备的猛攻，让刘备没有太大进展。刘备派部将陈式等去断绝马鸣阁道，夏侯渊派徐晃阻击，把陈式打败。刘备又从广石发动进攻，张郃坚守广石，刘备攻之不克。

从武都战役失败到广石不利，刘备没有打过一场胜仗，这一次虽然带着张飞、赵云、黄忠、马超等组成的超豪华阵容，却连尝败绩，刘备心有不甘，急忙写信给留守在成都的诸葛亮，要求想办法补充兵员。

其实，刘备把能带的兵马基本上都带来了，诸葛亮手里实在没什么富余的。刘备率主力北上后，益州境内也不平静，据《三国志》记载，马秦、高胜等人聚众数万人在郪县叛乱，幸亏犍为郡太守李严凭借5000"郡士"把他们打败，斩杀了马秦、高胜。所谓"郡士"，就是类似于民团的地方武装。事情刚平定，越嶲郡的夷人又围攻新道县，李严驰往救援，又把他们打败。

刘备还有一部分精锐部队，但此时在荆州，不可能调过来，剩下的几乎都去攻打汉中了，刘备要诸葛亮继续增兵，这使得诸葛亮备感压力。刘备和法正都不在，诸葛亮成了益州的大管家，所有大小事务都装在他的脑子里，他现在最重要的工作，就是想尽一切办法既保持局面稳定，又及时征调粮草，做好前线的后勤供应。

幸好诸葛亮手下也有一批能干的人，协助他把事情处理得井井有条，刚提拔的益州从事杨洪逐渐引起诸葛亮的注意，遇到问题诸葛亮喜欢找他来商量。接到刘备的来信，诸葛亮找来杨洪，向他征求意见。杨洪说："汉中是益州的咽喉，存亡的关键，如果没有汉中也就没有益州了，不用多考虑！"诸葛亮当机立断，代表刘备任命杨洪为蜀郡太守，负责办理征兵及后勤供应事宜，支援汉中前线。

蜀郡太守是法正，法正去了汉中，无法履职，任命有丰富实践经验的杨洪担任此职，可以更好地调动当地资源，迅速完成刘备交给的补充兵员、保障后勤供应的重任。此前杨洪是李严的部下，李严当太守时杨洪是他的功曹，类似于郡政府"人事处长"，现在李严还是太守，而杨洪已升为蜀郡太守，与老领导平起平坐。

杨洪当太守后手下有个门下书佐，名叫何祗，也很有才干，杨洪把他推荐给诸葛亮，何祗升得更快，杨洪还在当蜀郡太守的时候，何祗已升为广汉郡太守了。这些不拘一格选人用人的事例，都是在后方主持工作的诸葛亮主导下进行的，益州当地官民对此深表敬佩（西土咸服诸葛亮能尽时人之器用也）。

此时益州全州都进入了临战状态，砸锅卖铁、倾尽全部物力和人力支援汉中前线，有了诸葛亮在后方提供的强有力支持，刘备才下定决心不拿下汉中不撤兵。

决胜定军山

曹操是汉献帝建安二十三年（218）7月从邺县出发的，沿黄河西行，9月到达长安。不知为何，曹操没有立即越过秦岭驰援汉中，而是在长安逗留了两三个月，就在这两三个月，前线的形势发生了重大变化。

刘备在阳平关一线做出多次尝试性攻击没有进展后，诸葛亮送来的援军陆续到达，这些大多数是刚刚召募的新兵，基本上没有作战经验，但大批生力军的到来，使蜀军士气大振。过了年，到了汉献帝建安二十四年（219）正月，刘备终于有了收获，前锋越过阳平关，沿着汉水河谷向前推进了一段距离，到达定军山下。

汉中的核心地带是一块由汉水河谷扩展开的盆地，其四周都是高山，重要的城镇几乎都在中心地带的汉水两岸。阳平关是这块盆地的西大门，它也坐落于汉水之上。从阳平关沿着汉中往前，可以到达汉中郡的郡治南郑，但在到达那里之前还会遇到一处屏障，就是定军山，该山位于汉水南岸，今陕西省勉县城南十余里处，属大巴山脉，与汉中盆地周边的深山大川相比，它的海拔并不高，主脉是由12座东西绵延的山峰组成，总长20多里，其最高处海拔800多米，由此再往东，就是一马平川。也就是说，定军山虽然是一道屏障，但并不是特别险要，刘备率军攻到这里，曹军就危险了。

夏侯渊一看定军山被占，急忙来抢，双方展开了激战。刘备发动夜袭，烧了曹营的鹿角，这时候夏侯渊驻守在西边的营寨，张郃驻守东边的营寨，刘备集中力量攻击张郃，张郃有点顶不住，夏侯渊把自己这边的守军分出一半增援张郃，结果出了大事。据《三国志》记载，夏侯渊是亲自率兵来增援张郃的，法正看到后，觉得机不可失，建议刘备不惜一切代价猛攻，目标直取夏侯渊。刘备命黄忠担任主攻，咬住夏侯渊的增援部队不放，一阵猛打猛冲，曹军大败，曹魏的征西将军、博昌侯夏侯渊居然战死沙场，一同战死的，还有曹操任命的益州刺史赵颙。

曹操以前经常告诫夏侯渊："做大将也有示弱的时候，不能一味恃强斗狠。为将者应该以勇为本，以智取胜，有勇无谋只不过是一介匹夫罢了。"夏侯渊的战死，正好印证了曹操上面的话。《曹操集》中有一篇策令，说到了这场战斗。根据这篇策令的记载，当时的战斗情形是这样的：敌人烧毁了曹军的鹿角，但这些鹿角离大营有 15 里，夏侯渊居然独自带着 400 名士兵去修补鹿角，敌人在山上看到了，于是从山谷中杀出，夏侯渊亲自参加战斗，最后战死。

曹操认为夏侯渊在此战中犯了指挥上的错误，像夏侯渊这样担负整个战场指挥重任的大将，不应该亲自参与战斗，更别说去干修补鹿角这样的小事。曹操把这件事写进策命向全军通报，可见他对定军山之败很介意。在这篇策令里，他甚至说出了重话，称夏侯渊本来不擅长带兵，军中呼之为"白地将军"（渊本非能用兵也，军中呼为"白地将军"）。这说明，定军山的惨败后果实在太严重了，虽然夏侯渊已死，但曹操仍不能原谅他。

夏侯渊是曹魏整个西线战场的总指挥，相当于元帅级的人物，他猝然战死，让曹军上下无不震怖（三军皆失色），大家惶恐不已，不知道该怎么办。曹操的丞相长史杜袭此时在汉中任督军，曾在曹丕五官中郎将府担任过门下贼曹的郭淮此时在夏侯渊军中当司马，他们二人收敛散卒，号令全军说："张郃将军是国之名将，刘备也有所忌惮。现在事情很紧急，非张将军不能主持大事。"杜袭和郭淮共推张郃为临时统帅，张郃重新调整了部署，安好营寨，大家才稍稍安定下来。

刘备想趁夏侯渊战死之机一鼓作气拿下汉中，第二天指挥人马渡过汉水来攻营，曹军这边大部分人认为此时敌众我寡，士气也不如对手，不如在汉水边修筑工事抵挡，不让敌人渡河。郭淮不同意这种看法，他认为："这是向敌人示弱的做法，无法挫败敌人。不如在离汉水远一点的地方列阵，诱使敌兵渡河，等他们渡过一半再突然发起攻击（半济而后击之），刘备必然可破。"张郃采纳郭淮的建议，远远地列阵于汉水北侧，刘备看到生疑，不敢渡河。在张郃的主持下，曹军暂时稳住了阵脚，避免全线溃败。他们坚守在汉水北岸，等待援军。

定军山之战让一代名将夏侯渊丧命，但也成就了另一位名将黄忠，同时也让法正扬名天下。据《三国志》记载，曹操后来听说了定军山之战的全过程后，就记住了法正的名字，曹操之前就认为，老对手刘备没有这两下子，一定是有高手在旁边辅助（吾故知玄德不办有此，必为人所教也）。看来，在曹操的心目中刘备还是那个在走投无路时投靠在他的门下，又多次被他打得落荒而逃的人，但那是老眼光了，刘备显然已今非昔比，他已经从寄人篱下、看人眼色的流浪者，迅速成长为一路诸侯。

夏侯渊战死时曹操还在长安，他除了深感震惊之外，意识到汉中已危在旦夕，所以立即向汉中增兵，并且不按照上次的路线进军，改走褒斜道，以节省时间。

汉献帝建安二十四年（219）3 月，曹操出褒斜道到达汉中。对于这个老朋友，刘备采取先不与其争锋的对策（敛众拒险，终不交锋）。刘备新获定军山大捷，信心十足，他对左右说："曹操虽然亲自前来，必然会无功而返，我一定能拿下汉中。"曹军的运粮队从北山下经过，队伍很长，黄忠认为可以袭击一下，把粮食劫过来。汉中是个不大的地方，突然间云集了双方这么多军队，军粮供应将会是个大问题，如果能把对方的军粮劫过来，那对敌人将是双倍打击。

刘备派赵云、黄忠一块劫粮，取得胜利，双方在汉中一带展开了周旋。据《三国志》记载，有一次刘备形势不利，应该赶紧撤退，可刘备不肯，没有人敢劝。此时矢如雨下，法正急了，一下子挡在刘备身前，刘备喊着法正的字叫道："孝直避箭！"法正说："主公您都在亲自用身体挡箭石（明公亲当矢石），何况小人我呢？"刘备才冷静下来，下令撤退。据《魏略》记载，刘备屯兵在栖于山上，派养子刘封下来挑战。曹操大怒，骂道："一个卖鞋子的小子，居然用养子抗拒你家主人（卖履舍儿，长使假子拒汝公乎）？待唤我家黄须儿来收拾你！"黄须儿就是曹操的儿子曹彰，因为胡须是黄色的被曹操呼为黄须儿，他刚刚领兵征服代郡的乌桓人，曹操还真下令让曹彰来。曹彰接到命令，从邺县昼夜西行。

曹操与刘备在汉中相持了一个多月，双方都没有立即取胜的战机，刘备见状干脆拒险死守，跟曹操拼消耗。曹军连失重地，只能在南郑等少数据点坚守，时间长了后勤供应果然成了问题，由于吃不饱饭，曹军士兵有不少人逃跑（操与备相守积月，魏军士多亡），还有些投降到敌人那里，让曹操很苦恼。

蜀汉后来有一个有名的将领叫王平，多次随诸葛亮北伐，他原来是曹军的将领，就是在这个时候投降刘备的。王平字子均，益州巴西郡人，当时巴中部族首领杜濩、朴胡等人投降了曹操，到洛阳拜谒，王平跟着他们一块去了，被曹操提拔为校尉。曹操此次再征汉中，王平随军，但是又投降了刘备，被刘备提拔为裨将军。

眼看短时间内无法取胜，曹操萌生了放弃汉中的打算。据《九州春秋》记载，有一天要确定曹营的口令，曹操顺口说了个“鸡肋”，大家不知道是什么意思。随同曹操出征的丞相主簿杨修听到后就开始收拾行李，大家很惊讶，问他何故。杨修说：“鸡肋这个东西，扔了怪可惜，吃吧又没什么味道（弃之如可惜，食之无所得），这就好比现在的汉中，我因此知道魏王想撤军了。”杨修的理解是正确的，曹操实在不想把主力部队长期集中在汉中这个大山里的小盆地里，合肥一线的孙权，襄阳一线的关羽，还有北方的公孙氏和乌桓人，哪一个都不让他省心。

一份劝进者名单

近一两年来，曹魏控制区又频频发生叛乱，曹操已经有了心力交瘁之感，于是曹操下令从汉中全线撤退，此时是汉献帝建安二十四年（219）的5月。

曹操把在汉中的军队全部撤了出来，汉中再次易手，这块战略要地在曹操手里前后不到3年。曹操到长安后，考虑到汉中已失，其左翼的武都郡必然难保。他担心的是刘备与武都郡氐人部落首领联合起来，以氐人为先锋进攻关中，那样一来整个雍州的安全都将受到威胁，为此他召来雍州刺史张既商议对策。张既建议，可以把武都郡的氐人迁到天水和关中一带居住，告诉他们先迁出来的有重赏，到那时候大家都会争先恐后出来。

曹操采纳了这个建议，先后从武都郡迁出5万余户氐人，让他们居住在扶风郡、天水郡等地。张既长期在西部任职，对这里的情况很熟悉，在他的努力下，曹魏在雍州暂时没有大的威胁，但是汉中郡的右翼，问题比较严重。

汉中郡的右翼是房陵郡、西城郡和上庸郡，这是曹操上次征张鲁后新设的，大致相当于今天的陕南、鄂西和川东北地区，房陵郡的太守名叫蒯祺，他出身于荆州蒯氏家族，原来在刘表手下任职，刘琮投降曹操后蒯祺随之投降，曹操任命他为房陵郡太守。蒯祺还有一个特殊身份，他是诸葛亮的大姐夫。

刘备占领汉中后，想选派一个人担任宜都郡太守，负责进攻房陵、上庸等地，以巩固汉中地区，法正推荐了自己的好朋友孟达。相对于法正的风光无限，孟达这段时间有点儿沉寂。他也是密谋迎请刘备进入益州的核心成员之一，说起来也是一位大功臣，但不知什么原因，刘备定成都后，孟达一开始并未获得重用。

刘璋派法正、孟达迎请刘备的时候，给他们二人每人 2000 人马，刘备让孟达率这些人马一直屯驻于江陵。江陵归荆州，是关羽的防区，孟达便一直待在那里，后来大概是关羽把它调到了秭归，也在荆州范围内。法正向刘备建议，任孟达为宜都郡太守，命令他率所部由秭归进攻房陵郡。

刘备接受法正的建议，向孟达下达了命令。孟达还真有两下子，没费太多周折，就一鼓作气拿下了房陵郡，顺便把蒯祺杀了。或许孟达事先不知道蒯祺跟诸葛亮的关系，所以把他杀了；或许孟达知道蒯祺的身份，但觉得他是敌对阵营，没有多想就把他杀了。

与此同时，刘备派养子刘封从汉中出发，沿汉水南下与孟达会合，刘备特别给予明确，刘封到了房陵后可以领导孟达（统达军）。刘封此时的职务是副军中郎将，大概相当于旅长，勉强算个师长，而孟达作为郡太守无论年龄、地位还是功绩都远高于刘封，对于刘封这个太子爷孟达很不服气，这为他们日后矛盾爆发埋下了伏笔。据《三国志》记载，孟达攻下房陵郡后，刘备担心对他难以控制（先主阴恐达难独任），这才派刘封与他会合。刘备一定会把此去的真正意图告诉刘封，所以刘封才会一直不把孟达当回事。

刘封指挥孟达继续攻打上庸郡，上庸郡太守申耽投降。这个申耽是地方实力派，先后名义上归顺过刘表和曹操，但他是个土皇帝，独立性很强。为了笼络申耽，刘备拜他为征北将军，兼任上庸郡太守，拜申耽的弟弟申仪为建信将军，兼任西城郡太守。这样，曹操辛苦经营的汉中、房陵、上庸、西城一线全部落入刘备手中，在西线战场的这一轮争夺战中，曹操完败。

在以往刘备直接与曹操的交手中刘备总是负多胜少，汉中之战是他们最后一次直接指挥的对攻战，结果刘备赢了，正所谓笑到最后才是胜利，这一仗刘备赢得很彻底也很漂亮。开拓荆州，占有益州，吞并汉中及上庸三郡，这些都发生在短短几年之中，想当初，刘备只要一听说曹操来了就会立即逃窜，如今也敢跟曹操硬拼死磕一把，而且还把曹操弄得很狼狈。

汉中大捷是刘备一生事业的顶点。经此一役，刘备的个人声望也达到了空前的高度，论地盘、实力以及个人声望，大家都认为刘备比曹操已经不差什么。3 年前曹操已经称王，现在不少人认为刘备也应该称王，与曹操平起平坐。

汉初，高祖刘邦领着大家杀白马盟誓，使得异姓称王成为一个禁区，如果不姓刘，称王就是造反，天下人可以共诛之。所以，两汉几百年里，异姓而能称王的没有几个。曹操一生未称帝，但他离皇帝只有一步之遥，因为他是魏王。曹操的称王之路比较漫长，先是改三公制为丞相制，自己当上丞相，之后修改五等爵制，恢复了“公”这一爵位，又成为魏公。经过几次试探后，发现问题不大，于是才公开称王，成为魏王。称王之后，就可以划出一块独立王国，一般有几个郡大，像朝廷那样设置三公九卿和办事机构，实施自治。曹操的魏国包括 10 个郡，比一个州都大。

刘备现在拥有荆州的大部和整个益州，算起来也有 30 多个郡了，论地盘比孙权大得多，仅次于曹操。刘备如果称王，有一点曹操比不了，他姓刘，尽管此刘非彼刘，但毕竟姓刘，加上刘备一向打着兴复汉室的口号，所以他要称王，反弹要小得多。

在这种情况下，大多数人认为刘备称王的时机到了。

汉献帝建安二十四年（219）7月，就在曹操刚刚从汉中退兵两个月后，刘备在汉中称汉中王。当然不能自己任命自己，表奏、遥拜这些手段也不合适，刘备的称王形式是劝进。据《三国志》记载，刘备手下的重要官员120人联名向远在许县的汉献帝刘协上了一份表，报告汉献帝大家一致推举刘备为汉中王，并兼任大司马。

这120人主要包括平西将军都亭侯马超、左将军长史镇军将军许靖、营司马庞羲、议曹从事中郎军议中郎将射援、军师将军诸葛亮、荡寇将军汉寿亭侯关羽、征虏将军新亭侯张飞、征西将军黄忠、镇远将军赖恭、扬武将军法正、兴业将军李严等。上面这个名单上的人都是刘备手下最重要的人物，在这份名单中诸葛亮只排在第五位，似乎与诸葛亮此时在刘备集团中的地位和作用不太相符。

其实，这样的排法是有讲究的，有的是出于职务上的考虑，诸葛亮此时担任的职务是军师将军，相当于“军长”，马超担任的平西将军相当于“西部战区副司令”，诸葛亮如果是个少将军的话，马超至少是中将，比诸葛亮职务更高，理应在前。

许靖的职务是镇军将军，也是“军长”，但他兼任着刘备左将军府的长史，相当于“秘书长”，从职位上说也更重一些，当然这并不是主要原因，主要原因是，许靖是当时天下的名士，曹操年轻时都想竭力巴结、讨好的人，知名度极高，刘备劝进称王，要借用他的知名度，所以也排在了前面。

另一个考虑是体现代表性，刘璋的旧部中庞羲以前地位最重，跟刘璋还有亲戚关系，虽然他现在只担任了营司马，职务未必高于诸葛亮，但他代表了刘璋的旧部，出于统战的需要排名也往前安排。

排在诸葛亮之前的人里，出现了一个比较陌生的名字，那就是射援。射援字文雄，是关中扶风郡人，跟法正、孟达、马超是同乡，所以有人把他以及他的弟弟射坚都归为蜀汉内部的扶风派。《三辅决录注》说射援年轻时就有不小的名气，但这不是最重要的，最重要的原因是射援的身份，他除了是中郎将之外，还是前太尉皇甫嵩的女婿，皇甫嵩是汉末名将，是元帅级的人物，射援的这个身份是刘备也要借重的。

所以这个名单的排名是刻意安排的，诸葛亮以及关羽、张飞等人是“自己人”，尽量往后排，而把更能体现统一战线色彩的人物往前排。

诸葛亮等人所上的这份“劝进表”只有600多字，写得却很有气势，是一篇被忽视的好文章。清人何焯认为此文在整个东汉都少见，在西汉也不可多得，并推断这篇文章经过诸葛亮的润色（疑诸葛公润色也），因为其文风遒劲练达，与《诸葛亮集》中所留下文字的风格很相似。

这份表文的内容如下：

“过去唐尧堪称至圣但仍有四凶在朝，周成王堪称仁贤但有四国作难，高祖时吕后称制所以诸吕窃取国柄，昭帝时因为年幼所以上官桀谋反。上面所列的这些作乱者都是凭借恩宠，践踏国家权力，穷凶极乱，以致社稷危难。如果没有大舜、周公、刘章、霍光这样的人出现，肯定无法将这些人处死流放，使国家恢复安定。”

“陛下天姿英惠，统理万邦，但是也遭到厄运。董卓首先发难，荡覆京畿，曹操利用祸乱，窃取君权。皇后和太子被他们鸩杀迫害，又祸乱天下，残毁民众，让陛下蒙尘忧厄，独处于虚邑。真是人神无主，王命难通。曹操还有更大的野心，他想窃取皇位（欲盗神器）。”

“左将军、领司隶校尉、豫荆益三州牧、宜城亭侯刘备，接受朝廷爵位俸禄，一直念念不忘为朝廷贡献自己的力量，为平定国难不惜牺牲自己的生命（念在输力，以殉国难）。他当年看到了曹操要谋反的征兆，愤然采取行动，和车骑将军董承等谋诛曹操，以安定国家，使陛下还归旧都。可惜董承做事不够机密，让曹操保住了性命，继续作恶天下。我们常常担忧，朝廷仍会有大小灾祸，所以日夜感到不安啊（夙夜惴惴，战慄累息）！”

“虞书上说，要以宽厚的态度对待同族（敦序九族），周朝学习夏、商二朝，分封同姓宗族，《诗经》里进一步说明这样做才使周朝保持长久。汉初，也分出领土分封子弟为王，所以众人合力才挫败了诸吕作乱的阴谋，成就了汉朝兴盛之基。我们大家认为，刘备是皇室宗亲，也是朝廷的屏障（肺腑枝叶，宗子藩翰），他心存国家，不忘消除国家的灾乱。现在又大败曹操于汉中，海内英雄望风蚁附，但是他的爵号却不显贵，未加九锡，这样难以镇卫社稷，光昭万世。”

“我们受命于外，与朝廷断绝了联系（奉辞在外，礼命断绝）。过去河西郡太守梁统等一心振兴汉室，也是限于和朝廷无法沟通，而大家的官位差不多，不方便统率部下（位同权均，不能相率），所以共同推举窦融为元帅，最终建立功绩，摧毁了隗嚣。今社稷有难，比当初的情况还着急。曹操外吞天下，内残群僚，朝廷有萧墙之危，而抵御外侮的力量却未形成，让人寒心！”

“我们想依照旧典，请陛下封刘备为汉中王，拜为大司马，统一指挥大军，聚合同盟，扫灭凶逆。以汉中郡、巴郡、蜀郡、广汉郡、犍为郡为其封国，所设机构官职参照汉初对诸侯王的规定。这也是没有办法的办法，但对天下却有利，特事特办也是可以的（夫权宜之制，苟利社稷，专之可也）。等到大功告成，我们愿意承担罪责，虽死无恨！”

通常，劝进一类的文书都空洞奥涩，而这篇表奏却写得逻辑严密、言之有物、气势磅礴。这份劝进表从回顾历史说起，说明历朝历代都有奸人恶人阴谋家，也都有挽社稷于既倒、扶大厦于将倾的忠臣，先来一个角色定位。接着，骂董卓、骂曹操，说他们窃取国家权柄，杀害皇后太子，祸害天下百姓，追述刘备与曹操斗争的历史，谁奸谁忠，一目了然。

说完这些，又大谈分封同姓的重大意义和迫切性，这是刘备的优势，异姓的曹操都能称王，刘备就更有合法性了。但是，在目前这种情况，按照正常程序和合法手段办理分封也是不可能的，所以只好特事特办一回。表奏中还明确了汉中王官署设置的原则和封邑的具体范围，刘备将严格遵循汉初以来诸侯王设置官署的规定，其封国范围是汉中等5个郡。

做完这件事，刘备下令在汉中郡沔阳县即今陕西省勉县作坛，陈兵列阵，在此举办了称王的仪式，刘备手下重要人物大部分都在汉中，他们共同参加和见证了这一重要时刻。仪式上，先宣读了准备送呈汉献帝的表奏，之后刘备登坛，拜受汉中王玺绶，戴上王冠。汉末称王的，不算宋建那样的土皇帝，曹操是第一个，刘备是第二个。

把群臣的表奏送出，刘备紧接着以汉中王的身份再向汉献帝上了一份表，在后面这篇奏文里，刘备重申了群下奏表中的内容，强调了自己忧国效忠的想法。和这份表奏一同送往许县的，还有当年曹操以汉献帝名义拜刘备为左将军、宜城亭侯的印绶。

酝酿“四方将军”

刘备称王后，就可以按照诸侯王的身份重新对群下的职务进行一次调整。刘备首先下诏，立吴夫人为王后，立刘禅为王太子。

刘禅此时 12 岁，母亲甘夫人已去世多年。吴夫人与刘备成婚时间不长，尽管后来为刘备又生下一个儿子刘永，但刘备深知立嗣问题异常重大，稍有不慎就有灭国之灾，前车之鉴已多不可数，所以当机立断，直接明确了长子刘禅的接班人地位。刘备任命董允为太子舍人，辅导和辅佐刘禅。这个官职虽然品秩不高，但地位重要，诸葛亮一向十分敬重董和，对董和的这个儿子也比较看好，此项人事任命应当出自诸葛亮的建议。

按照诸侯王百官设置的规则，可以设立三公九卿以及侍中、尚书令等文官。曹操称魏王后，不设三公，只设了一个相国，相当于丞相，曹操先前已把朝廷三公之制废除，以丞相总揽三公之事。刘备既没有恢复三公，也没有设置丞相或相国，只设立了一个太傅。太傅为上公，地位高于三公，不常设，往往是荣誉性职务。目前，名望和资历能胜任此职的，非许靖莫属了。

刘备汉中王的九卿中，能考证的只有太常卿赖恭、光禄勋卿黄柱和少府卿王谋，除王谋外，他们的事迹都很少，应该是属于许靖那样在地方上有名望的人。与九卿品秩相同的还有侍中一职，相当于高级顾问，可以设多人，能考证的只有廖立。之前说过，他是从荆州随刘备来益州的，当初孙权写信问诸葛亮何人在刘备身边辅佐，诸葛亮举的是他和魏延二人。

还有一个重要职务，品秩虽然低于九卿和侍中，但权力很大，相当于王国的“秘书长”，负责处理王国的各类日常事务，这就是尚书令。平心而论，目前最适合担任这个职务的是诸葛亮，其次是法正。最后，刘备选择了法正。有人认为，这表明此时刘备对法正的信任和重视程度超过了诸葛亮。这种理解或许有一点儿道理，汉中之战使法正在刘备心中的地位更重了，刘备对法正的信任较之前又进了一步。

之前诸葛亮是股肱，法正是谋主，二人相比法正仅略逊于诸葛亮，现在，在刘备的心目中法正已与诸葛亮并驾齐驱或者超越了前者，这并非不可能。但是，如果仅以尚书令一职的任命就得出这样的结论，还显得有些偏颇。从刘备汉中王府的建设情况看，一大批益州的栋梁骨干均未在府中任职。

上面说过可考证出的九卿只有 3 个，其中太常卿的职责重点是王室祭祀，光禄勋卿的职责重点是王室护卫，少府卿的职责重点是王室总务，这 3 个职务都是围绕服务王室而设的。九卿之中的其他几个，如大司农卿、卫尉卿、大理卿等管理王国事务部门的设置情况不得而知，看来不是无法考证，而是根本没设。

刘备的想法是，汉中王国虽然设立，但不应因此而打破之前的行政管理体制，刘备仍然把施政的重点放在益州州府方面，汉中王所辖 5 个郡的民政事务，仍然由州政府负责管理。如果这样做出结论理由还不够充分的话，那也至少说明此时在刘备的心中，对如何区分、平衡州府与王府之间的关系还没有来得及深入思考，所以汉中王属下尚书令一职的任命，不能说明太多的问题。

在武官体系方面，如果按照诸侯王国的体例就没什么可设的了，因为天下的军队都掌握在朝廷手中。曹操称魏王，也没有用这个名义任命手下的将军，那些将军都是朝廷任命的。

这给刘备出了道难题。左将军的印绶已经送还，如何理顺他的武官体系，看来需要创新。刘备以汉中王的身份任命关羽为前将军，张飞为右将军，马超为左将军，黄忠为后将军。之前说过，前、后、左、右所谓“四方将军”在军中地位很高，仅次于大将军、车骑将军、骠骑将军和卫将军，高于四征、四镇将军，相当于“大军区司令”。

在酝酿这项人事安排时诸葛亮曾有不同意见。诸葛亮对刘备说：“黄忠的名望一向不如关羽、马超，现在和他们同列，马超、张飞在跟前还好办，目睹了黄忠的功绩，尚可以理解（马张在近，亲见其功，尚可喻指）；而关羽不在跟前，他听说了，恐怕不会高兴（羽遥闻之，恐必不悦），是不是再慎重考虑一下？”

按照这项记载，至少可以看出以下几个问题：一是汉中称王是大事，留守在成都的诸葛亮此时也专程赶到了汉中参与筹备；二是诸葛亮在刘备手下的职务虽然不是最高，但仍然像以前那样参与了最高决策，对于高级将领人事安排这样的大事，事先可以与刘备沟通并发表意见；三是诸葛亮对关羽的性格很了解，上次关羽不服马超，已经给诸葛亮提了醒，所以他建议刘备考虑得更周全些，要照顾关羽的感受；四是在诸葛亮的心目中，或许黄忠之外还有更合适的后将军人选，一般认为这个人应当是赵云，也可以反过来说，由于“四方将军”里没有赵云，诸葛亮认为不妥。

当然，诸葛亮考虑这些问题无不是从刘备集团内部安定团结的角度出发，并没有针对黄忠个人的成见。刘备听了诸葛亮的建议，仍坚持原来的想法，至于关羽那边，刘备对诸葛亮说：“不用担心，我会去做工作的（吾自当解之）。”

于是，“四方将军”就这样定了下来，关羽以前将军的身份成为武将之首，但正如诸葛亮所料，关羽仍然不太高兴，他对黄忠也成为“四方将军”有意见。

这些情况刘备当然知道，但刘备考虑的是，黄忠在汉中之战中立下了不二之功，正是黄忠，在定军山大败了夏侯渊，并将夏侯渊斩首，奠定了汉中之战的胜局。夏侯渊是谁？那可是曹魏元帅级的人物！斩了一名元帅，给个“战区司令”当，不过分。

然而，赵云也在汉中之战中立过大功，刘备亲口说过“子龙一身是胆”。有人甚至认为，汉中之战时黄忠只是赵云的部下，二人同时立功，刘备却破格提拔了黄忠，这个做法不妥。有人进而认为，刘备是在故意打压赵云，甚至认为诸葛亮与赵云关系一向很好，刘备不仅打击了赵云，也顺便打击了诸葛亮。刘备表面上喜欢赵云，但内心里对赵云比较疏远，原因是赵云说话比较直，有什么不会拐弯抹角，让刘备下不了台。

如果真是这样的话，那刘备在用人上就有问题了。可情况并非如此，刘备对于赵云与黄忠职务的安排没有任何不可告人的想法，他完全出于公心，无论从赵云和黄忠时任职务来看，还是从二人在汉中之战中所立的战功来看，黄忠都不差于赵云，甚至比赵云略胜一筹。

认为赵云地位高于黄忠并曾指挥过黄忠，主要依据是《三国志》的记载："夏侯渊败，曹公争汉中地，运米北山下，数千万囊。黄忠以为可取，云兵随忠取米。忠过期不还，云将数十骑轻行出围，迎视忠等。"这里的"云兵随忠取米"，有人理解为"赵云命令黄忠带兵去取米"，这个理解值得商榷。先不说赵云与黄忠当时都是杂号将军，二人没有上下级关系，就说这句话的字面意思里也没有"命令"的含义，这句话的意思应该是"赵云派自己的兵随同黄忠去取米"，当时赵云和黄忠的人马驻扎地可能相距不远，黄忠看到了战机，向赵云提出建议，赵云于是协同作战。

那么，在此之前黄忠有没有当过赵云的下级呢？也没有。赵云追随刘备后的第一个职务是"主骑"，到荆州后被提拔为偏将军，相当于"副军长"。赵云随后渡江南下，黄忠也恰好在那里，黄忠先是刘表的中郎将，相当于"师长"，刘表旧部投降曹操后，黄忠被曹操"假行裨将军，仍就故任"，也就是以"师长"的身份享受"副军长"待遇，仍旧归长沙郡太守韩玄指挥。

长沙郡后来投降刘备，黄忠于是来到刘备阵营，史书没有明确他此时的职务，一般来说留原任的可能性最大，或者升一小级，黄忠此时的军职应该是裨将或偏将，与赵云当时的职务相当，二人当时也没有交集，不存在谁指挥谁的问题。刘备入蜀作战，留赵云等人守荆州，自己率黄忠等入蜀。在平定益州之战中，黄忠以及后来参战的赵云都表现突出，相对而言黄忠参加的战斗更多些，史书上说"还攻刘璋，忠常先登陷陈，勇毅冠三军"，证明了这一点。

刘备平定益州后正式任命赵云为翊军将军，任命黄忠为讨虏将军，二人都为杂号将军，从名义上看职务相等，在汉中之战时不大可能由赵云去指挥黄忠。在刘备心目中赵云其实是无法超越黄忠的，不仅因为二人此前地位相当，而且因为黄忠在汉中之战中立的功劳更大，所以黄忠进入了"四方将军"的行列。

这些情况诸葛亮当然也了解，那么，诸葛亮不同意黄忠进入“四方将军”，除了考虑关羽的因素外，会不会是为魏延争取一下呢？这个可能性也不大，因为魏延的资历并不是很老，他是在荆州期间加入刘备阵营的，仅以部曲的身份随刘备进入益州，也就仅仅是个“上校团长”或“大校旅长”什么的，与黄忠的“副军长”相比有不小差距。魏延在夺取益州之战中立下不少战功，他与卓膺、黄忠一起占据涪城，当时刘备所部兵不满万，孤军无粮，刘璋派遣刘璝、张任、冷苞、邓贤、吴懿等前来围攻，魏延、黄忠等人反而大破刘璋军，刘备后来分遣黄忠、魏延率军平定广汉郡，魏延数有战功，升为牙门将军。

但是，牙门将军不是杂号将军，而是“牙门将”的意思，赵云在长坂坡之战中被火线提拔，担任的就是此职，它虽然低于杂号将军，比偏将军还要再低一些，但对魏延来说已是相当不简单了，说明魏延在此期间立下的功劳也不少。

从以上“四方将军”的任命过程来看，刘备在用人上是有原则、有主见的人，有功就该奖，大功就该重奖，其他无关的因素一概不考虑，不会为搞平衡而放弃原则。同时，刘备也很注重历史，他可以破格重用一个人，但绝不会胡乱地加以提拔。诸葛亮之所以对“四方将军”人选有不同看法，出发点确实是考虑关羽的因素，关羽镇守荆州，责任重大，在诸葛亮看来，那里可千万不能出事呀！

除了“四方将军”，其他武将的官职是否有提升或变动，没有记载，推测一下应该没有，原因不是刘备没考虑到，而是后面的事情发展得太快，没有来得及。这样，刘备的武官体系中既有极少数经朝廷合法任命过的将领，也有自己以左将军的身份表奏的，还有现在以汉中王的身份直接任命的，乱是乱了点，但只要官职的等级、品秩保持一致，倒也不会有问题。

不过也有不顺的地方，诸葛亮作为刘备抓军队建设的主要助手（*署左将军府事*），现在这个左将军已经变成了马超，诸葛亮怎么可能到马超府里去办公？当然，也可以这样理解，此左将军非彼左将军，刘备的左将军是朝廷任命的，而马超的左将军是汉中王任命的，二者在概念上有所区别，但一般人并不会了解这么多，所以这个问题需要解决，只是也需要一个过程，毕竟汉中刚刚称王，先发布一些重要的人事任命，把汉中王府的框架搭起来，其他的事情慢慢去理顺，这些都是为了政治形势的需要。

此轮人事任命没有涉及诸葛亮，他现在的主要职务仍然是军师将军、益州郡太守，但实际负担的职责比这两个职务大得多。诸葛亮要负责益州全境的行政事务，还继续协助刘备抓军队建设。至于刘备是否在诸葛亮和法正之间有意无意地进行制衡和牵制，以不让诸葛亮过于大权在握，这种可能不一定有，但如果有也是可以理解的。

刘备是老资格的政治家，他明白所谓帝业也罢、王业也罢，首要的是抓队伍，没有一支绝对忠于自己的队伍就什么都不是。抓队伍就是抓住人，首先是拢心，让大家愿意跟自己走，这一点刘备做得很好；其次是治人，要有一套手腕，有方法，让大家在自己设定的规范内自觉有秩序地跟着自己走，这是领导艺术。

刘备的领导艺术相当高超，平衡各方面的关系是他的强项，在刘备领导下部属较少出现大的派系冲突，尽管由于历史原因，刘备到了益州后手下不可避免地有所谓的派系存在，但总体保持相安无事。用法正对诸葛亮进行制约或平衡，也许是刘备存在私心的一面，但这也无可指责，对诸葛亮或者法正来讲，这也是对领导他们的一种考验。

忙完这些事，刘备决定返回成都。谁留下来镇守汉中，大家议论颇多。汉中虽然是一个郡，但在大家的心目中跟荆州不差上下，汉中与荆州如同益州的两个臂膀，按照诸葛亮为刘备设计的方案，它们未来是出击曹魏的两只铁拳，必须挑选一个与关羽旗鼓相当的人镇守这里。众人议论较多的人选是张飞，就连张飞自己都这么认为（飞亦以心自许）。

但当刘备把留守汉中的正式人选公布后，所有人都大吃一惊。刘备选的人不是张飞，也不是黄忠或赵云，他选的是魏延，这个任命太出人意料，军中上下一片惊讶（一军尽惊）。魏延此时的军职是牙门将军，虽然升得也很快，但在军中的地位并不算太高。刘备下令，提拔魏延为镇远将军，兼任汉中郡太守，负责汉中一带的军政事务。曹操用人一向讲究程序，越级提拔是孙权常干的事，现在刘备也出人意料地干了一回。对于刘备做出这个重要决定的深意，历来也备受猜测。

有人认为这表明刘备不仅防范诸葛亮，连关羽、张飞都防范，提拔新人，是在培养和强化绝对听从于自己的势力。这样理解有一定道理，毕竟这一决定完全出自他自己的想法，又是那么让人不可思议。作为一位强势领导，一般不允许出现除自己之外的权力集中。最高明的老大，不是懂得如何防范和算计老二，而是根本不允许存在老二。从权力平衡的角度看，刘备用魏延，大概是出于此意吧。

当然，也许没有这么复杂。汉中确实太重要了，刘备善于识人，他了解每个部下的优点和缺点，张飞虽然资历老、威望高，对自己的忠诚更没有问题，但现在要的不是将而是帅，有的人永远是将才而非帅才，同样都很勇敢，同样能打硬仗，张飞或许显得头脑有些简单，而魏延就灵活得多。有人也许不同意这样的看法，因为张飞不行，还有赵云，还有黄忠。

但赵云不合适，不是刘备不信任他，而是刘备暂时离不开他，赵云追随刘备的时间很长，仅次于关羽和张飞，立下的功劳也很多，不亚于关张二人。此次被黄忠超越，在一部分人看来似乎也不可理解，联系到刚攻入成都后赵云曾对一些做法发表过不同意见，有人认为刘备对赵云其实并不信任。但是，这仅是片面之言。汉中之战论首功当数黄忠，尤其他将夏侯渊斩杀，这是震动天下的大事，刘备重赏黄忠是在情理之中的事。

赵云在刘备身边从担任主骑开始，负责的都相当于刘备中军的角色，长坂之战中有人认为赵云已投敌，被刘备当场严厉呵斥，因为刘备深知赵云对自己忠心耿耿。关羽在外，张飞镇守另一处要地三巴，作为相对机动的兵团，赵云所部是益州的总预备队。

至于让黄忠镇守汉中，那倒不太合适，黄忠和魏延虽然都是降将出身，但魏延追随刘备时地位低下，个人事业可以看作是从刘备这里开始的，而黄忠是以曹操所授裨将军的身份投降的，这其中有着微妙的不同。刘备即使不介意，他也得考虑别的人是否会多心。

刘备也深知，提拔魏延有人心里肯定不服，所以有意力挺。刘备临行前大会群臣，故意在大家面前问魏延：“如今委你重任，你有什么打算（今委卿以重任，卿居之欲云何）？”魏延气壮山河地回答：“如果曹操倾天下之兵而来，我替大王挡住他；如果曹操只派一般将领带 10 万人马前来，我替大王吞了他（偏将十万之众至，请为大王吞之）！”刘备立即表示赞许，大家也被魏延的豪言壮语所感染（众咸壮其言）。

第十二章

荆州惊变

诸葛瑾的成都行

刘备自汉中浩荡归来，一路风光无限，留守在成都的诸葛亮组织了盛大的仪式，迎接汉中王的归来。据《典略》记载，仪式的起点是成都腹地最北面的关隘白水关，自那里到成都之间数百里，一律大起馆舍，修筑亭障，接待点达 400 多个（起馆舍、筑亭障，从成都到白水关，四百余区）。

之所以如此隆重，一来是向益州百姓宣传现在已经有了汉中王，足以与北方的魏王抗衡，今后这就是一面飘扬的大旗；二来是向大家进一步宣传汉中大捷，这一仗打得实在精彩，打出了士气和威风，汉中已经在手，今后益州可以无忧了。但刘备的心里还惦记着给诸葛亮说过的话，觉得关羽那边确实需要安抚。所以，在离开汉中前刘备就派益州前部司马费诗前去荆州的公安，授给关羽前将军的印绶。

前将军在“四方将军”中地位最高，关羽成为武将之首，他很满意，认为自己名至实归。但正如诸葛亮预料的那样，当他听说就连黄忠都担任了后将军时，立刻就火了，不肯受拜，他直言不讳地对费诗说：“我不愿意跟一介老兵同列（大丈夫终不与老兵同列）！”

费诗在诸葛亮栽培下日后成长为出色的外交家，多次出使孙吴，以能言善辩著称。遇到这种情况，放在一般人就傻眼了，但费诗胸有成竹，他对关羽说：“建立王业需要各种人才，不只要某一种（夫立王业者，所用非一）。当年萧何、曹参跟刘邦从小相熟，而陈平、韩信是投降过来的人，但后来他们的地位韩信最高，没有听说萧何、曹参为此发过牢骚。如今汉中王因为一时之功对黄忠将军给予厚遇，但他在汉中王心里真正的分量怎么能与君侯您相比呢？汉中王和君侯您早已结为一体，福祸同享，我认为君侯您不必计较官号的高低和爵禄的多少。在下只不过一介使臣，衔命之人，君侯您如果不肯受拜，我也就回去交差了，不过我替君侯着想，担心您会后悔呀（惜此举动，恐有后悔耳）！”

费诗这番话充分展露出他作为外交家的风采。面对关羽的无理要横，他没有害怕，没有为讨好关羽而乱拍马屁，但也没有跟关羽叫板，而是通过不软不硬的一通话让关羽自己去掂量。由于话说得在理，关羽也不是听不明白话的人，所以赶紧受拜。

关羽有点小骄傲，不过他是有理由的，他不仅跟刘备关系铁，自己也真有两下子，尤其现在坐镇荆州，事业正如火如荼。尽管在后世充满了争论，但关羽仍然是汉末三国时代一流的猛将，抛开民间传说、演义附会不说，历史上的关羽也深受包括敌方阵营在内的同时代人高度评价，郭嘉、程昱曾说他是“万人敌”，周瑜说他是“熊虎之将”，刘晔说他“勇冠三军”。这些评价表明，关羽作为武将是相当杰出的。

刘备、诸葛亮等人先后进入益州，把荆州的军政事务都交给了关羽。在守土拓疆方面关羽还算称职，无论是对付曹魏还是对付孙权、周瑜、鲁肃，关羽的态度都很强硬，处处维护刘备集团的利益。

就在关羽坐镇荆州的这一段时间里，局势其实并不平静。刘备攻入成都取得益州，孙权听到消息后悔不已，他知道被刘备忽悠了，当初自己向刘备提出过联合攻打刘璋的建议，刘备回答说他与刘璋是同族，不忍心下手，后来自己想单方面出军，刘备又率兵阻挡。

孙权没敢和刘备摊牌，因为他和刘备之间虽有矛盾，但暂时还属于同盟内部矛盾，他们有共同的敌人曹操，现在互相残杀只能自取灭亡。刘备夺取益州后，孙权再次向刘备提出归还荆州的问题，但刘备仍然装糊涂。更让孙权觉得可恼的是刘备竟然说了这样的话：“等得到了凉州，再将荆州归还（须得凉州，当以荆州相与）。”孙权大怒，这不是耍我吗？得了益州还要得凉州，得了凉州是不是还要再得长安、洛阳？就你聪明别人都傻吗？

孙权不管那一套，于汉献帝建安二十年（215）直接任命了长沙、零陵、桂阳3个郡的太守，单方面去接收上述地盘，却被关羽赶了回来。孙权急调吕蒙率兵2万来攻打这三郡，吕蒙向三郡官民发布公告，长沙郡和桂阳郡望风归服，只有零陵郡太守郝普守城不降。

丢了江南的两个郡，刘备急了，他命令关羽以武力回击，当时刘备刚进入成都不久，汉中战役还没有开始，刘备索性亲自赶到公安，就近指挥。孙权听说刘备来了，当仁不让，也由建业前往陆口。大哥和妹夫都到了前线，一场大战眼看一触即发。

吕蒙这时还在攻打零陵郡，吕蒙知道南阳人邓玄跟郝普关系很好，就把邓玄找来，对他说：“郝普素以忠义相闻，但是对外面的局势可能有点不清楚。你就对他说，刘备在汉中被夏侯渊所困，关羽在南郡，他们都没有余力救援这里。我考虑不出几天城必被攻破，城破之后落个身死的下场有什么好处？先生可以去见郝普，向他陈述利害。”

邓玄于是入城见了郝普，转达了吕蒙的意思，郝普投降。后来郝普知道刘备已到公安，而关羽就在离此不远的益阳，羞愧不已，恨不得找个地缝钻进去（惭恨入地）。吕蒙留下孙河守零陵郡，自己率军赶赴益阳，支援在那里的鲁肃。

益阳成了双方攻防的焦点，关羽和鲁肃分别指挥两边的人马，大有随时动武的迹象。鲁肃一向是孙刘联盟的坚定拥护者，他知道一旦双方开战，后果将不堪设想，那将是曹操做梦都想看到的结果。鲁肃还想做最后努力，他想面见关羽当面陈述利害。甘宁等诸将都认为太危险，劝他不要去（鲁肃欲与关羽会语，诸将疑恐有变，议不可往）。鲁肃说：“今天的局势已到了关键时刻，刘备明显理亏，在这个是非未定之时，想必关羽也不敢轻举妄动吧！”鲁肃邀请关羽见面，双方约定兵马停在百步之外，只有鲁肃和关羽两人佩单刀上前相见。

关羽是一流猛将，但鲁肃也不是文弱书生，据《吴书》记载，鲁肃长得很魁梧，少年时就一身侠气（体貌魁奇，少有壮节），精通击剑和骑射，有一次敌人的骑兵追击他，他厉声呵斥敌人，把盾牌立在地上，远远地弯弓怒射，每一箭都把盾牌射穿，追兵被吓退。据《三国志》记载，鲁肃一见面就斥责关羽：“我们把土地借给你们，当初是因为你们败军远来，无所依托。现在已经有了益州，却没有奉还之意，我们只要求三个郡，还不肯接受。”鲁肃还没说完，关羽身后有一个人高声喊道：“土地这东西，谁有德谁占有，何人能永远拥有（土地者，惟德所在耳，何常之有）！”这一嗓子是谁喊的不详，不过嗓门挺高，百步之外鲁肃听得真切，不过鲁肃的嗓音也不低，他厉声呵斥这个人，声色严厉。

关羽操起刀，对身后说话的那个人道：“这是国家大事，不要随便议论（此自国家事，是人何知）！”关羽拿眼睛瞪着这个人，直到他走到一边去。可见，双方分歧虽然严重，但都不愿意彻底翻脸。《吴书》也记载了双方这次会谈。关羽首先说：“乌林之役时刘将军亲临前线，寝不脱甲，勠力破曹，最后岂能只落得个徒劳，而没有一块土地安身，足下是来收回土地的吗？”鲁肃回答道：“不对吧，开始我与刘将军相会于长阪坡，刘将军的人马不过千把人（豫州之众不当一校），走投无路，士气低落，还打算逃往远方。我们主上念于刘将军无处安身，给了他土地和人民，让他渡过难关。可刘将军隐藏自己的野心，违背道义和准则，破坏双方联盟。如今刘将军既已得到益州，却还想全部占有荆州，这是普通百姓都不会做的不义之事，何况像刘将军这样的英雄呢？我听说祸患起于贪婪和背信弃义，关将军如今身负重任，难道不能辨别是非吗？反而要凭借弱旅与我们抗争，你们能不失败吗？”

鲁肃一番话，让关羽无言以对。《三国志》说关羽与鲁肃当场达成和解协议，双方以湘水为界，湘水以东归孙吴，湘水以西归刘备，一场危机以和平手段化解。

其实，双方和解的决定不可能在单刀会上做出，关羽和鲁肃都没有这么大的决策权，他们的见面确定了和平手段解决矛盾这个基调，下来还要向各自的上级汇报。

最后，孙权和刘备达成和解，主要原因是此时曹操已进军汉中，刘备吃不消，主动派人出使孙吴，与其讲和（会闻魏公操将攻汉中，刘备惧失益州，使使求和于权）。刘备派谁出使孙吴没有记载，孙权派来的回访使者是诸葛亮的大哥诸葛瑾。据《三国志》记载，诸葛瑾出使刘备，这次会面的地点应该在成都，曹操进军汉中后，刘备已从公安回到成都。诸葛瑾在成都还见到了他的弟弟，已经离别 20 年的诸葛亮。

但是，兄弟俩只谈公务，不谈私事，私下也没有见面（退无私面）。诸葛瑾由于独特的身份，以后还多次出使蜀汉，但公私分明的做法一直保持。在诸葛瑾回访后，双方才达成正式协议，以湘水为界将荆州一分为二，湘水以东的长沙郡、江夏郡、桂阳郡归孙权，湘水以西的南郡、零陵郡、武陵郡归刘备。

根据这个协议，孙权收获很大，当初他让出的地盘仅是半个南郡而已，如今却拿回来差不多三个郡。孙权如果要表达谢意的话，一定得感谢曹操，没有曹操帮忙，刘备又怎么肯心甘情愿让出地盘呢？

关羽突然北伐

再来看汉献帝建安二十四年（219）7 月的事，刘备在汉中称了王，派费诗前来宣布对关羽的任命。送走费诗，到了 8 月，江汉一带突然下起大雨来。这场雨下得很大，不仅连下数天，而且雨量充足，汉水暴涨。曹军在前线的主要据点襄阳和樊城都在汉水边上，一个是汉水南岸，一个是汉水北岸，汉水发了大水，水势很猛（平地数丈），城池及军营都被淹了。

曹军在中线战场的总指挥是征南将军曹仁，他下辖于禁、徐晃等部，曹仁让徐晃守宛县，作为第二道防线；命令左将军于禁率立义将军庞德等屯兵樊城外，与樊城成犄角之势；曹仁自己守樊城。这个庞德，就是之前提到的马超的部将。马超投奔成都，没有来得及带上庞德，庞德归降了曹操，被曹操派到樊城归于禁指挥。由于庞德跟马超有特殊情谊，曹军中有人对他的忠诚表示怀疑。据《三国志》记载，庞德做人光明磊落，他常对别人说："我既受国恩，只有报效一死，我誓杀关羽，如果我不杀他，就是他杀我！"后来，庞德真与关羽面对面厮杀了一次，并且一箭射中关羽的面颊。庞德常骑一匹白马，关羽军中呼他为白马将军。

这已不是关羽坐镇荆州期间第一次负伤，据《三国志》记载，关羽还曾被流矢射中左臂，后来虽然伤愈了，但一遇阴雨天骨头就疼，医生对他说："箭头有毒，已经浸入骨头，只能把左臂割开，刮骨去毒，才能治根。"关羽听罢当即伸出左臂让医生割，医生一边动手术，关羽一边跟人喝酒吃肉，那边血流不止，这边谈笑自若，眉头都不皱一下。传说给关羽动手术的这个医生是华佗，其实华佗已被曹操杀害十来年了，给关羽做手术的人肯定不是他。

现在，突然下起的大雨引起了关羽的沉思，他觉得这是一个好机会，于是突然率军北上，出击曹军占领的要地樊城。这是一次重大的军事行动，无论成与败，它都将打破孙权、刘备和曹操三家的势力布局。

对于这次行动是如何决策的，历来有不同说法。一种流行的说法认为这是关羽在未经请示刘备也没有知会诸葛亮的情况下发动的，刘备汉中得手，上庸三郡成片，使得襄阳、樊城地位变得孤立，曹操新败于汉中，曹军士气低落，攻取襄阳、樊城的条件成熟了。

关羽被任命为前将军成为刘备集团武将之首，以关羽的性格，对外即便不张扬，内心还是很喜悦的，新官上任一般会有所表示，关羽决定打一场大仗来表示一下。当时刘备远在汉中，诸葛亮在成都或者也在汉中，而战机稍纵即逝，关羽来不及请示，就自己决策了。

还有一种说法认为，关羽是请示了刘备并经刘备同意的，理由是这么大的事关羽无权决策，成都、汉中虽远，但沟通肯定是畅通的。但这也仅是推测，没有史料作为依据。其实，翻开《三国志》中关于此事的记述，或许会有另外的认识。据《三国志》武帝纪，曹操兵败汉中，退到了长安，在那里他向襄阳的曹仁下达了一道命令，让他率兵讨伐关羽，又派于禁率部增援。类似记载在《三国志》徐晃传里也有，曹操命令他增援曹仁，让他屯兵于南阳郡的宛县。

也就是说，这场仗也许不是关羽发起的，而是曹军主动进攻。曹操刚吃了大败仗，为何突然在荆州主动出击呢？推测起来有两种可能：一是减轻关中方向的压力，汉中已失，曹操担心引起连锁反应，所以在荆州故意挑战，提醒刘备别不管不顾；二是减轻合肥方向的压力，曹操还没退到长安时，这一年 7 月，孙权趁火打劫，在合肥方向动手，当时曹操在合肥的兵力不到 1 万人，曹操知道荆州不仅是刘备的地盘，也有一小半归孙权，他想在荆州制造事端，把孙、刘的眼光都吸引过来。

这时候，荆州上空已战云密布，就连远离战场的人都看得很清楚。据《三国志》记载，曹操手下的扬州刺史温恢跟兖州刺史裴潜聊起当前的形势，温恢不无忧虑地说："这里虽然有敌人，但不足为虑，曹仁将军守襄阳、樊城，势单力薄，关羽骁勇狡猾，恐怕南面会有变故哇！"接下来发生的事完全如温恢所料，可惜他们或许没有把谈话内容以书面方式呈报给曹操。

事情也许是这样的：曹操退到长安，命曹仁在荆州方向发动一轮军事攻势，以缓解其他两个战场的压力，作为董督荆州军事的关羽当机立断，在来不及请示的情况下，率兵北上迎敌。

行前，关羽命令南郡太守糜芳守江陵，将军傅士仁守公安，其他主力随他一同北上，其中包括一支在江陵训练了很久的水军，这也是此战获胜关键。这一仗对关羽来说天时、地利、人和俱备，所以打得有点过于顺手，对手没料到，自己没敢想，远在益州的刘备、诸葛亮也都没想到。

关羽一路北上，绕过襄阳，把主攻目标锁定在樊城。樊城外面有曹军的大营，负责守卫的是于禁和庞德，他们手里共七军，也就是 7 个军，以每军正常编制 1 万人左右计算，兵力总共有七八万人，由于汉水大涨，他们受淹情况严重。

北方将士对于发洪水没有太多概念，面对突如其来的情况也毫无准备，不知道怎么办。于禁等人仓皇避到高处，这时却发现有人乘着大船向他们袭来。来的正是关羽，他有水军而曹军没有，所以这个仗简直没法打，于禁等人只能坐以待毙。最后，无奈之下于禁向关羽投降。

但是立义将军庞德却坚持不降，他在一个土堤上，披甲持弓，向敌人不断放箭，箭无虚发，从早晨一直战斗到中午，箭用尽了，就短兵相搏，越战越勇。这时曹军投降的人越来越多，庞德下面的将领董衡、董超也要投降，被庞德杀了。庞德对身边的人说："我听说良将不应该惧怕死，烈士也不会毁节偷生，今天就是我的死期！"

然而水势越来越高，庞德身边最后只剩下两三个人，他们找到一条小船，打算乘船回樊城找曹仁，但水势很猛，船一下子翻了，庞德手里的弓也丢了，他扒着船在水中，最后被俘虏。庞德被带到关羽面前，关羽下意识摸了摸自己的脸颊。关羽见庞德立而不跪，对他说："你哥哥在汉中，我想拜你为将，为什么还不投降？"庞德大骂关羽："小子，我不知道什么叫投降！魏王带甲百万，威震天下，刘备只不过一个庸才罢了，怎能与魏王匹敌？我宁做朝廷的鬼，也不作贼人的将！"关羽无奈，下令把庞德杀了。据说，已仓促赶到洛阳的曹操听说了此事，很感慨，他流着泪说："我和于禁相识 30 年，为什么到临危受难之时，反而不如庞德呢？”曹操下令封庞德的两个儿子为列侯。关羽杀了庞德，从此庞、关两家也结下了仇。据王隐的《蜀记》记载，后来庞德之子庞会随钟会平蜀，庞会找到关羽的后人，把他们全杀了，给父亲报仇。

樊城外面的曹军主力全军覆没，还在樊城内坚守的曹仁岌岌可危。关羽随即猛烈攻城，城里到处是水，房屋大量崩坏，大家都很害怕。有人向曹仁建议，趁关羽还没把樊城全部围住，乘小船趁夜逃走，如果曹仁真这么办了，关羽此次北伐就结束了，结果是关羽大功告成，曹魏的损失无法逆转。关键时刻，幸亏曹仁听了汝南郡太守满宠的建议，冒死留在了城里。

在“诸夏曹”里，曹仁是比较能打的一个，官渡之战期间他曾率虎豹骑以闪电战的形式解后方汝南郡之围，赤壁之战后他又在江陵与周瑜周旋，曾亲自率领敢死队冲锋陷阵，是个狠角色。曹操幸亏在荆州安排的人是曹仁，换个人比如换曹洪来，估计就得出大事。曹仁杀了一匹白马，效仿当年刘邦白马盟誓，与大家决心同心固守。

此时樊城内仅有数千人，城里没有被水淹的地方很少，关羽率部乘船而来，把樊城围了好几重，城内与城外断绝消息，情况已经到了最危险的地步。驻守在襄阳的曹军是吕常部，关羽派人把襄阳也围了起来。襄阳和樊城成为大水浸泡下的两座孤城，周边的驻军和官民纷纷投降了关羽，包括曹操任命的荆州刺史胡修、南阳郡太守傅方等高级官员。许县以南的梁县、郏县、陆浑县等地变民纷纷起事，他们杀害曹魏任命的地方官员，接受关羽任命的职务和印绶，与关羽遥相呼应，关羽的个人声望达到顶峰，史书上说关羽“威震华夏”。

荆州发生了这么大的变局，曹操这时候在哪里呢？曹操还在长安，一直到这一年的10月，曹操才赶到了洛阳。对曹操来说，这时候可以说屋漏偏逢连雨夜，6月兵败汉中，8月关羽北伐，9月大本营邺县发生了一次重大谋反事件，这次谋反是一个叫魏讽的人挑起的，钟繇、张绣、王粲等多位曹操身边的重要人物都牵涉其中，要么因此事被免官、降级，要么有亲属受到牵连。曹操想回邺县处理这件事，但荆州的事更棘手，他只好留在了洛阳。

曹操在想，如果曹仁等人挡不住关羽的进攻，关羽就将趁势北上，南阳郡境内已经有很多地方归顺了关羽，要想守住宛县也十分困难，如果宛县再不保，许县以南再无屏障，许县原本也只是个县城，虽然经过一定的营造扩建，但规模总的来说很有限，难以抵抗敌人的长期进攻。丢失宛县、许县也许并不可怕，但汉献帝落入关羽之手将是一场政治灾难，刘备集团的士气会空前高涨，孙权的态度也会发生改变，这将成为一个标志性事件，自己辛辛苦苦建立起来的"魏王国"在敌人的进攻下将节节退缩，最后败得一败涂地。所以，许县可以丢，汉献帝不能丢，想到这里，曹操打算把汉献帝和朝廷转移到别的地方，以避开关羽的锋芒。

此时郭嘉、荀攸、荀彧等人已相继故去，贾诩、程昱年事已高，他们通常留守在后方辅佐太子曹丕，在外征战时曹操身边的主要智囊是刘晔、蒋济、司马懿等人，这几位谋士一致认为，不能迁都，他们建议，一方面死守襄阳和樊城，另一方面可以去联络孙权，共同对付关羽。曹操接受谋士们的建议，一面命令徐晃紧急增援曹仁，一方面派人去联络孙权。徐晃当时驻守在宛县，接到曹操的命令，徐晃立即率部南下。

关羽在樊城外面有 3 处主要营垒，分别是偃城、围头和四冢，这是一种常用的三角形布局，互呈掎角，敌人攻其一，另外两部可驰援，曹军的增援部队如果从正面进攻偃城，就容易打成攻防战，这对曹军不利，因为关羽只要守住偃城即可，一旦陷入两军对峙，樊城和襄阳就撑住了。徐晃看到这种形势，就命人绕到偃城的南面，不展开攻城，而是让人挖掘大壕沟，对外扬言要断偃城守军的后路。负责守偃城的将领不知何人，但肯定不是关羽本人，因为他居然被曹军的诡计吓着了，烧了营垒，主动撤军。但是，曹军的整体实力仍不如关羽，徐晃在等待更多援军的到来。曹操在后方密集调兵遣将，在很短时间里调集了 12 营的人马到前线归徐晃指挥，营不是现在的营，当时每营约 5000 人，按这个计算，仅后续增援来的人马就有六七万了，可以和关羽决战了。

徐晃让人对外宣称要强攻围头，其实真正攻击的方向是四冢。这是一个很聪明的战法，因为偃城是对手主动放弃的，敌人在这里并没有折损有生力量，如果敌人守住围头、四冢两处营垒不战，短时间里解围的任务仍然无望。徐晃是来救人的，刻不容缓，为此不能跟敌人纠缠，采取声东击西的办法把敌人从营垒里调出来打，这才是上策。

关羽果然中计，看到四冢有危险，遂亲自率领 5000 人马增援，结果被徐晃找到了机会，在半路进行伏击，关羽大败，退走，徐晃指挥人马趁机杀入敌人的包围圈，关羽所部败局扩大。

关羽跟徐晃关系不错，当初他们都从敌方阵营投奔了曹操，在曹操手下共过一段事，比较谈得来，在此战中，二人又再次于阵前相见，老朋友见面总得唠几句，他们但说平生，不及军事，不说公事，只唠家常。聊得正高兴，徐晃突然回头向本营将士大喊："谁能取关云长的首级，重赏黄金千斤！"关羽大吃一惊，对徐晃说："哥们儿，你这是什么话？（大兄，是何言邪？）"徐晃一脸正色，对关羽道："刚才咱们聊的是私事，现在轮到办公事了！"

徐晃指挥增援樊城一仗打得很精彩，用很小的代价在极短时间内就基本化解了樊城之围，虽然没有打退关羽，但关羽对樊城、襄阳构筑的包围圈被瓦解了，就连十分精通兵法的曹操对此也赞赏有加，专门下令对徐晃进行表彰，命令里称赞徐晃此战中的战绩胜过孙武、穰苴。曹操轻易不说过头话，但这次对徐晃的赞扬超过了以往任何武将，这是因为这一仗实在太重要了，只能赢不能输，而徐晃打得堪称完美，关键时刻稳住了曹军的局势和军心。

把荆州弄丢了

关羽突然发动北伐之战，荆州形势突变，这既考验着曹操，也考验着孙权。对孙权来说，关羽的北伐，让他既面临着挑战，也面临着机遇。挑战是，关羽势头很猛，照这样发展下去，曹操在荆州的势力将被关羽全部驱逐，关羽腾出手来就会对付孙吴，当年湘水分界，关羽吃过哑巴亏，以他的性格，肯定会回头算账。机遇是，关羽是在以小博大，是野蛮打法，不按常理出牌，表面上看关羽势如破竹，但他基础不牢，最大的问题是战线拉得太长，关羽已经露出了破绽，关键就看敢不敢进招了。

孙吴在荆州地区的负责人是吕蒙，他建议孙权抓住机遇从关羽手中抢夺荆州，吕蒙建议说：“关羽的主力部队都在樊城前线，后方也留了不少人马，主要是担心我们从他背后发起攻击。我一直有病，这个大家都知道，现在我可以以治病为由回建业，关羽听到消息，就会放心地把人马调往樊城前线。我们找准机会，突然发动进攻，如此南郡可以拿下，关羽可以生擒！”

孙权批准了吕蒙的计划，不过他先不露声色，而是设法稳住关羽，为军事部署赢得时间。孙权主动派人去樊城前线见关羽，请求助战，关羽挺高兴，允许孙吴的人马联合作战，但关羽不知道，孙权的计谋已经开始了。孙权派出了联合作战部队，暗中命令他们进军的速度不要太快，这惹得关羽很不高兴，关羽已经俘虏了于禁等人，正气势如虹，已不把孙权放在眼里。关羽生气地对孙权的联络官说：“你们这帮滑头，你们敢这么对我？等我拿下樊城，看我怎么灭了你们！”孙权得到报告，知道已经把关羽激怒了，但觉得还不够，又亲笔写了封信给关羽表示赔罪，同时，答应关羽，自己将亲自率兵前往助战（许以自往）。

另一边，吕蒙对外宣称自己的病突然加重，孙权于是召吕蒙回建业。主将发生异动本来是件机密的事，但孙权唯恐大家不知道，召回吕蒙用的方式是露檄，也就是公开命令，明码电报。吕蒙回到了建业，孙权问他谁可以替他负责荆州事务，吕蒙当即推荐了陆逊。吕蒙推荐陆逊有 3 个原因：一是陆逊当时驻扎在芜湖，吕蒙在由荆州回建业的路上曾与陆逊在芜湖有过一番交谈，陆逊也主张袭夺关羽，他的远见卓识让吕蒙很欣赏；二是陆逊虽然很有能力，但当时的名气并不大，不会引起关羽的注意；三是吕蒙还有更深的想法，孙权把哥哥孙策的女儿许配给了陆逊，陆逊是孙权的侄女婿，因为这层关系，孙权必然对陆逊完全放心，推荐陆逊没有任何顾虑。

陆逊这时是校尉，相当于“师长”，孙权于是提拔陆逊为偏将军，同时担任右部督，相当于以“副军长”身份兼任前敌副总指挥，代替吕蒙进驻到陆口，也就是今湖北省嘉鱼县。陆逊一到陆口就给关羽写了封信，对关羽一通猛夸，表达自己的景仰之情，态度十分谦卑。陆逊在这封信里写道：“我不过是一介书生，为人粗顿，没有能力担负现在的重任，幸而与将军您这样德高望重的人为邻。现在愿意把心里的真实想法都说出来，不一定对，提供您作为参考。承蒙将军您关注，并望多加指教。”陆逊之前是干吗的关羽恐怕都不太清楚，但面对陆逊异乎寻常的谦卑，关羽果然上当了。从陆逊信中的一些话里，关羽甚至能品出这个小伙子有意向自己效忠，以求有个好前程的意思来。

在关羽看来，孙吴自周瑜、鲁肃以后就数吕蒙还有两下子，吕蒙现在生病回了建业，其他人都不是他的对手。对于这个小自己 20 多岁的陆逊，关羽自然没有放在眼里。当时关羽正为前线兵力不足而烦恼，后方既然没有危险了，关羽下令把留驻在南郡、公安等地的人马又调了一部分到樊城、襄阳前线。

看到这种情况，孙吴方面开始正式行动了。大概在汉献帝建安二十四年（219）10 月底至 11 月初之间，吕蒙悄悄抵达柴桑以西的寻阳，在此组织精兵和船只，把士兵藏在船舱里，让老百姓划船，外面的人扮作商人，昼夜不停地逆流而上。当时把普通百姓穿的衣服称“白衣”，这次行动也叫“白衣渡江”。长江沿岸也有关羽布置的不少哨兵，吕蒙把他们全都抓了起来，所以关羽还不知道背后发生的情况。

关羽留在后方负责军政事务的是南郡太守麋芳和将军傅士仁，关羽向来心高气傲，一直瞧不起这两个人。此次出兵，麋芳、傅士仁负责后勤保障，一个守江陵，一个守公安，中间难免有供应不及时的地方，关羽很生气，威胁说，回来后再收拾他们（还，当治之）。关羽这个人做事不讲情面，麋芳和傅士仁知道他说到就会做到，因此忧心忡忡。吕蒙了解到其中情况，派口才非常好的虞翻前去劝说傅士仁投降。吕蒙给傅士仁写了封信，陈说利害，让虞翻带上。虞翻口才一向很好，劝降成功的案例已经有好几件了，这一次仍然顺利完成了任务，傅士仁被他说降，南郡太守麋芳看到傅士仁投降了，于是也开城出降。

吕蒙就这样不费劲就得到了南郡。江陵是关羽的后方基地，将士们的家属多在此地，吕蒙进入江陵，释放了囚禁在此的于禁等人，俘虏了关羽及其将士家属，但不为难他们，给予抚慰。关羽听说南郡丢了，大吃一惊，立即下令撤军。关羽为救江陵的将士家眷，连派多名使者来见吕蒙，要求和谈。吕蒙这时大玩心理战，他厚待来使，让他们在城里到处走动，挨家问候，有的家人还写信让使者带回去。这些使者回去，把城里情况给大家一说，众将士知道家人无恙，江陵城的情况比平时还好，一个个都没有再打下去的斗志了。

孙权这时亲自赶到了荆州，接连派出多路人马对关羽展开合围，虽然战事进展得很顺利，但只有抓住或者杀了关羽才是关键，关羽虽然谋略不足，但治军有一套，敢做敢干，如果让他有了喘息之机，今后荆州仍然不稳。孙权知道虞翻精通占卜，就把他叫来，让他占一卦，看看能不能抓住关羽。虞翻卜了一卦，说不出两天关羽必然被捉。

关羽败退至麦城，此地在今湖北省当阳县境内，当年的长阪坡之战就发生在附近，孙权派人劝说关羽投降，关羽表示愿意投降。当时术士吴范正好在孙权身边，他也精通占卜，孙权就让他赶紧占一卦，看看关羽是不是真降，吴范占了一卦，认为关羽有诈。孙权于是命令提前做好准备，继续安排人对关羽进行堵截。关羽果然是诈降，他命人在城头遍插旗帜，又弄了不少草人迷惑敌人，之后逃出麦城。

孙权派遣偏将军潘璋和老将军朱治的养子朱然负责阻截关羽。随着关羽从麦城逃出来的人不多，关羽应该向西逃，设法回到益州去，但孙权已经给他布下了口袋阵，不管他往哪个方向，都逃不出去了。这一年的 12 月，潘璋部下一个叫马忠的司马在章乡活捉了关羽以及他的儿子关平、部将赵累等人。

如何安置关羽呢？孙权想了想，居然有了一个天真的想法，孙权打算把关羽招降，用他对付刘备和曹操。但是，手下都劝孙权：“狼子不可养，以后必为害。曹操当初不杀他，结果自取大患，以至于都到了要迁都的地步，现在怎能不杀他？”孙权于是下令将关羽父子斩杀于南郡境内一个叫临沮的地方，此地在今湖北省远安县。至此，关羽发动的北伐之战全部结束了。

孙权占领了刘备在荆州的基地公安，在这里孙权见到了被刘备从益州赶出来的刘璋，孙权觉得刘璋仍有利用价值，把他迁到秭归，在那里设立自己控制下的益州“流亡州政府”，刘璋任益州牧。后来刘璋死了，孙权改任刘璋之子刘阐为益州刺史，成为对付刘备的一张牌。

孙权在公安置酒大会进行庆贺。席间孙权专门来到全琮的面前，对他说："你当初提的建议我虽然没有回答，但今天取得的大捷也有你的功劳！"孙权下令提升全琮为偏将军，封阳华亭侯。据《吴历》记载，孙权用侯爵的礼仪就地安葬了关羽，同时把关羽的首级送到曹操那里。孙权的用意很明显，人是我杀的，但我请示过你，你是同意的，至少也是咱俩合伙。他想把祸事往曹操身上引，刘备要报仇也拉上曹操一块扛。曹操当然明白，下令用沉香木雕刻了关羽的身躯，跟首级一起以王侯之礼厚葬于洛阳城南，此处即是现在著名的洛阳关林，后来也就有了关羽"头定洛阳，身困当阳"的说法。

关羽去世后被民间尊为"关公"，历代朝廷对他也多次褒扬、追封，被崇为"武圣"，与"文圣" 孔子齐名。但从军事的角度看，关羽一生的真实战绩却并不佳，这一点与文艺作品的描述很不一致。比如，梳理一下小说《三国演义》中关羽参加过的战役和战斗，可以发现有 32 次之多，总体战绩是 23 胜、5 平、4 败，剔除平局因素胜率高达 85%，不仅在三国时期，放在整个中国古代战争史上都是相当值得骄傲的。但根据对史书的梳理，关羽亲自参加的战役和战斗大约有 17 次，总体战绩是 4 胜、1 平、12 败，剔除平局因素胜率仅为 25%，获胜的 4 次中曹操指挥的有 2 次、周瑜指挥的有 1 次，在战败的 12 次中关羽有 2 次被俘虏。

这其实并不奇怪，因为关羽一生大部分时间追随刘备，事业起伏波动很大，经常处在逃命之中，打败仗情有可原，而这并不影响关羽成为一代名将。关羽被后世尊为"武圣"显然与他真实的战绩无关，而更多的是他的勇敢以及他忠义的精神，比如他能在万马军中毫不畏惧地冲向敌阵，将敌人的主将斩于马下，再比如他一生坚定地追随刘备，无论遇到什么样的险恶处境都不改初心，当年在许县他受到曹操的厚遇仍不忘刘备，冒着风险去追寻，正是这种勇敢与忠义，关羽才受到后人的推崇和称道。

现在关羽死了，刘备在荆州的势力全部被赶了出去，荆州战事暂告一段落，不仅孙权觉得痛快，远在摩陂的曹操也终于松了口气。但是，曹操的舒心日子过得并不长，一个月后，他病逝于洛阳，享年 66 岁，王太子曹丕迅速继位，成为新的魏王。

劝说刘备杀养子

从关羽北上攻击樊城到关羽被杀，不过短短三四个月的时间，所有的事都来得过于突然。从此役一开始，远在成都的刘备和诸葛亮实际上已失去了对战事的控制，只能由关羽来主导。当时襄阳、樊城已处胶着之势，由益州派兵去支援都来不及。

当时有一支人马离关羽很近，可以过来支援一下，那就是刘封和孟达所部。关羽也想起了这支人马，据《三国志》记载，关羽多次向他们发出命令，让他们率兵增援（连呼封、达，令发兵自助），但奇怪的是，二人根本不听，理由是上庸等三郡刚刚归附，还不够稳定（以山郡初附，未可动摇，不承羽命）。

有人认为，这是导致关羽被杀的直接原因，如果他们二人及时出兵相救，关羽的失败可以避免。但这有点冤枉他们了，上庸、西陵、房陵在汉水上游，距襄阳、樊城数百里，全是山路，关羽一个命令，三郡的大军马上就能赶到，这是不可能的。但凡重大军事行动，都有一个准备的过程，部队要集结，粮草要带上，走什么路线，怎么配合，遇到突然状况如何应对，这些都要事先考虑好，仓促之间集结重兵远行，是很难办到的事。即使刘封、孟达接到关羽的来信后立即着手准备，马上行动，等他们赶到襄阳、樊城时，也找不着关羽了。

这反过来也说明，关羽发动如此大规模的战役事先并没有做好整体规划，他只顾自己行动，没有提前知会友军，一旦事情来了，光催促不顶用。

况且，刘封和孟达的话也并非是推辞。孟达率少量人马来到三郡，虽然事情进展得很顺利，迅速拿下了三郡，但是这三个郡属于中间地带，统治的根基并不牢固，为了维持稳定，刘备不得不任命地方实力派申耽、申仪等出任太守，这些人跟过刘表，也跟过曹操，现在表示归附，怎保他们不会突然再次倒向曹操，趁大军南下，也在背后来上一刀。

除此之外，还有一个军事指挥权问题。三郡传统上属汉中，现在均独立成郡，应该归益州管辖，而非荆州。关羽的身份很明确，是董督荆州军事，三郡不在他管辖范围之内，刘封、孟达不是自己的属下，而是友军。关羽新近升任前将军，但理论上也只是某方面军的总指挥，不能以这个身份调动刘备集团内的所有人马。按照正常的程序，关羽应当向成都方面提出请求，再由刘备或者诸葛亮向三郡下达命令。

当然，这样做比较麻烦，一定会耽误时间，所以关羽直接向刘封和孟达下达了命令。对于刘封和孟达二人来说，关羽的命令给他们带来了困惑，如果执行，多少有些不顺，事后会不会被追究？如果不执行，真要造成了严重后果，他们如何交代？在这种矛盾心理下，他们于是先拿托词应付，表明对于关羽的命令他们并不想违抗，只是情况特殊，同时他们一定会向成都方面报告，等待进一步指示。

如果情况如此，则又说明了关羽发动樊城战役的仓促和冒险，在没有统一规划部署的情况下，要调动友军或者获得友军的支援，并不是想象的那么简单。

出乎刘封、孟达意料的是，荆州前线的战事竟然急转直下，关羽迅速失败。时间也太快了，快得让他们感到惊慌。二人着急了，他们知道刘备不会善罢甘休，一定会向他们追责。

说起来他们挺冤枉，关羽事先不打招呼，说出兵就出兵，还没容他们再看一看，关羽就没了，这不是无辜受伤吗？刘封还好说，孟达的心里更害怕，他知道自己这一关是在劫难逃。

孟达想，刘备派刘封来三郡督阵，摆明了就是对自己的不信任，现在关羽死了，刘备肯定会要个说法，刘封是刘备的养子，刘备不至于把他怎么样，而自己无根无基，关羽被杀、荆州丢失的这个黑锅看来得自己一个人背了。刘封到了三郡以后，对孟达不够尊重，二人常有内斗，刘封还曾经侵夺过孟达的仪仗队（封与达忿争不和，封寻夺达鼓吹）。

孟达进行了激烈的思想斗争，对外他怕刘备追究他，对内他又愤恨于刘封的侵凌（达既惧罪，又忿恚封），于是决定率手下 4000 多人投降曹魏。曹丕刚刚接班，孟达来降对曹丕来说是一个好兆头，他下令任命孟达为散骑常侍、建武将军，封平阳亭侯。此时上庸和西城还在刘封等人手中，曹丕命夏侯尚、徐晃率军帮助孟达进攻他们。

孟达投降曹魏前，还给刘备写了封信，说明了自己的无奈，同时，也给刘封写了封信，试图说服刘封一同投降。据《三国志》记载，孟达写给刘封的信很长，信中对刘封与刘备的关系进行挑唆，说刘封和刘备其实并非真正的父子，不过是一般人的关系（今足下与汉中王，道路之人耳），刘备自立刘禅为太子以来，大家都为你鸣不平（自立阿斗为太子已来，有识之人相为寒心）。劝刘封顺势而为，也投降曹魏。刘封不听孟达之言，还想一战，但部将申仪投降，刘封败走。

刘备失去荆州之后，又失上庸、房陵、西陵三郡。曹丕听人说孟达是个人物，很想见见他，就命孟达前来洛阳。曹丕见到孟达，发现他不仅一表人才，而且说话办事有法有度，十分喜欢，让他跟自己同乘一辆车出行（甚器爱之，引与同辇）。曹丕身边的两个重要智囊刘晔和司马懿对孟达却不看好。刘晔对司马懿说："我觉得他喜好反复，不值得信任！"司马懿也说："新城郡西接蜀汉，东连孙吴，是我曹魏前沿要地，交给孟达确实不妥。"

他们一同面见曹丕，陈述利害，希望另派大将前往。但是，孟达给曹丕留下的印象实在太好，曹丕压根儿不相信孟达将来会反。他认为，孟达在上庸一带经营多年，如果轻易换将，反而不利于稳定。新城郡虽为要冲，但背面即为魏国大军，应该不会生变。曹丕下令把房陵、上庸、西城三郡合并为新城郡，以孟达兼任新城郡太守，把曹魏整个西南方向的事务都交由孟达负责（委以西南之任）。

刘封逃到了成都，刘备十分生气。刘备怨刘封有两个原因，一是他与孟达没有处理好关系，激起孟达反叛；二是没有出兵救关羽（先主责封之侵陵达，又不救羽）。对于前者，刘封的确有责任，但毕竟他还年轻，又是刘备的养子，礼贤下士方面还没有养成习惯，平时喜欢端个架子，不把降将孟达放在眼里，也是可以理解的。对于后者，上面已经说到，要论起来关羽当负首责。

对于如何处置刘封，诸葛亮陷入了思考。此时刘禅刚被册立为王太子，刘备登基称帝的准备工作已经展开，刘禅就是将来的皇太子，刘备驾崩之后，刘禅将继任，到那时刘封的存在就成了一个未知数。

之所以这么看，是因为刘封的性格。据《三国志》说，刘封此人性格刚烈勇猛（刚猛），这样的人容易冲动，什么事都会干出来。诸葛亮考虑到，刘禅继位之后很难驾驭刘封，就建议刘备把刘封杀掉（易世之后终难制御，劝先主因此除之）。刘备接受了诸葛亮的建议，赐刘封死，让他自裁。临死前，刘封叹道："真后悔没听孟达的话（恨不用孟子度之言）！"

刘封死后，刘备还是很难过（为之流涕），毕竟是自己的养子，而且一度曾想过让他来继承自己的一切。赐死和处斩虽然判的都是死刑，但结局不一样。赐死算是自尽，死后不追究其他人的责任，不没收家产。据史书记载，刘封有儿子叫刘林，后来还曾担任过蜀汉的牙门将。

在荆州投降孙权的麋芳，给家人带来了大麻烦。他的哥哥麋竺让人把自己绑起来，到刘备那里请罪。刘备对他进行了安慰，说弟弟犯罪不能追究到哥哥（先主慰谕以兄弟罪不相及），对他仍然信任如初。但麋竺很羞愧，得了病，一年后去世。

留下一段争议

关羽被杀，荆州和三郡先后丢失，孟达投降，刘封赐死，这一连串的事件接踵而至，对刚刚称汉中王的刘备造成了沉重打击。

应该说，造成这样的局面既有必然也有偶然。从必然方面说，随着刘备势力近年来的急速膨胀，孙权和曹操都不会坐视不理，尤其孙权，心态会更为复杂，刘备一直并不如他，一度形同于他的附庸，却一再得势，先益州，后汉中，势头如日中天，又在曹操之后第二个称王，赶在了他的前面，孙权的心里既有焦躁和忌妒，也有不安。在这种情况下，如果有机会削弱刘备的势力，孙权一定不会迟疑。

刘备并没有对曹操发动全面进攻的思想准备，汉中虽胜，但并不能改变敌强我弱的总体局面，诸葛亮隆中对策中，汉中、荆州两路北攻的基础条件虽然初步具备，但根基还不稳，还需要一定时间的准备。更何况，隆中对策中明确了发起军事进攻还有一个重要前提条件，那就是敌人内部出现重大问题（待天下有变），也就是要等待时机。所以，从刘备到诸葛亮，对于荆州战役并没有做好充分的思想准备。

从偶然方面说，关羽借雨季发动樊城战役，居然一举给曹军以重创，气势如虹，在这种情况下，尽管没有做出充分准备，刘备和诸葛亮也无法突然叫停关羽的行动，更何况益州和荆州之间远隔千山万水，情报和军令传达不及时，而战场形势又瞬息万变，所以一切都只能交给关羽临机决断。关羽是将才而非帅才，面对后方突然生变的局面，当即乱了阵脚。在那种情况下，回师等于承认失败，应该弃后方于不顾，拼命向正面之敌进行攻击，胜算尚有一半。关羽回军，从此一败再败。

总的来说，这是一场突然发起的战役，在曹操和孙权临时联手、而刘备和诸葛亮又无法掌控战场局面的情况下，关羽的失败是情理之中的事。

史书对这场决定三方势力消长的重要战役记载得并不详细，尤其是成都方面如何看待这场战役、如何支援和策应关羽的军事行动缺乏记载，因此留下了很多让人想象的空间。

人们注意到，在关羽发动战役的几个月时间内，刘备和诸葛亮并没有任何作为，既没有派一兵一卒前来支援，也没有下达过什么命令，如果还原到当时紧张激烈的气氛之中，这是难以想象和不合常理的。

除非有一种可能，那就是这是刘备和诸葛亮故意的。问题是，他们为什么会这么做？有人认为其中存在阴谋，近代国学大师章太炎就提出了诸葛亮借刀杀人的说法。章太炎《訄书》一书中有一篇《正葛》，文中提出关羽之死是刘备、诸葛亮借孙权之手造成的，其中诸葛亮的意见占主导。在章太炎看来，诸葛亮是一位深谋远虑的政治家，为避免集团内部可能发生的内讧，会不惜一切手段消除这些隐患，而关羽正是蜀汉未来的“隐患”。

综合起来，章太炎认为诸葛亮是杀关羽的“罪魁祸首”，理由有以下几条：

第一，关羽危难之时，诸葛亮没有派兵相助。章太炎认为“昧者讥其无远略，而或解以败问之未通”，意思是，不明白的人讥笑诸葛亮没有远见，而有的人则用诸葛亮想借失败问罪关羽来解释，这些说法是讲不通的。章太炎为什么认为讲不通？因为诸葛亮见识卓群，不会看不到关羽面临危机，以上都不是不发兵的理由。章太炎认为，诸葛亮不去救关羽的真实理由是，关羽“功多而无罪状，除之则不足以压人心，不除则易世所不能御，席益厚而将掣挠吾大政”，也就是关羽已经成为“虎臣”，不好领导，所以才决心除掉他。

第二，诸葛亮曾用同样的理由除掉了刘封，对于刘封，章太炎认为“葛氏特以刚猛难任，不可用于易世，劝先主除之。是杀之以罪，杀之之情则不以其罪也”，在章太炎看来，刘备并没有要杀刘封的意思，完全是由诸葛亮竭力怂恿的，而这是一个冤案，杀刘封的理由不是公开说的那些，而是背后另有盘算，既然刘封因易代之后不可控制而应清除，那么关羽也一样。

第三，诸葛亮年轻时喜欢吟颂《梁父吟》，这首诗讲的是“一朝被谗言，二桃杀三士”的故事，核心是假借他人之手除掉政治对手，看来诸葛亮早就对此道十分谙熟，对于可能构成政治隐患的人，无论是谁都不会手软。章太炎后来还说：“诸葛治蜀，赏信必罚，彭羕、李严皆纵横之魁杰，故羕诛而严流。”彭羕的情况前面已说过，关于李严的问题，待后面再细说，这二人都是诸葛亮“整治”过的，章太炎的意思是，诸葛亮在政治斗争方面也是一个“狠角色”。

章太炎提出了诸葛亮借他人之手除掉关羽的结论，这个观点的确很惊悚，但论据及推理过程却相当勉强。

说诸葛亮没有出兵救关羽，看起来似乎是事实，但这里有客观原因，章太炎却没有仔细去分析。关羽突然北伐，刘备当时从汉中刚刚返回成都，一切都在仓促之间，而关羽北伐前期势如破竹，并无危机，后来因孙权发难而突然兵败，一切都来不及反应，千里之外的成都更无法对关羽施以援手。

说诸葛亮除刘封，这也是事实，但在这件事上诸葛亮的确也有充足的理由，所以能说服刘备。关羽不同于刘封，不会从血统上对刘禅形成挑战，“尾大不掉”只是猜测，以关羽对刘备的感情，这种可能性非常小，诸葛亮不会因此而有杀关羽的念头，即使诸葛亮有，刘备也难以同意。

最重要的是，借他人之手除掉关羽，势必付出失去荆州的代价，无论刘备还是诸葛亮，都不会有这种疯狂的念头。对刘备来说，失去荆州的代价实在太大了，对诸葛亮来说，这个代价不仅大，而且意味着痛苦和牺牲，诸葛亮有许多亲友仍在荆州，难道为了一个关羽就果断地放弃他们吗？

章太炎的《正葛》一文充满了猜测的成分，并没有太大的说服力。然而，章太炎是著名的学者，史学方面的造诣也十分深厚，他为什么抛出了一个并不靠谱的观点呢？

载有《正葛》一文的《訄书》初刻于 1900 年，此时中国正处在风云激荡之时，章太炎不仅是著名学者，更是一位著名的革命家，他 27 岁告别诂经精舍，投身于改良和革命活动，此后多次坐牢和流亡。章太炎投身革命的年龄正好与诸葛亮出山的年龄一样，都是 27 岁，诂经精舍某种程度上相当于隆中的草庐，所以章太炎对诸葛亮有着特别的关注。只是，章太炎年轻时对诸葛亮多持批评态度，他写的《正葛》，目的其实是以古讽今，想表达的是，有些人为了巩固政权可以不惜采取各种手段，其做法是值得批判的。这一阶段的章太炎对黄兴等革命者就多有批评，对袁世凯则充满好感，章太炎的这种思想，核心在于对中国革命的复杂性和长期性缺乏认识，《正葛》一文抛出的惊世之论，发泄的是章太炎对当时混乱政治形势的愤懑之情。

《訄书》出版 15 年后的 1915 年，章太炎对该书做了较大修正，改名为“检论”重新出版，其中《正葛》一文是章太炎重点修正的一篇文章。在修订这篇文章时，章太炎一开始想把《正葛》改名为“评葛”，后来又觉得不合适，遂改为《议葛》，快要出版时，他又改为《思葛》，从这些改动中可以看出，章太炎对诸葛亮的看法不断在发生改变。

就刘备、诸葛亮借他人之手杀关羽的观点，章太炎进行了认真反思，他说：“少时所称云尔，晚涉季世，益窥古人用心”，承认自己当初阅历不够，臆猜了古人。章太炎认为，关羽虽然未能较好地落实蜀吴联盟，但“其才可辅而用也”，刘备、诸葛亮没有除掉他的理由。章太炎早年对诸葛亮多有批评，这时也修正了看法，他说："武侯本布衣诸生，规在救民"，还认为诸葛亮北伐是得到人民支持的，章太炎说诸葛亮"始出斜谷，则三郡响应，屯田渭滨，而百姓安堵，其以抚和黎庶，远倾敌国，道至弘矣"。应该说，章太炎晚年的这些观点更为成熟，对诸葛亮的评价也更为客观 。

章太炎年轻时抛出了刘备、诸葛亮借他人之手杀关羽的不成熟观点，但他又能本着实事求是的精神对这个观点进行了彻底修正，今人应该学习章太炎这种严谨求学、自我批判的治学精神，而不是乱引他的那些并不成熟的观点。

所以，根本不存在借刀杀人，诸葛亮不曾有，刘备也不曾有。至于战役从开始到结束这几个月时间里成都方面没有大的动作，大概有以下原因。

一是因为益州和荆州间道路阻隔，联系不便，关羽坐镇荆州期间，大本营在南郡的公安，与成都之间最便捷的联络通道是长江，但须逆流而上，乘最快的船也需要十余日，关羽率军北上以后，战场又移向长江以北几百里的襄阳、樊城一带，信息交换一来一去最快也得论月计算，刘备、诸葛亮难以及时了解前方的情况。

二是如前所述，关羽发动此役事先并没有跟刘备、诸葛亮认真商量研究，没有形成战役的整体方案和规划，关羽北伐是在形势变化和天气因素相叠加情况下决定的，属于仓促起兵，而北伐初期，刘备又在由汉中回成都的路上，诸葛亮不在刘备身边，刘备只能走一步看一步，造成反应不及时的问题。

三是关羽北伐战役虽然于这一年的 8 月开始发动，但转折点出在 10 月以后，开始阶段关羽一路高歌猛进，气势压倒对手，不存在紧急救援的问题，关羽大概也没有想到要向成都方面救援，刘备回到成都后，跟诸葛亮即使收到了荆州方面传来的消息，那也都是捷报，对于关羽可能产生的危机或许有认识，但不会那么急迫，不会想到转眼之间关羽就会陷入绝境。

四是战役成败的关键是孙权的背后一击，当时孙权是盟友，曹操是敌人，对于孙权会背后一击的事，任何人都无法预知，孙权的一举一动只有在荆州的关羽最清楚，远在益州的刘备和诸葛亮是很难把握和预料的。

正是由于以上原因，造成了成都方面救援不及时的问题，这都是客观原因造成的，而没有主观故意。但不管怎么说，荆州丢失、关羽被杀，对正在鼎盛时期的刘备集团而言都是一个沉重打击。

第十三章

开国丞相

一招解难题

对刘备而言，汉献帝建安二十四年（219）真是大喜又大悲的一年。上半年，刘备与曹操争锋于汉中，结果打败了老对手，夺取了汉中及上庸等三郡，又趁热打铁，在汉中称王；下半年，关羽在荆州失利，荆州被孙权夺去，关羽被杀，上庸等三郡得而复失。

忙活了一年，等于用荆州换了个汉中，亏了。更为悲伤的是，追随自己近三十年的兄弟关羽就这样没了，刘备悲从中来，恨从中来，忧从中来……

让人伤心的事还不只这些，还有一件又一件不幸的事向刘备袭来：尚书令法正、后将军黄忠先后因病去世了，其中法正的死给刘备的打击更大，不亚于关羽之死。庞统死后，刘备视法正为“谋主”，言听计从，信赖有加，汉中之役充分展示了法正的奇谋，但天妒英才，法正居然这么早就死了。

法正是如何死的，史书记载不详，应该是健康方面出了问题。不过，有一件事对法正可能会造成严重打击，那就是孟达的投降。大家都知道他和孟达之间的特殊关系，而孟达赴任也是他力荐的结果，现在出了这么大的事，法正心里肯定在难过之外还有许多愧疚。

法正死后，刘备任命刘巴接任尚书令，这项任命应该是诸葛亮推荐的结果，刘备对刘巴内心里的成见恐怕还一时难以消除，不过刘巴提出的货币新政让刘备见识了他治政理财方面的出色才干，当前这种情况下，正需要刘巴继续发挥他的才能。刘巴平时清廉节俭，不贪财（躬履清俭，不治产业），又因为自己在刘备阵营里没有根基，担心受到猜疑，所以说话做事都很谨慎，喜欢清静，平时没有私交，和大家在一起不是公事不说（恭默守静，退无私交，非公事不言）。

有能力又不多事，这是老板最喜欢的职业经理人。刘巴就任尚书令后，诸葛亮感到肩上的担子轻了不少。

曹魏现在已经是曹丕当家，上面已作交代，曹操已于汉献帝建安二十五年（220）去世，作为争斗了半辈子的老对手，曹操的死让近一段时间以来压抑着的刘备感到终于能喘口气了。

但是，毕竟老对手也是老朋友，刘备想到还是应该有所表示。据《魏书》记载，刘备派人带上自己的书信和丧礼前往洛阳吊唁，派的这个人叫韩冉，职务是刘备手下的掾，相当于汉中王府的一名“处长”。但是，韩冉却未能完成使命，他走到荆州，进入曹魏控制的地盘，被曹魏的荆州刺史扣了下来，刺史请示魏王曹丕如何处置，曹丕回复很干脆，不要来了，也别回去，杀了。

两国交兵不斩来使，何况是来吊丧的？曹丕不仅不厚道，简直不地道。而且曹丕此举也缺乏政治远见，荆州变局后，三方正处在微妙时刻，孙权得了便宜却惴惴不安，刘备咬牙切齿势在复仇，在战略上对曹魏正是最有利的时刻，聪明的做法是继续激化孙、刘两家的矛盾，他们要来示好，一律欢迎，让他们都觉得自己是他们的朋友，这样他们之间开打的可能性更大了。刘备派特使前来吊唁，分明是在试探新魏王的态度，现在把特使杀了，于情于理于战略利益都不符，如果真如《魏书》所写，曹丕的智商差得太远了。

但是，还有另外一种说法，记录在《典略》里。《典略》的记载不仅内容不同，而且更详细。韩冉的职务不是普通的掾，而是军谋掾，相当于“参谋处长”，刘备送去的丧礼里有益州的特产蜀锦（并贡锦布）。韩冉领命后，没有走荆州，走的是上庸这一条路线，到上庸，他借口有病，就不走了，住在了上庸。上庸当时已经是曹魏的地盘，不过负责人还是孟达，想必韩冉也认识，后来韩冉被孟达派人保护到了洛阳，呈上了刘备的信和礼物。《典略》称，曹丕看到刘备的信时，他的身份已经不是魏王了，就在不久前，曹丕通过禅让的方式成为魏朝皇帝。虽然晚了几个月，曹丕还是接见了韩冉，并对刘备派人来吊唁表示感谢（有诏报答以引致之）。韩冉回去复命，并带来了曹丕的回信。

对比起来，《典略》的记载可能更靠谱。大国政治，不是以头抢地的庸夫之怒，曹丕没有大略至少也有中略，不会干那种傻事。

韩冉给刘备带回了曹丕已经称帝的消息，这事发生在曹操去世的这一年底，曹丕在众人拥戴之下，经过19次辞让后，终于同意改朝换代。这一年的10月，曹丕下令在繁阳筑坛，受玺绶，即皇帝位，将这一年改元为魏黄初元年。曹丕降汉献帝刘协为山阳公，食邑万户，准许其在封地内继续使用汉朝正朔，用天子之礼行郊祭，上书可不称臣，同时封刘协的4个儿子为列侯。至此，经刘邦亲手创建、刘秀中兴的两汉终结，其间历时424年。

对刘备来说，这虽是意料之中的事，但也有一种悲伤。在汉末诸雄里，对刘汉王朝他比任何人都有感情。不过这还不是最重要的，最重要的是，汉献帝退位后随之带来了一些具体问题。汉献帝在位时虽然是傀儡一个，但毕竟招牌还在，刘备以汉室宗亲自称，打的是除奸佞、兴汉室、还旧都的口号，自己虽然称汉中王，但那是居于刘汉这个朝廷之下的。从自己算起，包括手下大大小小的所有文官武将，都是汉朝的官。现在朝廷没了，不仅失去了政治目标，而且刘备建立起的各级政权的合法性也不复存在。这是个十分迫切的问题，必须找到一个解决的办法。

本来，孙权也面临着同样的问题，但孙权已经找到了解决办法，那就是向曹丕称臣。孙权有着自己的盘算，荆州的便宜占了，刘备那边如何交代始终是个问题。在江湖上混，迟早要还的，孙权对这个前妹夫心怀忌惮，所以他对曹丕拉得很紧，孙刘同盟不在了，希望搞出个“孙曹同盟”来。

孙权这么想是有道理的，当初干掉关羽是我跟你老子合谋的，同盟事实上已经存在，你不能不认这个账。但是，曹丕有意拿孙权一把，所以对孙权一方主动投送来的热情显得很矜持，这让孙权很着急，最后孙权一狠心，干脆称臣。孙权派人前往洛阳，接受魏朝并向魏文帝称臣。为了增加信任，孙权特意让人把于禁遣送回国。曹丕这才派太常卿邢贞前往武昌，封孙权为吴王，加九锡。

江东官员对于吴王这个封号并不满意，他们原来希望得到的封号是九州伯，说得通俗点儿，就是“九州总督”，所以大家纷纷建议孙权不要接受。孙权开导大家：“各位不要认为我接受这个封号是一种耻辱，从前刘邦也曾接受项羽的封号为汉王。做事情要面对现实（此盖时宜耳），只不过一个空头衔，有何损失？”称臣虽然没有面子，却解决了打什么旗的问题，而且隐隐约约地扯出个“孙曹同盟”来。

对刘备来说，没有比这更坏的结果了。战场失地，政治失利，身边失人，刘备的压力很大。刘备也可以效法孙权，也向曹丕称臣，以换取战略上的主动。但是，即便刘备愿意，也不能这么做。长期以来，刘备一直告诉拥戴他的官民，曹操是汉室的敌人，他是汉室的维护者，这种观念已深入人心，成为一种意识形态，如果突然转向，一定会让大家无所适从，思想上产生混乱。而且，汉中之役，抢了人家的地盘，杀了夏侯渊，这里面的复杂性远非孙权能比。

难题摆在了面前，需要诸葛亮尽快提出解决之道。诸葛亮分析了当前面临的严峻形势，提出了一个破解危局的办法，那就是刘备也称帝，但不是建立新的王朝，而是把刘汉的旗帜在成都重新树起来，刘协下去了，还有刘备。

这的确是一着妙棋，能解决当前面临的政治问题和意识形态问题，但刘备却顾虑重重，不同意这么干（先主未许）。《三国志》记载，诸葛亮对刘备进行了劝说：“过去吴汉、耿弇等人劝光武帝刘秀即帝位，光武帝辞让，前后多达四次，耿纯最后进言：‘天下英雄仰慕期盼着您登上帝位，大家跟着荣华富贵（天下英雄喁喁，冀有所望）。如果您不答应，大家就各自寻找新主人，不跟您了。’光武帝深感耿纯之言，终于答应。现在曹氏篡汉，天下无主，大王您是刘氏苗裔，理应代汉而起，现在即帝位正合时宜。众人跟随您这么久，吃了这么多苦，想法跟耿纯其实是一样的（士大夫随大王久勤苦者，亦欲望尺寸之功如纯言耳）。”

诸葛亮借耿纯之口向刘备说出了一个道理，称不称帝不是刘备个人的事，是大家的事，如果他执意不肯，就是伤了大家的心。在共同的事业中，领导和下属其实是一个命运的共同体，大家休戚与共、荣辱共担，有成就一同分享，有困难共同克服。领导的一切都会对下属产生巨大的影响，所以在做出事关个人进退的决定时，假如有选择的可能，一定要想想这件事对下属们会带来什么后果。

刘备闻听此言，跟刘秀一样，也幡然醒悟，同意称帝。

刘备武担山称帝

但刘备认为事关重大，需要妥善筹备，不可操之过急。其实，汉献帝退位的消息在益州传开后，大多数人都认为，刘备应该迅速称帝。

率先向刘备上言称帝的是张裔、黄权、杨洪、何宗等人，他们上言道："我们查了一下《洛书甄曜度》，其中说'赤德三日德昌，九世会备，合为帝际'，又查到《洛书宝号命》中说'天度地道备称皇，以统握契，百成不败'，还有《洛书承运期》中说'九侯七杰争命民炊骸，道路籍籍履人头，谁使主者玄且来'，又《孝经勾命决录》中说'帝三建九会备'。周群在世时多次说过西南方向屡屡出现黄气，立起来有几丈高，不止一次出现，并伴以祥云清风，这是一种非同寻常的瑞兆。建安二十二年又多次出现一种像彩旗一样的云彩，自西向东在天空中移动，查对《河图》《洛书》，上面都提到必定有天子出现在云气所起的方位。上述情况出现，预示圣主将兴起于益州，当时天子在许县，所以我等不便说出去，最近火星追随木星，出现三宿合一的天象，根据《星经》说，这预示各种邪恶将会消亡。我等还听说，圣王行事有时先于天时，但不会违背天道；有时后于天时，也会奉行天道。愿汉中王顺应天意和民心，立即登上帝位，以安定天下。"

这里提到的《洛书》《河图》《星经》等都是上古神秘预言书，所列举的那些话当不是杜撰，而确实出现在这些著作中，只不过所有预言都有神秘、抽象的特点，这些话所言何物可以有很多种解释，而大家挑这些话出来的原因，只是里面出现了"玄""备"这些字眼，想说明这些预言将应验于刘备身上。那时候没有电脑，不能全文查找和机器检索，大家为找出这些话得一篇一篇地翻阅查对，想起来也是费了劲了。

这里提到的周群，就是之前劝刘备不要进兵汉中的那位，现在已经死了。周群善于占卜，尤其擅长占星。据《拾遗记》记载，周群的占卜术得来很神秘，说他有一次遇到白猿，周群用书刀投向白猿，白猿却化成一老翁，教了周群方术。

其实，这份上言并无新意，无非是把一些神秘预言和所谓瑞兆结合起来，用以论证刘备应当称帝的合法性和合理性。这份上言的看点在具名的人，据《三国志》记载，他们是议郎阳泉侯刘豹、青衣侯向举，偏将军张裔、黄权，大司马属殷纯、益州别驾从事赵莋、治中从事杨洪、从事祭酒何宗、议曹从事杜琼，劝学从事张爽、尹默、谯周。张裔、黄权、杨洪、何宗、尹默之前都提到过，他们都是益州本地出身的官员，其中尹默还是司马徽的学生，论起来与诸葛亮有同窗之谊。刘豹、向举、殷纯、赵莋、张爽情况不详，只知道他们也都是益州本地出身，与张裔等人情况应当差不多。

这里面值得多说几句的是谯周，谯周字允南，益州巴西郡人，是著名的学者，被称为“蜀中孔子”，他博学广识，著书育人，《三国志》的作者陈寿就是他的学生。他在蜀汉灭亡后降晋，在晋朝当过散骑常侍。

由出身于益州的刘璋旧部打头阵进行劝进，目的是为刘备登基预热。但是，他们的劝进一出，却没有出现众口一词、万众齐呼的场面，一些不同意见却不断传来。据《三国志》记载，时任益州前部司马的费诗上言，认为曹操父子逼迫汉主退位，当务之急应当聚集力量、讨伐叛逆（纠合士众，将以讨贼），现在大敌在前，而先自立为帝，恐怕会招致大家的猜疑。

费诗的话还相当激烈，他说：“过去刘邦、项羽等人相约，先破秦者为王。后来刘邦攻破咸阳，俘获子婴，仍然谦让不为王。现在您还没有迈出去讨伐敌人，却在此谋求自立（况今殿下未出门庭，便欲自立邪），愚臣认为不可取！”作为益州本地出身的官员，刘备和诸葛亮对费诗还是相当器重的，先任命他为牂牁郡太守，又调他回益州府任前部司马，前不久还派他前往荆州宣布对关羽的任命，没想到在称帝这个问题上他却持强烈反对的态度。

费诗言犹在耳，又有人进言不能称帝，这个人竟然是刘巴。作为新任的尚书令，刘备和诸葛亮对刘巴的信任和期待可以说相当高，刘巴是一名业务干部，又一向行事谨慎，按说不该在这个时候发表不合时宜的言论，可刘巴偏偏认为不说不行。据《零陵先贤传》记载，刘巴听说刘备真的要称帝，认为现在这么做时机不成熟，应当缓一缓再说（巴以为如此示天下不广，且欲缓之）。刘巴还拉上主簿雍茂一起去劝谏刘备，刘巴可能真是为刘备好，没有别的想法，但他不是战略家，只看到其一没看到其二，这就是所谓知小处却不识大体，没有看到刘备现在称帝决不是满足个人野心那么简单，而是争霸大业的迫切需要。

但不管怎么说，刘巴也无恶意，所以刘备没把他怎么样。只不过，为防止反对称帝的人一哄而上，刘备恢复了枭雄的面目，祭出了狠招，刘巴不能动，就找了个借口把雍茂杀了。刘巴保住了脑袋，却吓得够呛，不再多言。一年后，刘巴病逝，死时 39 岁。

刘备还下令将费诗贬到永昌郡任从事，一直到诸葛亮死后蒋琬主政，费诗才回到成都任谏议大夫。

总算压住了反对声浪，上书拥护刘备称帝的人多起来，据记载，群下单独或联合上书的达 800 余人。

最后，诸葛亮和许靖、麋竺以及太常卿赖恭、光禄勋卿黄柱、少府卿王谋等重臣做了总结性上书，劝刘备顺应民意。在这份上书中，诸葛亮等人回顾总结了众人劝进所列举的预言和祥瑞情况，又作了一些补充，说关羽围樊城、襄阳期间，襄阳有两个叫张嘉、张休的男子曾献上一方玉玺，说是从汉水里挖出来的。玉玺潜于汉水之中，重见神光，预示大王将重振汉室。

除了这些祥瑞，大家认为刘备非当今天子莫属，因为他姓刘，出身于汉室宗亲，而且他具备的品德和才能又足以继承起刘邦、刘秀开创的事业。诸葛亮等人报告刘备，他们已经着手进行登基的相关准备，和博士许慈、议郎孟光等正在彩排登基典礼，只等着选择吉日，就可以登基了。

刘备说，好吧，那就从了大家吧。

诸葛亮迅速着手新帝登基的各项准备，他让刘巴做自己的主要助手，刘巴虽然刚刚碰了一鼻子灰，但干起工作来仍然是一把好手，据记载，涉及登基所用的各项诏命文书全部出自他的手（凡诸文诰策命，皆巴所作也）。

登基的地点选在成都西北郊的武担山。据《蜀本纪》说，武都郡有个男子不知何故突然变身为女人，长得很漂亮，蜀王娶她为妻，由于不服水土，又思念家乡，没多久就死了，蜀王很悲伤，命士卒涉长途去武都郡担土，把此女葬于成都附近，其高有10丈，称为武担。

魏文帝黄初二年（221）4月，刘备率文武百官来到武担山，杀黑色公牛祭祀，宣读了由刘巴起草的祭天文诰，宣布承续汉祚，受皇帝玺绶。之后，新皇帝宣布建元为章武，大赦天下。

此前，刘备在蜀中一直沿用汉献帝年号，本年初汉献帝的年号还是建安，曹操死后改为延康，后又被曹丕改为黄初，自现在起，刘备用章武这个年号。虽然新朝廷一直自称是刘汉王朝的延续，但历史上还是习惯于称它为蜀汉。

蜀汉众臣之首

登基仪式完成，刘备即在诸葛亮协助下着手安排新朝廷的人事。

此前，虽然已有汉中王府为班底，但与此相比，还不能同日而语。按照刘备的想法，在成都的新朝廷不是新生事物，而是许县朝廷的延续，所以一切都要按照旧制执行。刘备下达诏令，宣布延续汉献帝朝的做法，中央政府实行丞相制。

汉代大多数时候实行的不是丞相制，而是三公九卿制。汉初因袭秦制，三公分别是丞相、太尉、御史大夫，相互不统属，均直接向皇帝负责。九卿分别指：奉常卿，掌管宗庙礼仪；卫尉卿，掌管皇宫保卫；郎中令，掌管宫廷警卫；太仆卿，掌管宫廷车马；典客卿，掌管少数民族事务和外交；廷尉，掌管司法；治粟内史，掌财政税收；宗正卿，掌管皇室事务；少府卿，掌管山河湖海税收和手工业。

到了东汉，三公有所变化，指太尉、司徒、司空，九卿有了新变化：太常卿，掌管典礼；光禄勋卿，掌宫廷杂务；卫尉，掌管宫省禁卫；太仆卿，掌管皇室车马；廷尉，掌管司法；大鸿胪卿，掌管接待诸侯与少数民族；宗正卿，掌管皇族事务；大司农卿，掌管国家财政收支；少府卿，掌管皇帝器用服饰。

西汉三公虽不相互隶属，但丞相的地位高于御史大夫和太尉，也比后来东汉三公的权力大，所以汉武帝开始收权于尚书台，把大权从丞相手中逐步归入身边的一群秘书手里。到了东汉，干脆设置新的三公，把丞相的权力一分为三，互相制衡。曹操后来重新置丞相，罢三公，成为内阁唯一长官，在丞相府里建立了庞大的内设机构，丞相府里除有管理民政事务的各曹外，还大量设置了军谋掾、丞相军事、军事祭酒等军事机构，把当时最优秀的人才都纳入丞相府里任职，使丞相府成为集政权、军权于一身的超级内阁，从而把丞相的权力发挥到了极点。

刘备不是刘协，蜀汉没有曹操，大家原以为刘备不会设丞相，没想到刘备还是这么做了。既然设了丞相，人选自然没有悬念，大家一致认为诸葛亮一定是不二选择。

刘备果然下达策文，任命诸葛亮为丞相。策文是皇帝专用的文书，一般用于祭天地先祖，重大人事任命也用策文，相当于"红头文件"，任命诸葛亮的这份策文共53个字，内容如下："朕遭家不造，奉承大统，兢兢业业，不敢康宁，思靖百姓，惧未能绥。於戏！丞相亮其悉朕意，无怠辅朕之阙，助宣重光，以照明天下，君其勖哉！"大意是：朕遇到了家族不幸，在此情况下继承了大业，我兢兢业业，不敢有半点懒惰，一心想的是让百姓过上安定的生活，担心的是做不到这些。啊，丞相诸葛亮要充分理解朕的这份心意，帮助朕弥补缺失，以重新发扬大汉王朝的光辉，使之照亮天下，希望你自勉！

诸葛亮于是成为蜀汉的"开国丞相"，之前诸葛亮一直是刘备最重要的助手，承担着刘备集团"二把手"的角色，但论职务，无论是文职还是武职，诸葛亮却不是最高的，成为丞相后，诸葛亮也成了蜀汉政权的众臣之首，做到了名至实归。这一年诸葛亮刚好40岁，距他离开隆中追随刘备有13年了。

除了任命诸葛亮为丞相，刘备还下达了一系列人事任命的诏令，搭建起蜀汉新政权的权力体系，诸葛亮作为新任丞相，仍然参与了这些重要职务的酝酿和安排。

刘备任命许靖为司徒，曹操设丞相时已废三公，司徒按理说早已不存在了，但刘备觉得之前已任命许靖为汉中王下的太傅，此时不宜再降为九卿一级，于是改任其为三公之一的司徒。许靖此时70多岁了，基本管不了什么事了，每天只和一帮仰慕他的人高谈阔论（清谈不倦）。但他的名气很大，尤其在曹魏那边还有一帮老朋友，时不时写信过来问长问短，留他任司徒，用的是他这面招牌。

九卿基本保留了汉中王时期的设置，太常卿赖恭、光禄勋卿黄柱、少府卿王谋，此外只增加了个大鸿胪卿，任命的是何宗。作为益州地方出身的官员，何宗之前担任刘备的从事祭酒，相当于顾问组组长，在此次劝进中又表现积极，受到刘备的肯定。九卿中的其他几个，仍然空缺。

与九卿品秩相当的侍中一职，汉中王时有廖立，此次保留，又增加了一个马良。马良此前一直担任左将军掾，相当于是刘备左将军府下面的一个处长，诸葛亮署左将军府事，马良是其主要助手。马良与诸葛亮情投意切，其工作作风踏实，做事勤奋，为人正直，深得刘备和诸葛亮的信任，所以提拔他为侍中。

再往下，任命宗玮为太中大夫。太中大夫掌议论，类似于谏议大夫，但地位稍低，宗玮其人不详。议郎任命了4位，分别是许慈、孟光、刘豹、向举，他们的事情先前均已提到过。

刘巴仍然留任尚书令，刘备任命诸葛亮为丞相时还有一个附带说明，即"录尚书事、假节"。录尚书事就是兼管尚书台的事务。丞相虽然权力很大，但如果没有这项任命，等于尚书台的事管不了，权力大打折扣。而所谓节，是皇帝身份的一种象征物，凡持此节者就代表皇帝亲临，假节就是皇帝给予了特别授权，可以在一定范围内代行皇权。尚书台是朝廷的"秘书处"，刘备让诸葛亮以丞相的身份管理尚书台，又给了他特别授权，说明刘备不仅给了诸葛亮"二把手"的头衔，而且给了他实权。尚书令之下应该有一定数量的尚书，相当于各处的处长，他们各自分管一摊，品秩不高，权力却很大。能考证出来此时担任尚书的，只有杨仪一人。

之前提到过杨氏是荆州大族之一，出了杨颙和杨仪两个人物。杨颙跟着刘备来了益州，受到了重用，被任命为巴郡太守，而杨仪当时没有来。杨仪一直留在荆州，在曹操所置的荆州刺史傅群手下任主簿，相当于"办公室主任"，后来他投奔了关羽（背群而诣襄阳太守关羽），被关羽任命为功曹，相当于人事处处长。关羽经常派人到成都向刘备汇报情况，有一次派的是杨仪，刘备跟杨仪谈话中发现他对军国大事、政治得失都很有见地，十分高兴，就把他留在了身边，在左将军府内担任兵曹掾，相当于“处长”。

杨仪担任尚书，说明刘备对他的器重。但是，此人才虽高而不合群，容易跟别人闹矛盾，不管是上司还是同僚，动不动就发生冲突，到尚书台供职后，杨仪跟刘巴关系不和，影响了安定团结，被刘备改任为弘农郡太守（仪与尚书令刘巴不睦，左迁遥署弘农太守）。弘农郡在中原地区，是曹魏的地盘，这个任命相当于给个空头衔在家休息，杨仪从此被打入冷宫。

比尚书地位还低的是尚书郎，如果尚书令相当于“秘书长”，尚书相当于“处长”，尚书郎就相当于“科长”。在众多尚书郎中，有一位一直被诸葛亮看好，那就是蒋琬。之前说过，蒋琬是诸葛亮在临烝时期发现的人才，后担任广都县长，因为不勤政被到下面视察工作的刘备免了官，现在被起用，不过地位较低，比不上杨仪。多年后，诸葛亮去世，蒋琬成为诸葛亮临终前指定的接班人，资历曾经高于蒋琬的杨仪备感失落，多出怨言，上书诽谤，最后自杀于狱中，这是后话。

在武将方面，刘备称帝后各主要将领的身份变化较大。刘备为左将军时，马超以平西将军的身份居武将之首；汉中称王后，武将之首是前将军关羽。现在关羽没了，四方将军之一的黄忠也去世了，武将的格局需要重新调整。

刘备下诏，拜马超为骠骑将军，仍兼任凉州牧，晋爵为斄乡侯；拜张飞为车骑将军，兼任司隶校尉，晋爵为西乡侯。骠骑将军和车骑将军都比前将军品秩高，因为没有大将军，骠骑将军这时相当于“全国武装部队总司令”，车骑将军相当于“副总司令”。司隶校尉部和凉州都是东汉十三州之一，现在也都属曹魏统治区，张飞、马超分别兼任司隶校尉和凉州牧，只能是遥领。

但也有不同看法，主要集中在司隶校尉一职的任命上。刘备让张飞兼任司隶校尉，并非完全是名义。因为据《汉官仪》，司隶校尉除相当于州牧管理一州政务外，还有一项极为重要的职责，那就是纠察百官。

司隶校尉纠察的范围很大，包括皇太子、三公以及朝中百官，也包括与之相邻的各州郡官员，都在其范围之内（纠皇太子、三公以下，及旁州郡国，无不统），论职权，相当于“检察长”。刘备除了让张飞统领各部兵马，还让他负责官员的监督纠举，这是关羽死后刘备在人事布局上的一项重大安排。

张飞、马超以下，升魏延为镇北将军，之前魏延刚被破格提拔为镇远将军，是杂号将军，相当于“军长”，现在的身份相当于蜀汉“北部军区司令”，可以统率包括汉中在内的益州北部地区的蜀军，同时仍然兼任汉中郡太守。

升任吴壹为护军讨逆将军，兼任关中都督，吴壹的这个护军统领的是中央禁卫军，他之所以得到刘备的信任，是因为他的妹妹嫁给了刘备，目前的身份是刘备的正妻。都督是刘备在官职设置上的另一项借用，刘备虽然立国，但仅辖益州，未免局促，除了让张飞、马超等人遥领各州外，还设都督一职，级别上相当于州牧或州刺史。只是关中也在曹魏占领区，目前也只能算挂名。

再往下的高级将领包括辅汉将军李严、翊军将军赵云、安汉将军麋竺、昭德将军简雍、秉忠将军孙乾、安远将军邓方等。李严担任犍为郡太守，他很有治政才能。之前说过，汉献帝建安二十三年（218）刘备率主力赴汉中，犍为郡盗贼马秦、高胜等人起兵，招集队伍数万人，占领资中县。李严不待上面发兵，率本郡五千人马前往讨伐，斩杀马秦、高胜。后来相邻的越嶲郡少数民族部落首领高定率军围攻新道县，李严前往解围，高定被击败后逃走。李严的才干深得刘备器重，所以他在刘璋旧部中脱颖而出，此次拜他为辅汉将军，仍兼任犍为郡太守。麋竺、简雍、孙乾等人，之前已说过，虽然他们名为将军，但只是挂个名，享受待遇，不亲自领兵。新任命的安远将军邓方，南郡人，以荆州从事的身份随刘备入蜀，后被任命为犍为属国都尉、朱提郡太守，他的主要职责是守卫南部大片广阔区域，这里地广人稀，分布着许多少数民族部落，蜀汉的统治相对薄弱。史载，邓方以少御多，指挥果断，夷汉皆服。

唯一让人费解的安排是赵云，他虽然比不了张飞，但资历和业绩应在魏延之上，此次仍然留任翊军将军，似乎让人不解。

刘备武担称帝的次月，策命吴氏为皇后，刘禅为皇太子，命诸葛亮持节前往宣读诏书，授玺绶。刘禅此时 14 岁，为了加强对他的教育，刘备为刘禅选派了强大的辅导班子，任命董允、费祎、霍弋为太子舍人，任命来敏为太子家令，任命尹默为太子仆。董允、费祎、尹默、来敏之前已经提及，霍弋是霍峻之子，霍峻此时已经去世，刘备念霍峻当初守葭萌功不可没，命其还葬成都。刘备亲率群僚吊祭，并留宿于墓上。

同时，刘备命太子刘禅纳车骑将军张飞的长女为妻，策命为太子妃。张飞的正妻、刘禅的岳母姓夏侯，竟然跟夏侯渊还是亲戚，这段掌故，说来话长。

刘备担任豫州刺史时驻扎在沛国的小沛，一天张飞在外面遇到一个十五六岁的小姑娘，长得很漂亮，就把她抓了起来，后来成了张飞的妻子。这个小姑娘是沛国谯县人，她的父亲跟夏侯渊是表兄弟，她是夏侯渊的表侄女。因为有这层关系，所以夏侯渊战死于汉中后，是张飞的妻子向刘备求情，给他表叔安葬。再到后来，夏侯渊的次子夏侯霸在曹魏政治斗争中失败，被迫入蜀，已经继承了皇位的刘禅接见了他，还把儿子叫出来与表舅爷夏侯霸相见，刘禅指着儿子说：“这是夏侯氏的外甥啊。”

刘备还有两个儿子，一个叫刘永，一个叫刘理，他们的母亲是谁，不详。刘备在派诸葛亮册封刘禅为皇太子的同时，也派司徒许靖为特使，册封刘永为鲁王，刘理为梁王。据陶弘景所著《刀剑录》记载，为纪念登基盛典，章武元年刘备命令取金牛山所产的铁铸造八柄铁剑，刘备自己留一柄，其余分别赐给太子、鲁王、梁王、诸葛亮、关羽、张飞、赵云。章武元年关羽已不在人世，此处要么记载有误，要么是把剑赐给了关羽的家人。

这些剑上都刻有诸葛亮所题的六字铭文：“书作风角处所。”风角是占候之语，铸这几把剑，除了留作登基盛典的纪念外，还有趋吉避凶的意思。

两难的选择

 诸葛亮就任丞相后，比以前更加忙碌。诸葛亮担任丞相，但许多史料都表明，他这一时期还没有单独开府，即建立独立的办事机构，所有大事都由刘备决断，诸葛亮的角色是助手和参谋。这一时期，诸葛亮最重要的工作是在尚书台，每天各郡国都会呈报大量的事务需要及时回复，重要事项由尚书台筛选后报诸葛亮把关，之后由诸葛亮决定哪些事情需要向刘备汇报。

刘备登基某种程度是迫于形势和压力，所以显得有些仓促。登基大典后，还有许多工作需要落实。另一方面，刘备还沉浸于荆州失败、关羽被杀的悲愤之中，满脑子都是如何复仇，对于日常军政事务，无心也无力过问太多，都需要诸葛亮去操心。

刘备一直密切观察着孙权的一举一动，占领荆州后，孙权对曹魏一味献媚示好，曹丕率先称帝，孙权不仅没有任何反对的表示，而且立即上书称臣，接受了曹丕吴王的封号。而另一方面，孙权对益州却摆出了强硬姿态，据《三国志》记载，在指挥侵占荆州的战役期间，孙权一直在公安，身临一线指挥。荆州战役结束后，孙权也没有回建业，而是宣布迁都于鄂县。

孙权已是吴王，所迁是王都。鄂县即今湖北省鄂州市，孙权下令将其改名为武昌，划出附近的武昌、下雉、寻阳、阳新、柴桑、沙羡等六个县新设武昌郡。这个武昌城并不是以后人们所熟知的武昌，而是古武昌，它距离现在的武汉还有 60 多公里。孙权所筑的武昌城在长江南岸，春秋时楚王封儿子熊红为鄂王，在这里曾修过鄂王城，汉末此城已废，孙权下令在此基础上大规模修建城墙和护城河，具体位置大约在今鄂州市区东面的百子畈一带，此地现在仍有孙权所修城墙、城河的遗址，并曾出土过大量三国时期的文物。

蜀汉章武元年（221）8 月，就在刘备武担山登基的 4 个月后，武昌新城筑就，孙权正式入驻，随即向全军下达命令："存不忘亡，安必虑危，这是古人的教诲。从前隽不疑是汉朝的名臣，在太平年代也刀剑不离身，可见君子对于武备不能停止。现在咱们大家处于险境，和豺狼一样的敌人在打交道（况今处身疆畔，豺狼交接），怎能轻易地疏忽而不考虑突然发生的变故？近来听说众将都崇尚谦虚节俭，出入不带随从卫兵，这不是防患于未然的举动。保护好自己，才能安慰君王、父母，这与遭遇危险不测哪个结果更坏、哪个结果更好呢（夫保己遗名，以安君亲，孰与危辱）？大家应好好引以为戒，谨慎小心，务必从大局出发，以不辜负我的一片心意。”在这道命令里，虽然没有提及蜀汉，也没有提及刘备，但“豺狼”是谁、敌人是谁，大家都很清楚。

看样子，孙权是赖在荆州不走了。刘备心中的怒火彻底爆发。从孙权下达给将士的命令里可以看出，孙权是想与自己为敌到底，把自己比作豺狼，让大家时刻保持临战状态，这是摆出了要大打一仗的准备，刘备怒不可遏。

刘备一刻都不想再等下去了，必须马上东征，夺回荆州，教训孙权！接下来要打的这一仗，将是国力之间的对决，或成或败都将改写历史。刘备此意一出，立即在蜀汉阵营引起了争论，有人表示坚决支持，也有不少人表示反对（群臣多谏）。但刘备意志已决，对于任何反对意见，一概不听（一不从）。

反对最坚决的是赵云，据《云别传》记载，赵云劝刘备，当前最大的敌人是曹魏而不是孙权，应该先灭曹魏，到那时孙吴不用打自会臣服，赵云还进一步建议道：“当前应当进图关中，占据黄河、渭河的上游，从那里征讨曹魏，关东义士必将响应。千万不能把曹魏搁置起来去伐吴，一旦与孙吴交兵，不能马上就见分晓啊（兵势一交，不得卒解也）。”

赵云的见解和诸葛亮隆中对策的指导思想一致，那就是把北征中原作为统一天下的第一步，为实现这个目标，诸葛亮提出联合孙权，在现在情形下赵云知道联合孙权不合时宜，所以没有再提。还有一些话赵云大概没有明说，那就是能不能打败孙权夺回荆州呢？在赵云看来，这恐怕是没把握的事，只是他说得很委婉。与关羽、张飞不同，赵云遇事一向有自己的见解，很谨慎也很冷静，不唯命是从，在关键时刻他多次劝谏刘备，不管刘备是否爱听，事实证明，赵云的这些重要意见都有先见之明。

应该说，刘备是信任赵云的，但确实有点儿不太喜欢他的这些话，这从赵云现在只是个翊军将军这一点也多少能看出来，毕竟唱反调总比唱赞歌容易招人烦。刘备不听赵云的劝谏，但碍于赵云的资历和在军中的影响，没有说什么。

偏将军黄权也坚决反对伐吴，不过他劝谏的方法跟赵云还不一样：“吴人战斗力很强，现在伐吴是顺流而下，进攻容易撤退很难，请派我为先驱，先尝试进攻，陛下随后接应（臣请以先驱以尝寇，陛下宜为后镇）。”在黄权看来此战也并无多少胜算，与其倾举国之力去赌，不如先尝试一下再说。这些话要是换个人说，刘备肯定得翻脸，但黄权是他较为器重的将领，尤其汉中之战黄权出力不少，刘备一直在刻意栽培他，所以不接受他的建议，也没有说什么。

可是劝的人实在太多，让刘备不厌其烦。刘备干脆来了个杀一儆百，中了这个“大奖”的人是秦宓。秦宓此时的职务是益州从事祭酒，相当于益州的参事室主任，他素来以博学著称，又通占卜谶纬，据他看来，此时伐吴并不吉利（宓陈天时必无其利）。刘备下令把秦宓抓起来，没有审判，先关着（下狱幽闭）。秦宓在监狱里蹲了两年多，刘备死后，诸葛亮主政，把他放出来担任益州别驾，委以重任。秦宓被抓，反对伐吴的人只得闭口。

刘备也不算刚愎自用的人，在对待伐吴这件事上他为何如此坚决以至于近乎偏执呢？想起来恐怕有两个原因，一是过于悲愤，二是有点儿自信。孙权反目，关羽被杀，荆州全失，刘备认为这场大败不是败于战场，而是败于阴谋和背叛，这样的恨会让人欲罢不能。孙权得手后的一系列举动，更被刘备认为是挑衅，刘备不能咽下这口气。何况，荆州是未来攻取北方、统一天下的基础，如果不能把荆州夺回来，他只能退缩在益州一地，战略上失去了主动，这也是刘备不愿意看到的。

讨伐孙权是否有胜算？刘备的看法与赵云、黄权不同，他认为曹操都不是对手，孙权更不在话下。占领益州、汉中后，刘备的军事实力确实增长很快，虽然荆州丢了，但整体军力应该高于孙权。孙权虽然迁都武昌，但在荆州他还只属于立足未稳，自己在荆州毕竟经营了多年，只要自己率大军一到，那些暂时投降了孙权的各郡县必然响应支持，民心应该在自己这一边。但是，人们常说太愤怒和太高兴的时候都不要轻易做决定，因为这种时候头脑最不冷静。

那么，在这个事关蜀汉生死存亡的重大问题上，作为丞相的诸葛亮在做什么呢？他是什么态度？清代乾隆皇帝读《御批通鉴辑览》，读到“君臣谏者甚众，帝皆不听”时，也发出了“诸葛亮在干什么”的疑问。乾隆写下了这样一段话：“诸葛亮在隆中对策时说过孙吴可以作为外援而不能讨伐，为何现在东征孙吴，而他却不出来制止（何此日东伐，竟不能止帝），以至于事后去追思法正呢？”

乾隆的不解也是后世很多人共同的疑问，那就是以诸葛亮的智慧，伐吴这样显而易见的战略错误，就连赵云都能洞若观火，诸葛亮怎么可能看不到呢？为什么没有看到关于他阻止这件事的任何记载？

乾隆所说事后追思法正一事是《三国志》的记载，在这次大规模东征孙吴失败后，诸葛亮说过一段颇为耐人寻味的话：“法正如果还活着的话，就能制止主上伐吴的行动，即使制止不了，也不会败得如此彻底（法孝直若在，则能制主上，令不东行；就复东行，必不倾危矣）。”从上面这些话里，似乎可以看到诸葛亮在讨伐孙吴之事上有难言之隐，这会是什么呢？

表面看，诸葛亮好像说自己没有能力劝阻刘备，刘备更信任法正，如果法正去劝，结果肯定不一样。这有两种可能，一种是诸葛亮也劝了，刘备没听，所以有这样的感慨；一种是诸葛亮考虑到他去劝刘备也不会听，所以就没有劝。

但是，这两种情况都是说不通的。说诸葛亮也劝过刘备，那应该留下记载，刘备即使不听，也会有解释，因为诸葛亮不是一般的人，他是蜀汉的“二把手”。如果是后一种情况，那就更不应该了，这么重大的事，事关生死存亡，怎能以一己之私而废公呢，这不是诸葛亮的风格。

其实，如果放在那个时候设身处地地站在诸葛亮的角度看的话，也许会理解他内心里的苦衷。在联合孙权一事上，他是坚定的支持者，不管有多少人反对，也不管刘备心里是不是产生过动摇，他都坚定不移地支持倡导与孙权和平相处。

所以，当孙权背叛了同盟阴谋夺取荆州后，诸葛亮面对了很大的尴尬和压力，刘备虽然不会就此质问他，但朝野上下对于联吴战略是否正确肯定有一些闲话，在这种情况下诸葛亮还要大张旗鼓地坚持原来的看法，就有点不合时宜。更为重要的一点，这在之前也提到过，随刘备从荆州来到益州的有一大批人，荆州是他们的老家，荆州有他们的亲人、故旧和家产，对他们来讲，一定要打回老家去，孙权不仅是他们的国恨，更是他们的家仇。

可以想见，除了赵云这样的有识之士外，劝刘备不要讨伐孙吴的应该多是益州本地人，黄权、秦宓就是他们的代表，而踊跃出兵的多是荆州人，这从刘备此次东征大军的组成上也能看出来。

眼看大战在即，孙权的想法还是最好别打。为此，孙权做了一项人事调整，任命诸葛瑾为绥南将军，代替吕蒙兼任南郡太守，驻扎于公安，负责面对蜀汉第一前线的军政事务。

诸葛亮成为蜀汉的丞相，无论曹魏还是孙吴，在很多人看来还是显得有些突然，诸葛亮虽然才能突出，但毕竟年轻，在刘备阵营的地位也不是最重要的，所以还是引起了不小轰动。作为诸葛亮的哥哥，诸葛瑾没沾上什么光，反而落下不少猜疑。据《江表传》记载，诸葛瑾到了南郡，有人向孙权告密，说他有问题（人有密谗瑾者），这些风言风语传到了陆逊那里，陆逊有点儿着急，他向孙权写了份报告，力保诸葛瑾没问题，并且请求采取什么方式给予辟谣（表保明瑾无此，宜以散其意）。

孙权接到陆逊的报告回复道："子瑜与我共事已经很多年了，恩如骨肉，我对他了解很深（深相明究），他这个人没有道义的事不做，不仁义的话从不讲。我和子瑜可谓神交，不是几句话就能离间得了的。"孙权还把前面的那些告状信一一封好，让人送给诸葛瑾，并且亲笔给诸葛瑾写信安慰他。接到陆逊的信后，孙权也把陆逊的来信一并转给诸葛瑾，让他知道陆逊的心意（辄封来表，以示子瑜，使知卿意）。

三国群雄之中，孙权的过人之处是识人，无论对周瑜、鲁肃还是吕蒙、陆逊，都做到了知人善任，也做到了用人不疑，跟着这样的领导打江山，心里更踏实。吴、蜀未来如果真的交战，南郡就是前线，孙权让诸葛瑾到这里来，还有一项任务，据《三国志》记载，孙权知道刘备一定要报仇，但他实在不愿意跟这个妹夫打，所以让诸葛瑾给刘备写信劝和。

诸葛瑾给刘备写了信，信中道："如果您认为吴王夺取荆州又危害到关羽，因而怨深祸大，不愿意求和，这只能说是在意了小的方面，却未留意大的方向啊（此用心于小，未留意于大者也）。我想替陛下您着想，陛下如果能压抑愤怒暂且听我一句话，那么计谋可立即决定，不必再反复向群臣咨询。陛下试想，您与关羽亲还是与先帝亲？荆州大还是天下大（陛下以关羽之亲何如先帝？荆州大小孰与海内）？哪个大哪个小，哪个轻哪个重，谁应当在先，谁应当在后？弄清这些，什么事不就易如反掌吗？”

诸葛瑾所说的先帝指的当然不是刘备，而是指刚刚被废的汉献帝刘协，当时吴蜀两地纷纷流传，说刘协已为曹丕所害，诸葛瑾知道刘备立国打的是刘汉王朝的牌子，所以不仅称刘备为陛下，还称刘协为先帝。关羽亲还是先帝亲？荆州大还是天下大？是呀，这是简单的道理，不用多想，刘备应该知道答案。但是刘备的态度异常坚决，不理诸葛瑾的来信。

刘备也并非不识数，他也知道孙、刘翻脸所带来的后果，但他内心里除了复仇的怒火，还有侥幸的心理，因为在他看来与风险相比，胜算更大。只是，这样一来诸葛亮就更不好公开反对伐吴了，否则就是跟哥哥一个腔调，这是诸葛亮所忌讳的。

诸葛亮并不希望打这一仗，但他知道这一仗是非打不可了。

接下来的这一仗关系到蜀汉的前途和命运，它的结果究竟会如何呢？诸葛亮的心里充满了紧张和不安……